生死學叢書

傅偉勳 主編

美國人與自殺

赫華德・庫虛諾 著／孟汶靜 譯

東大圖書公司

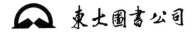

國家圖書館出版品預行編目資料

美國人與自殺／赫華德・庫盧諾著；孟汝靜譯.--初版.--臺北市：東大發行：三民總經銷，民86
面；　公分.--(生死學叢書)
譯自：American suicide: a psychocultural exploration
ISBN 957-19-2045-2（平裝）

1.自殺-美國-歷史　2.自殺-美國-心理方面

548.8552　　85013852

國際網路位址　http://sanmin.com.tw

ⓒ 美國人與自殺

著作人　赫華德・庫盧諾
譯者　孟汝靜
發行人　劉仲文
著作財產權人　東大圖書股份有限公司
臺北市復興北路三八六號
發行所　東大圖書股份有限公司
地址／臺北市復興北路三八六號
郵撥／〇一〇七一七五—〇號
印刷所　東大圖書股份有限公司
總經銷　三民書局股份有限公司
門市部　復北店／臺北市復興北路三八六號
重南店／臺北市重慶南路一段六十一號
初版　中華民國八十六年一月
編號　E 54104
基本定價　肆元肆角
行政院新聞局登記證局版臺業字第〇一九七號

ISBN 957-19-2045-2（平裝）

謹以此書獻給我在聖地牙哥州立大學的同僚和博士班學生。

「生死學叢書」總序

兩年多前我根據剛患淋巴腺癌而險過生死大關的親身體驗，以及在敝校（美國費城州立天普大學宗教學系所講授死亡教育(death education)課程的十年教學經驗，出版了《死亡的尊嚴與生命的尊嚴——從臨終精神醫學到現代生死學》一書，經由老友楊國樞教授等名流學者的強力推介，與臺北各大報章雜誌的大事報導，無形中成為推動我國死亡學(thanatology)或生死學(life-and-death studies)探索暨死亡教育運動的催化「經典之作」（引報章語），榮獲《聯合報》「讀書人」該年度非文學類最佳書獎，而我自己也獲得「死亡學大師」（《中國時報》，「生死學大師」（《金石堂月報》）之類的奇妙頭銜，令我受寵若驚。

拙著所引起的讀者興趣與社會關注，似乎象徵著，我國已從高度的經濟發展與物質生活的片面提高，轉進開創（超世俗的）精神文化的準備階段，而國人似乎也開始悟覺到，涉及死亡問題或生死問題的高度精神性甚至宗教性探索的重大生命意義。這未嘗不是令人感到可喜可賀的社會文化嶄新趨勢。

配合此一趨勢，由具有基督教背景的馬偕醫院以及安寧照顧基金會所帶頭的安寧照顧運動，有了較有規模的進一步發展，而具有佛教背景的慈濟醫院與國泰醫院也隨後開始鼓動臨終關懷的重視關注。我自己也前後應邀，在馬偕醫院、雙蓮教會、慈濟醫院、國泰集團籌備的臨終關懷基金會第一屆募款大會、臺大醫學院、成功大學醫學院等處，環繞著醫療體制暨醫學教育改革課題，作了多次專題主講，特別強調於此世紀之交，轉化救治(cure)本位的傳統醫療觀為關懷照顧(care)本位的新時代醫療觀的迫切性。

在高等學府方面，國樞兄與余德慧教授（《張老師月刊》總編輯）也在臺大響應我對生死學探索與死亡教育的提倡，首度合開一門生死學課程。據報紙所載，選課學生極其踴躍，居然爆滿，出乎我們意料之外，與我五年前在成大文學院講堂專講死亡問題時，十分鐘內三分之一左右的聽眾中途離席的情景相比，令我感受良深。臺大生死學開課成功的盛況，也觸發了成功大學等校開設此一課程的機緣，相信在不久的將來，會與宗教（學）教育、通識教育等等，共同形成在人文社會科學課程與研究不可或缺的熱門學科。

我個人的生死學探索已跳過上述拙著較有個體死亡學(individual thanatology)偏重意味的初步階段，進入了「生死學三部曲」的思維高階段。根據我的新近著想，廣義的生死學應該包括以下三項。第一項是面對人類共同命運的死之挑戰，表現愛之關懷的（我在此刻所要強調的）「共命死亡學」（destiny-shared thanatology），探索內容極為廣泛，至少包括（涉及自殺、死刑、安樂死等等）死亡問題的法律學、倫理學探討，醫療倫理（學）、醫院體制暨醫學教育改革課題探討，（具有我國本土特色的）臨終精神醫學暨精神治療發展課題之研究，老齡化社會的福利政策及公益事業，死者遺囑的心理調節與精神安慰，「死亡美學」、「死亡文學」以及「死亡藝術」的領域開拓，（涉及腦死、植物人狀態的）「死亡」定義探討，有關死亡現象與觀念以及（有關墓葬等）死亡風俗的文化人類學、比較民俗學、比較神話學、比較宗教學、比較哲學、社會學等種種探索進路，不勝枚舉。

第二項是環繞著死後生命或死後世界奧祕探索的種種進路，至少包括神話學、宗教（學）、文學藝術、（超）心理學、科學宇宙觀、民間宗教（學）、文化人類學、比較文化學，以及哲學考察等等的進路。此類不同進路當可構成具有新世紀科際整合意味的探索理路。近二十年來愈行愈盛的歐美「新時代」(New Age)宗教運動、日本新（與）宗教運動，乃至臺灣當前的種種民間宗教活動盛況等等，都顯示著，隨著世俗界生活水準的提高改善，人類對於死後生命或死後世界（不論有否）的好奇與探索興趣有增無減，我們在下一世紀或許能夠獲致較有「突破性」的探索成果出來。

第三項是以「愛」的表現貫穿「生」與「死」的生死學探索，即從「死亡學」（狹義的生死學）轉到「生命學」，面對死的挑戰，重新肯定每一單獨實存的生命尊嚴與價值意義，而以「愛」的教育幫助每一單獨實存建立健全有益的生死觀與生死智慧。為此，現代人的生死學探索應該包括古今中外的典範人物有關生死學與生死智慧的言行研究，具有生死學深度的文學藝術作品研究，「生死美學」、「生死文學」、「生死哲學」等等的領域開拓，對於「後傳統」(post-traditional)的「宗教」本質與意義的深層探討等等。我認為，通過此類生死學的種種探索，我們應可建立適應我國本土的新世紀「心性體認本位」生死觀與生死智慧出來，有待我們大家共同探索，彼此分享。

依照上面所列三大項現代生死學的探索，這套叢書將以引介歐美日等先進國家有關死亡學或生死學的有益書籍為主，亦可收入本國學者較有份量的有關著作。本來已有兩三家出版商請我籌劃生死學叢書，但我再三考慮之後，主動向東大圖書公司董事長劉振強先生提出我的企劃。振強兄是多年來的出版界好友，深信我的叢書企劃有益於我國精神文化的創新發展，就立即很慷慨地點頭同意，對此我衷心表示敬意。

我已決定正式加入行將開辦的佛光大學人文社會科學學院教授陣容。籌備校長龔鵬程教授屢次促我企劃，可以算是世界第一所的生死學研究所(Institute of Life-and-Death Studies)之設立。希望生死學研究所及其有關的未來學術書刊出版，與我主編的此套生死學叢書兩相配合，推動我國此岸本土以及海峽彼岸開創新世紀生死學的探索理路出來。

一九九五年九月二十四日傅偉勳序於
中央研究院文哲所（研究講座訪問期間）

「生死學叢書」出版說明

本叢書由傅偉勳教授於民國八十四年九月為本公司策劃，旨在譯介歐美日等國有關生死學的重要著作，以為國內研究之參考。傅教授從百餘種相關著作中，精挑二十餘種，內容涵蓋生死學各個層面，期望能提供最完整的生死學研究之參考。傅教授一生熱心學術，對推動國內的生死學研究風氣，更是不遺餘力，貢獻良多。不幸他竟於民國八十五年十月十五日遽爾謝世，未能親見本叢書之全部完成。茲值本書出版之際，謹在此表達我們對他無限的景仰與懷念。

東大圖書公司編輯部　謹啟

序

我第一次接觸自殺事件，是三十二年前我就讀七年級的時候，在音樂教室裡所聽到的一則流言。我聽說我的同班同學哈里·垂普跳軌自殺，被一輛貨運火車撞死了。是他那同樣就讀於七年級的妹妹，去指認塑膠袋裡的殘骸的——至少這是我們所聽到的，或者互相傳播的消息。被留過兩級的垂普，雖然只比我們大兩歲，但是感覺上，他似乎比他的實際年齡老成許多。和正值青春期的我們比起來，垂普的青春期似乎已經過完了。在我們學校的合唱團裡，垂普鶴立雞群的站在最後一排，他是合唱團裡個子最高大的一位男孩。在我的印象裡（我來自舒適的中產階級家庭），穿著上寬下窄釘型褲，梳著「鴨尾」頭的垂普，似乎並不屬於我們這一群。帶著一種為了掩飾內心衝擊而故作瀟灑的心態，我們這群男孩子將那段鐵路命名為「垂普交叉口」。或許，比較虛無一點的說法是，對我們這群生活在瀰漫著樂觀氣息的一九五〇年代美國上流社會的小孩子而言，垂普的自殺事件，可以說是我們所遭遇的第一件負面性質的挑戰。我相信這件事情對我們每一個人都產生了相當深刻的影響，而我之所以這麼說，並不是因為這件事情對我們產生了什麼壞影響，或者我們經常談起這件事情，而是從我們這群人所說的黑色笑話裡得到印證的。雖然我好像從未和哈里・垂普說過話，但是他自殺的事，卻深深印在我的腦海裡，成為一種揮之不去的記憶，我相信總有一天，我會領悟出隱藏在這個兒時經驗裡的真理。雖然我已經不再期望，我自己或者任何一個人，有朝一日可以充分理解或解釋自殺行為的肇因，但是我堅信，這個極端的行為——俄國小說家杜斯托耶夫斯基(Dostoevsky)一度認為，自殺行為是自由意志的終極考驗——必定和心理因素、生理因素以及社會因素有關。

我之所以會對這個研究課題感興趣，其理由並不特殊，因為唯有自欺欺人的人，才會否定學術興趣和早期心理衝突之間的關連性。我個人對精神病學歷史，尤其是將心理分析理論應用在歷史研究上的興趣，乃是起源於二十多年前，我應邀參加由康乃爾大學(Cornell)的赫華德・芬斯坦恩(Howard M. Feinstein)所主持的「應用心理分析理論小組」月會的時候。一九七〇年代中葉時，我又參加了兩次由舊金山心理分析學院(San Francisco Psychoanalytic Institute)的約瑟夫・阿夫特門(Joseph Afterman)所主持的專題研討會，這再度激起了我對自殺行為肇因的好奇心，於是我考慮將自己的注意力，轉移到自殺史上。一九八一年的時候，我開始到「聖地牙哥郡驗屍室」搜集資料，以便研究十九世紀的自殺事件，一個悶熱的八月天上午，我在那裡碰到了病理學家赫華德・羅賓(Howard Robin)，他建議我不妨把研究領域擴大一點，將近期所發現的神經傳導物質複合胺(serotonin)與自殺行為之間的關係，也納入研究領域。由於我對心理分析理論情有獨鍾，因此我對這些生物化學上的解釋，抱著幾分懷疑，雖然如此，我還是加入了羅賓等人的陣營，其中包括後來去了拉河亞市(La Jolla)沙克學院(Salk Institute)的佛羅伊德・布倫(Floyd E. Broom)，我和他們一塊兒申請了一筆研究經費。這使得我得以一窺布倫在行為神經病理學上的有趣發現。羅賓、布倫以及也在沙克學院工作的約翰・莫里森(John H. Morrison)，使得我對心理分析理論和神經生物學之間的關係，有了嶄新的體認。本書後面的章節，可以驗證我的這番體認。

過去七年來，我徵詢並且收到過許多學術界和醫學界同僚所提供的寶貴意見。每一位我徵詢意見的對象，都慷慨地撥出了他們寶貴的時間，而他們所提供的意見，均相當深刻入微並且具有啟發性。在這一大群需要致謝的人士當中，我尤其感激赫華德・芬斯坦恩、裘艾耳・柯威耳(Joel Kovel)、理查・史提耳(Richard Steele)以及法蘭西斯・史泰茲(Francis Stites)。他們幾位不但閱讀了我的原稿，而且還提供了相當寶貴的意見。過去數年來，我也陸陸續續收到了安德魯・艾婆比(Andrew B. Appleby)、邁可・布耳馬虛(Michael Bulmash)、威廉・古德門(William Goodman)、威廉・艾賽耳(William Issel)、凱瑟琳・瓊斯(Kathleen Jones)、唐諾・克里普基(Donald Kripke)、羅傑・連(Roger Lane)、詹姆斯・馬丁(James K. Martin)、邁可・麥吉佛特(Michael McGiffert)、史帝芬・羅德(Stephen Roeder)、彼得・史提恩(Peter N. Stearns)和克莉斯汀・湯林森(Christine Tomlinson)等人所提供的寶貴意見。另外，我也非常感謝卡洛・庫虛諾(Carol R. Kushner)的幫忙，雖然她是一位專業編輯人員，但是由於她既是我的配偶，又是我文章的評論者，因此她不得不運用機智和容忍，去平衡她的角色。

若沒有眾多圖書館和檔案管理人員的大力幫忙，我這項研究工作是不可能完成的。感謝聖地牙哥郡驗屍官大衛・史塔克(David Stark)及其屬下的幫忙，使我得以查閱該郡的驗屍報告。我也很感激「聖地牙哥史蹟保護協會」，應我要求提供給我的一些十九世紀資料。「波士頓公共圖書館珍本及手抄本部門」的羅勃塔・桑西 (Roberta Zonghi)，則在「安德羅珍藏」(Adlow Collection) 裡，幫我找到了從未公佈過的十八世紀驗屍報告。麻薩諸塞州 (Massachusetts)「高等法院檔案及記錄保存計劃」主任凱瑟琳・米男德(Katherine S. Menand)，不但幫我找到了十六世紀的自殺文獻，而且還慷慨撥出時間，為我詳細解說波士頓市所收藏的各種資料，這使我獲益甚多。此外，「沙伐克郡法院」以及位於波士頓「新法院」裡的「社會法圖書館」中的工作人員，也幫了我許多忙。我並且非常感謝聖地牙哥州立大學「圖書館跨館借書部門」工作人員的效率和幽默感。我尤其十分感激我的社會學同僚奥柏瑞・溫德林

(Aubrey Wendling)，他慷慨大方的讓我分享他所收集的，一九六〇年代和一九七〇年代聖地牙哥市自殺事件的原始資料。我對我的兩位研究助理，湯瑪士・渥爾虛(Thomas Walsh)以及愛德華・葛翰(Edward Gorham)，更是銘感五內，他們從我研究經費中所支領的微薄報酬，和他們的工作量實不成正比。

我對我的作品出版經紀人桑德拉・迪吉克斯傳(Sandra Dijkstra)的堅持和鼓勵，也十分感激。另外，我非常幸運能夠碰到馬利・瓦捨門(Marlie Wasserman)和坎尼斯・阿諾德(Kenneth Arnold)兩位人士，他們不但是「羅特格斯大學出版社」的有力說客，同時也具有一流的專業水準。雖然一般而言，出版一本著作可以把一位本來就有點神經質的人逼瘋，但是我和「羅特格斯大學出版社」打交道的經驗，從開始接頭到最後出版，都非常愉快，該出版社一直非常支持我。最後，我還要致上我對原稿編輯辛西亞・柏文・黑耳盆(Cynthia Perwin Halpern)的謝忱，她提出了一些很實際的建議和看法。

我很感激聖地牙哥州立大學研究所部門的支持，該部門提供給我的補助經費和研究旅費，使得這個研究計劃中的許多研究工作，得以順利進行。另外，「人文科學及寫作學院」不但慷慨地支援了我一些經費，而且還特許我不必教書。我也非常感謝聖地牙哥州立大學地理系的芭芭拉・阿瓜多(Barbara Aguado)和羅莉莎・巴克色耳(Lorissa Boxer)為本書繪製地圖，以及加州朱拉．威斯塔市(Chula Vista)的來恩．阿爾威森(Rhian Arvidson)為本書製作圖表。

過去十二年來，我曾經在一連串的學術會議和學術論文裡，提出過我個人對自殺行為的粗略看法。我把其中幾篇論文加以修改後，放進了本書。看過我這幾篇論文的讀者很可能會發現，我大幅修改了許多我早年的看法和結論。本書第二章中的許多內容，乃是出自原載於《醫學史期刊》第六十期（一九八六年春天）：三十六頁至五十七頁中的〈美國精神病學界和自殺肇因〉一文。另外，本書第二章和第七章中有一小部份內容，乃是出自原載於《學科交流歷史雜誌》第十六期（一九八五年夏天）：六十九頁至八十五頁（一九八五年由麻省理工學院和《學科交流歷史雜誌》編輯群取得版權）中的〈生物化學、自殺行為和歷史：可能性和問題〉一文。本書第四章中有關性別方面的討論（我修改了原文中的論點），則是出自原載於《女性與文化雜誌》第十期（一九八五年春天）：五三七頁至五五二頁中的〈女性與自殺行為的歷史觀〉一文。至於本書第五章中的梅利威勒．路易斯的章節，則是出自《威廉和瑪琍季刊》第三季，第三十八期（一九八一年七月）：四六四頁至四八一頁中的〈梅利威勒．路易斯的自殺行為和死亡：一件從心理分析理論的角度去探究的個案〉一文。最後，本書第六章中的部份內容，乃是取自我發表在《社會史雜誌》第十八期（一九八四年秋天）：第三頁至二十四頁中的〈美國境內移民的自殺事件：心理—社會的發展趨勢〉一文。

在我發表學術演講和執筆撰寫這本書的過程當中，我時常接獲非常具有建設性的批評和建議，其中有許多批評，乃是來自匿名的期刊論文評審委員。然而，我覺得我所收到的最寶貴的意見和建議，乃是來自我聖地牙哥州立大學的同僚和研究班學生，十多年來，在他們不斷的激勵下，本書的初稿和粗略形式才得以完成。更重要的是，這些男士與女士，都懷抱著當初引誘我進入學術界的期盼之心，為此，在感謝之餘，我謹將此書獻給他們。

赫華德·庫虛諾
加州聖地牙哥市
一九八八年七月

美國人與自殺　目次

插圖及地圖

插圖

地圖

附表

前言

一八九三年十一月的一個下午，正在聖地牙哥近郊一座峽谷裡打獵的愛德華・葛倫威爾，在谷中發現了一具穿著整齊的年輕男屍。這具男屍的右手裡，握著一把左輪槍。驗屍官檢驗了屍體之後發現：「只發了一顆子彈，子彈命中死者的右太陽穴。」死者口袋裡有「一支銀錶、二十分零錢、一枚死者的錫製肖像、以及一本小記事簿，簿裡夾著幾張署名『M. E.懷特』的名片。」懷特的口袋裡，還有一張圖書館借書證，以及一張上面寫了幾個當地公司名稱的紙條。在每個公司的後面，懷特都加了諸如：「再去」、「有希望」之類的小註。W. E.郝渥德的名字，也在那張紙條上。郝渥德在指認懷特屍體的時候表示，懷特自殺那天下午二點鐘左右，曾經到他的公司去應徵工作，但是沒有被錄用。在郝渥德的印象中，「懷特有點鬥雞眼」。驗屍官根據「死者雙手的狀況，以及紙條上的短註推斷，他（懷特）從來沒有做過粗活」。

馬克斯・懷特的自殺事件，只不過是一八九三年美國報紙上眾多自殺新聞裡的一宗罷了。新聞界和專家們，將自殺事件的增加，歸因於一八九三年的「經濟大蕭條」，這是美國有史以來，最嚴重的一次經濟衰退。懷特死前幾個月，《聖地牙哥聯合報》的編輯們，有感於當時自殺風氣過盛，還特別發表了一大篇社論，指責社會大眾對這個現象漠不關心，該社論指出，「自殺的風氣實在太興盛了，由於每天報上都有這一類的犯罪新聞，以至人們對自殺新聞變得有點漠不關心。本來社會大眾對這類新聞的正常反應是──戰慄，可是現在人們對這類新聞的感覺卻是──無動於衷，有些人甚至病態的認為，自殺有理，自殺是現代生活的副產品。」馬克斯・懷特的自殺事件，似乎印證了這篇社論的說法。過去三年來，原籍匈牙利的懷特，有些時候住在他舅舅山繆・伐克斯位於聖地牙哥郡鄉下的農場裡。有些時候，為了方便找工作，他會到聖地牙哥市租間房子住。懷特曾經做過一小段時間的麵包烘焙師。由於一直找不到工作，於是懷特買了一把手槍，他決定如果到十一月七號那天還找不到工作的話，他就準備自殺。懷特在日記裡，記載了他人生最後的想法：

「極想得到那個工作的念頭，深深煩擾著我的心。心被吊在那兒的感覺，實在很痛苦。假如我不幸未被錄用的話，我真的不想活了。我祈禱上蒼，讓我得到那個工作，因為飢餓和死亡，都睜眼瞧著我。我對自己的歹命，感到既悲哀又絕望。

我真希望這世上，從不曾有我這個人。對我而言，被帶到這個世界上來，真是一件不幸的事！我忘不了山繆舅舅幫我的那些忙。對他，我是還不完的。啊！我寧願繼續受君王的統治，作他的奴隸，也不願在這塊自由的土地上受罪。

啊！那些滿口友情，但做的卻是另外一套的虛偽朋友，我詛咒你們！我希望你們也嚐嚐事業不順的悲哀感。我真恨你們。」

馬克斯・懷特自殺的這個時期，一位名叫艾密耳・德克漢(Emile Durkheim, 1858–1917)的法國倫理統計學家，正著手寫一本書。這本書的主旨是，闡述為什麼懷特之類的人，自殺傾向特別高。而這本在一八九七年發表的著作《自殺：在社會學上的研究》(*Suicide: A study in Sociology*)，為《聖地牙哥聯合報》的分析報導——真正的兇手是現代生活——添增了科學上的可信度。德克漢指出，自殺行為主要有四種類型—自我本位式、利他式、異常式以及宿命論式。而他的著作，主要是在討論「自我本位式」和「異常式」的自殺行為，因為從統計學的角度來看，這兩種自殺行為有增加的趨勢。馬克斯・懷特的自殺行為，似乎就是屬於這兩種類型。

德克漢指出，具有「異常式」自殺傾向的人，經常會感到幻滅與失望。德克漢對這類人的特質，曾經作過以下的描述：「這類人的主要特徵是煩躁不安以及憤世忌俗。有時候他們會大聲咒罵，或者用極端的字眼去譏諷人生，有時候他們會恐嚇及責備那些，他們認為應該為他們的不幸際遇負責的人。」德克漢發現，具有「異常式」自殺傾向的人，會猝然間變得比平時更加沮喪，並且對自身的某個境遇，產生一種無法自拔以及自以為是的憤怒情緒，而這股怒氣，當然會使得他們對那個境遇更覺反感。不論那個境遇是真的，或者只是出於他們的想像，導致他們自殺的動力，正是那股怒氣。這類人通常會選擇以下兩條路：「如果他覺得悲劇是由他自己造成的話，他不是把自己當成洩怒的對象，便是把別人當成洩怒的對象。如果他把自己當成洩怒對象的話，他只會殺了他自己；如果他把別人當成洩怒對象的話，他會先殺了別人或者做出某種暴行，然後再自殺。」

德克漢並不認為，失業等因素本身，是導致個體自殺的真正原因，這個見解和《聖地牙哥聯合報》社論主筆的看法雷同。德克漢認為：「假如產業或金融危機會增加自殺率的話，並不是因為它們會帶來貧困，因為富裕也會造成同樣的後果。造成自殺率上昇的真正因素是，社會秩序崩潰的危機，而非這種社會危機顯示在外的一些表徵。」現代社會逐漸將人們從傳統的束縛裡解放出來，而社會秩序的分崩離析，會造成「自我本位」式的自殺。德克漢指出：「當一個社會受到經濟蕭條或者暴發戶式的繁榮危機騷擾時，這個社會的道德影響力，會暫時無法運行；這個社會的自殺率，也會因此驟然上升。」德克漢認為，在現代社會裡，「自我本位主義」以及「光怪離奇的社會現象」，是導致自殺行為的一般因素及特定因素；也就是說，它們是這些意外事件的肇因之一。

在德克漢發表《自殺：在社會學上的研究》一書的時候，維也納神經學家西格曼德・佛洛伊德(Sigmund Freud)，正在發展一套關於歇斯底里症病原的新理論，這套理論發表後不久，便成為現代神經學上心理分析理論的基礎。假如將德克漢的《自殺：在社會學上的研究》一書，稱之為現代社會學對自殺行為研究的起點的話，那麼西格曼德・佛洛伊德的著作，尤其是《哀慟情結與憂鬱情結》(1917)一書，可謂是神經學上探討自殺行為的經典之作。

佛洛伊德(1856–1939)的看法和德克漢正好相反，佛洛伊德很可能會認為，導致馬克斯・懷特自殺的原因，乃是他內在心靈的衝突。根據佛洛伊德的理論來分析，就算十九歲的懷特，的確有一些諸如失業等的外在問題，但是從表面上看起來，他的悲鳴也似乎太誇張了一點。佛洛伊德認為，自殺是抑鬱行為的一種延伸。自殺的人和具有抑鬱情結的人都具有以下的特質：「深刻痛苦的憂鬱感；對外在世界不感興趣；失去愛的能力；缺乏活力；自我意識低到只知自哀自嘆，以及一心想懲罰自己。」

佛洛伊德發現，具有哀慟情結的人和具有憂鬱情結的人，有一種很類似的悲傷情懷，那就是，這兩種人都經歷過失去親人的打擊。但是具有哀慟情結的人，只會覺得「世界突然變得非常貧乏空虛」，而具有憂鬱情結的人，卻會因此失去「自我意識」。具有憂鬱情結的人，不但會把「自我意識削減的極低」，他們並且會「自責、自貶，認為自己會受到他人的排斥，會受到懲罰。」此外，具有憂鬱情結的人還會像自殺的人那樣，放棄「人類以及所有生物與生俱來的求生意識」。佛洛伊德解釋，具有憂鬱情結的人之所以會產生仇視自己的心理，乃是因為他們將心中那股對去世親人所具有的壓抑性悲憤情緒，轉移到自己身上的緣故，而這種仇視自己的心態，往往會表現在外面。因此，佛洛伊德認為，自殺的人通常在早期，會產生一種抑制性的殺人慾望，佛洛伊德指出：「每一個具有自殺念頭的精神病患，都是先產生殺人衝動，然後才轉變成自殺衝動的。」

馬克斯·懷特的性格，似乎很符合佛洛伊德的描述。一方面，懷特曾經在日記裡指出，他「對自己的惡運，感到非常絕望。」這表示，他有一種想殺人以及被殺害的心態。懷特用「我希望你們也嚐嚐事業不順的悲哀感」這種強烈的語句，去詛咒他幻想中的敵人；懷特並且在日記裡指出，「假如我不幸未被錄用的話，我真的不想活了」，這表示，他對還沒有發生的挫折，具有玉石俱焚的打算。另一方面，懷特不但表白了自己的絕望感，同時也表示，他寧願繼續受君王的統治，他並且透露，他的自我尊嚴很低，他認為他根本不應該被帶到這個世界上來。此外，正如佛洛伊德所料，懷特的確經歷過失去至親的遽創。他的母親在他十二、三歲的時候過世了，他母親死後不久，他父親就把年紀輕輕的懷特，送到一個陌生的國度去和舅舅住。

雖然德克漢的論調，和佛洛伊德「自殺起因於內在心靈衝突」的論調，似乎頗不一樣，但是他們兩位的理論，其實有許多相似之處。德克漢和佛洛伊德都用「道德危機」這個字眼，去描述自殺的病因。德克漢認為，只有當馬克斯・懷特之類的人覺得，他們的個人境遇，不符合社會、文化價值觀的時候，他們才會去自殺。

也就是說，導致這些人自殺的原因，並不是失業、貧窮或戰爭等社會危機本身，而是這些社會危機影響了這些人和道德秩序之間的關係。德克漢發現，教育程度愈高的新教徒和天主教徒，其自殺率也愈高。但是這個現象在猶太族裔裡，並不存在，因為猶太人的學習目的是，使自己能夠更得心應手的應付生活裡的種種掙扎，而不是深思反省，如何淨化內心的偏見。對猶太人而言，教育程度是彌補他們在法律和輿論上不利地位的一種手段。

佛洛伊德對具有憂鬱情結的人和具有哀慟情結的人所作的類比，則為自殺行為的肇因，提供了一些社會學上的解釋。佛洛伊德指出，具有憂鬱情結的人和具有哀慟情結的人雖然很相似，但是這兩者並不相同。具有哀慟情結的人大多會參加葬禮等哀悼儀式，而這些哀悼儀式，其實是一種具有治療作用的社會結構，它們可以幫助哀慟中的人，發洩內心的憤怒、自責和內咎情緒。誠如佛洛伊德所言，憂鬱情結和哀慟情結一樣，也是由失落感所導致的內在情緒衝突；然而憂鬱情結不但是一種症狀，也是一種疾病。和哀慟中的人一樣，憂鬱症患者的反應和行為，也是以治療失落感為目標。雖然我們的社會與文化，通常會為哀慟中的人，提供一套有系統的哀悼結構，但是它們甚少為承受了遺棄、失業等嚴重失落打擊的人，提供任何安慰。因此佛洛伊德大膽地建議，自殺的人當中，有許多是缺乏適當的文化結構去發洩心中失落感的「哀慟者」。

佛洛伊德的理論暗示，導致一個人自殺的原因，不是失落事件本身，這些事件所引起的慣性失落感，才是決定一個人是否會走上自我滅亡道路的原因。

從這個角度來看，德克漢派及佛洛伊德派的理論，雖然表面上看起來背道而馳，但是其實這二套理論，可以攜手為自殺病因的心理文化分析研討方向，提供一個豐饒肥沃的起始點。而這件事情之所以沒有發生，尤其是沒有發生在美國，一方面是由於理論上的衝突，另一方面則是歷史環境使然。

除了德克漢和佛洛伊德的推論之外，德國精神病學家艾密耳・克雷波林(Emil Kraepelin, 1856–1926)，也在同時期提出了一套解釋自殺病因的理論，而克雷波林的理論，既不依恃文化因素，也不依恃心理因素。克雷波林認為，造成沮喪症 (depressive disorders)的原因是身體機能的失調現象。克雷波林可謂是精神病學界身體學派 (Somatic School) 裡，最具有影響力的發言人。克雷波林反對德克漢所提，「只要減輕外在壓力，就可以減少自殺事件」的假說，由於克雷波林對沮喪症的生理病因十分有把握，因此他也完全不贊成佛洛伊德的心理分析理論。

假如克雷波林讀過馬克斯·懷特的日記的話，他的看法必然和德克漢以及佛洛伊德大不相同，克雷波林根本不會太重視懷特日記裡的實際內容。對克雷波林而言，懷特表達思想的方式，比懷特所寫或所說的實際內容，要重要的多。克雷波林的關注焦點，和德克漢以及佛洛伊德完全不同。克氏會希望知道，懷特在別人面前如何表現他自己；懷特以前有沒有經驗過使他產生沮喪和狂躁情緒的事情；以及懷特的家族裡，有沒有人患過沮喪症。

佛洛伊德企圖從病人的思維和夢境裡去解讀病因，而克雷波林的看法和佛洛伊德完全相反，克氏堅認，思想的表達方式比思想的實際內容重要的多。克雷波林認為，與其徹底檢查夢境之類的個體異常現象，還不如鼓勵精神病學家，集中精神去研究各個病人的異常症狀和異常肇因，有那些異同之處。根據這個理論模式，克雷波林將憂鬱症(melancholia)等單一性沮喪症，以及狂躁症(maniacal depression)等再發性沮喪症，作了一個區別。克雷波林同意，憂鬱症通常是（但非總是）由「外界影響」造成的，比方說，由近親去世所造成的情緒衝擊等等。雖然有些時候，憂鬱症會導致自殺行為，但是狂躁症患者的自殺傾向更大，因為狂躁症是一種再發性的情緒異常現象。由於狂躁症的情緒異常現象，是由生理因素造成的，因此即使沒有明確的理由，它也會發作。克雷波林指出，「狂躁症這種精神病，源自某些人的天性，以及他們的家族。」克雷波林認為，心理分析家如果錯把狂躁症誤診為憂鬱症的話，可謂是犯了一個嚴重的錯誤。雖然精神病這門科學，尚未找到導致狂躁症的特定病因，但是克雷波林警告業者，切勿受佛洛伊德等派學說的誤導。

以馬克斯・懷特的自殺事件為例，克雷波林極可能會推測，導致懷特自殺的原因，不是社會文化的撞擊，或者內在心靈的衝突，而是因為他患了狂躁症。另外，克雷波林也很可能會從驗屍官的驗屍報告裡，找到支持他這種推測的證據。驗屍官在驗屍報告裡指出，懷特經常感到昏暈無力，懷特並且跟朋友和同事抱怨過，他常常覺得意志消沈。

假如克雷波林還活著的話，他一定會認為，神經科學界的近期發現，證實他的眼光的確很精準。由於刺激神經作用的藥物，成功的治療了各種精神病，因此引出了一系列探討沮喪症和神經傳導化學物質異常現象之間關連性的研究。值得一提的是，這方面的研究發現，自殺的人，其神經傳導物質裡的複合胺濃度，比常人低。此外，神經生物學似乎為克雷波林的門人，提供了對付心理分析理論的利器。「腦塑性」方面的研究發現，人剛出生的時候，腦神經細胞其實尚未發育完全，出生後的頭兩年裡，腦神經細胞會快速增加，而腦神經細胞的發育，會一直持續到十二歲左右才停止。由於記憶的傳送與貯存，與腦神經細胞的發育息息相關，因此神經生物學家指出，人類根本不記得幼兒期的事情。這是為什麼有些神經生物學家認為，幼兒期的失落經驗，很可能根本就沒有貯存進腦的記憶庫裡，而不是像心理分析理論所說的，被壓抑在記憶的深處。

由神經精神病學界對心理分析理論的批評，我們不難看出，學術專門化的結果，使得彼此競爭地十分激烈的各個學派，只顧忙著互挖牆角。以自殺行為研究為例，各個學派在互挖牆角之餘，反而忽略了如何解決這個研究課題的根本問題，這個問題即是，不同的人在相似的情況下為什麼有些人會自殺，有些人不會自殺？任何一套企圖解釋自殺病因的理論，都必須討論這個問題。可惜的是，雖然經過一個世紀的爭執，德克漢、佛洛伊德以及克雷波林的門人，仍然提不出比他們師傅的理論更令人滿意的答案。我個人認為，這個難題最主要的解決障礙是，由德克漢、佛洛伊德和克雷波林三人的理論衍生出來的一大堆專業化和專門化理論。

德克漢、佛洛伊德和克雷波林之前的學者，並不認為自殺行為是由某種特定因素造成的。他們認為自殺行為和其他疾病一樣，也是由情緒、體質和生活習慣的失調所導致的。一個人的整體生活和情緒起伏，是造成他身心失調的原因。對十九世紀的醫生而言，精神層面的問題，只是自殺因素的一部份而已。那時候，具有自殺傾向的人，得接受藥理、社會和心理三方面的綜合調理，當時的業者把這種綜合治療法稱之為「精神治療法(moral treatment)」。

到了一八九〇年代時，細菌學的問世以及社會科學的竄起，使得人們對折衷性診療法產生了疑問，而各個學派對自殺肇因所具有的共識，也因此被打散了。主張用特定病因去解釋社會行為的新興學派，如雨後春筍般崛起。緊隨一八八〇年代的細菌學之後竄起的各個專業學派，使得精神治療法看起來更不科學。在飽受嘲諷和貶謫的情況下，醫學界的業者，終於放棄了精神治療法。二十世紀初期的精神病學家——不論是身體派或是心理分析派——都愈來愈趨向於用疾病模式去診斷和治療病人，因為他們認為，自殺行為和其他生理失調現象一樣，乃是由特定因素造成的。

雖然美國的社會學家強調，導致自殺的原因，是社會上的分崩離析現象，不是生理或心理問題。但是美國的社會學家，也採用了一套疾病模式，去表達他們的理論：都市化以及社會上的分崩離析現象，造成了各種社會病，如果不加以注意的話，它們會導致自殺。

諷刺的是，這種對特定因素的信仰，卻使得醫學、心理學和社會學，在行為模式的理論上，出現彼此對立競爭，甚至相互抵觸的局面。而學術專門化的趨勢，更使得任何企圖從綜合角度去分析人類行為的說法，都受到不科學或外行的譏評。

各學派對自殺肇因解釋的惡性競爭，適足以說明，學術分化在人類行為的研究上，造成了多麼大的影響。由於這些專家的事業，甚至可以說整個學派，都建立在這些互相矛盾的理論上，因此他們反對綜合以及跨領域的研究方式，而他們反對之烈，實已超越了專業領域內正常的保守作風。

世界上沒有任何一個國家，在文化、心理和生理方面的學派，像美國劃分的那麼明確、徹底。而原本就相互競爭的德克漢、佛洛伊德和克雷波林三派理論，又使得本已四分五裂的美國各專業領域，彼此競爭的更厲害。十九世紀時，社會學、心理分析學以及神經精神病學的問世，一度激發起美國人對自殺行為綜合性研究方向的興趣。然而學術專門化在美國境內大行其道之後（美國各學派在界線的劃分與保護上，比歐洲更嚴格），各學派的分裂情況變得更形嚴重。德克漢、佛洛伊德和克雷波林推翻了十九世紀學者對自殺行為理論的共識。那就是，情緒異常和自殺行為都是由環境、心理和生理因素共同造成的，而他們的美國傳人可以說是一群冷酷無情地追求學術專門化的專家。他們滿懷嫉妒地捍衛及保護著自己的疆界，不讓任何企圖跨越公定專業界線的人，越雷池一步。

我認為，學術專門化和堅持特定病因這兩個因素，為跨領域的研究方式，樹立了重重障礙。而固守這兩個信條的結果是，自殺肇因的最基本問題，根本不可能獲得解決。《美國人與自殺》一書的目標是，證明社會學、心理分析學和神經生物學上對自殺病因的分歧解釋，彼此其實互補而非互斥。而唯有結合文化、心理和生理三個層面的智慧，才可能為德克漢、佛洛伊德和克雷波林三個人引出來的問題，找到圓滿的答案。

《美國人與自殺》共分為兩大部份。第一部份的內容是，描述十七世紀迄今的美國人，對自殺行為的看法。這一部份的內容顯示出，造成美國專家對自殺行為產生分歧見解的，不是科學邏輯，而是學術專門化及專業化的趨勢。第二部份是四篇具有連貫性的論文，在這個部份裡，我提出了一個新模式，我將社會學、心理分析學和神經生物學上有關自殺行為的分歧理論，結合成精神文化生物學。這個精神文化生物學模式，可以說為自殺行為最根本的問題——在同樣的情況下，為什麼有些人會自殺，有些人不會自殺？——提供了最可能的解決途徑。

我以北美洲人為對象，分析了一下自殺心理，我並且把北美洲人和其他西方人的自殺行為，作了一個比較。美國人，或者西方人的自殺病因，雖然並不特殊，但是美國人對自殺病因的某些研究經驗，證明了這方面的研究是值得從事的。我希望對其他文化的自殺行為研究感興趣的人，可以從我的研究調查裡，找到一些相關性和異同處。

我之所以用清教徒作為本書的開頭，是因為他們是第一批用系統化的方式，完整的解釋自殺因素的美國人。另外，清教徒也和後來的精神病學家與社會學家一樣，公開討論造成憂鬱症和自殺行為的原因。雖然清教徒使用的詞彙，和我們不太一樣，但是清教徒關切的幾個重點——個人責任、精神病和社會環境的分崩離析——卻充滿了現代觀。

第一部份

從撒旦到複合胺

第一章　從罪惡到疾病：美國人在自殺觀念上的轉變

（一六三〇－一八四三年）

一七二四年二月的第一個星期六上午，七十歲的前地方檢察總長強・瓦倫檀[1]，離開他位於波士頓的家，去拜訪一位律師界的朋友羅勃・歐曲馬提。瓦倫檀發現歐曲馬提不在家後，等了他一會兒才離開。從此，再也沒有人見過瓦倫檀。當天下午，瓦倫檀的太太見先生一直沒有回家，便打發傭人到城裡四處找他。這表示，瓦倫檀的沮喪情緒，已經持續好一陣子了，而且他的異常舉止，讓家人很不放心。瓦倫檀的家人，搜查了家裡每一個房間和櫃子。當晚七點左右，家人終於在閣樓裡找到了瓦倫檀的屍體。瓦倫檀在屋頂椽木上，上吊自盡，他「死時雙腳跪在地上」，就好像在祈禱一樣。

瓦倫檀的家人立刻通知了驗屍官姜納森・波拉德主任，波拉德指示當地警官，連夜召集一個十八人的驗屍陪審團。這個陪審團的成員，包括高等法院的法官和律師，他們每一位都認識瓦倫檀。陪審團根據瓦倫檀遺孀的證詞——她先生「深受憂鬱症之苦，以致喪失了理智」，判決瓦倫檀因「精神異常」而自殺身亡。三天後，瓦倫檀的家人匆匆為他舉行了葬禮。

由於驗屍陪審團裁決，瓦倫檀自殺時精神不正常，因此在法律上，瓦倫檀不算自殺死亡。根據當時的麻薩諸塞州法律，自殺就是謀殺自己，因此自殺罪和謀殺罪一樣，是一種重刑罪，必須證明犯人具有自殺的意圖和動機，才能定罪。因此只要不是蓄意自殺，便不能定罪。不定罪，便不能列為自殺死亡。如果從另一個角度來解釋的話，也就是說，假如瓦倫檀自殺時頭腦很清楚的話，根據當時的法律，他的家人不得為他舉行基督教式的葬禮；他的遺體只能葬在公路邊或岔道旁；此外，他的墳墓上必須堆砌「許多石塊」，「一來作為不名譽的象徵，二來藉此警告他人，這種罪行，會受到嚴厲的懲罰。」

高等法院首席法官山繆・西渥獲悉驗屍陪審團的判決結果後，十分震怒。西渥認為，陪審團有意隱瞞瓦倫檀自殺身亡的事實，因為瓦倫檀的家人很清楚，只要西渥知道瓦倫檀是自殺死的，他絕不會同意「精神異常」的判決結果。草率的驗屍審訊，加深了西渥的懷疑。星期天晚上，當驗屍官向西渥報告判決結果的時候，西渥以陪審團未依法要求證人留下書面具結書為由，拒不接受驗屍陪審團的判決。此外，當西渥知道瓦倫檀的家人，未向副州長或其他有關人士申請，便逕自為瓦倫檀舉行葬禮後，更是大為光火。

山繆・西渥（一六五二—一七三〇年）留給後人最深刻的記憶，大概是一六九二年時，他在審判及處死沙楞市女巫的特殊法庭裡，擔任法官的那個角色，爾後，他對這個角色追悔不已。舉凡研究清教徒生活的學者，大多對西渥留下來的大量日記，非常熟悉。西渥的日記，是近代人瞭解十七世紀末期到十八世紀初期事物的珍貴史料。從西渥的日記裡可以看出來，他自始至終堅決反對自殺，身為一位法學家，西渥極力主張，法律應該對企圖自殺以及自殺成功的人，施以嚴厲的處罰。

為了廢止驗屍陪審團的判決，並且阻止瓦倫檀的家人為他舉行基督教式的葬禮，西渥發動了他強大的影響力。他指責瓦倫檀的遺孀瑪琍・琳蒂・瓦倫檀，不該公然藐視「偉大神恩」為她先生舉行基督教式的葬禮。二月四日，星期二，教堂的鐘聲催促著弔唁的人前去參加葬禮。當弔唁的客人陸續抵達教堂後，他們才知道，當天主持葬禮的牧師山繆・麥耳斯，在火爆西渥的影響下突然宣佈，他因為受到良心的譴責，無法為瓦倫檀主持葬禮了。隨即，二位護柩的人，阿定頓・登文波特法官和湯瑪斯・費曲上校，也接著表示，他們不但無法幫忙，而且必須馬上離開。然而，瓦倫檀的葬禮雖然受到這些擾亂，仍然照舊舉行了。

西渥公開斥責驗屍官和陪審團，不該判決瓦倫檀精神失常，《波士頓新聞簡訊》曾經針對此事，用拉丁語詢問西渥：「你何必要知道那麼多，幹嘛要追根究底呢?」西渥回答：「假如有人作了不該作的事，他一定要受到該受的懲罰。」

瑪琍・瓦倫檀對西渥的橫加干預，當然十分惱火。因此她不顧朋友的勸阻，硬在《波士頓新聞簡訊》、《波士頓公報》、《紐英崙快訊》上，發表了一篇頌揚她先生的文章。她指出，她先生「在其所從事的專業領域裡，是一位極為傑出的飽學之士，他不但頭腦清楚，而且很明顯的可以看出來，他過得十分愉快。」她解釋，導致他死亡的原因是，「他認為他的死，可以取悅上帝，死前那一小段時期，他喪失了原有的傑出才智，令他飽受折磨的憂鬱症，使他失去了理智。」

這篇頌揚瓦倫檀的文章，使西渥更加憤怒。西渥向卡登・馬捨耳要了一份他哥哥英克律斯・馬捨耳牧師，在一六八二年所寫的佈道訓誡：「召喚有意以身相試的人：對謀殺自己這個可怕罪行的訓誡」。三月十九日，西渥在報上發表了馬捨耳牧師的訓誡，而且他顯然寄了一份繕本給瓦倫檀的遺孀。英克律斯・馬捨耳在訓誡中指出，「謀殺自己是最嚴重的一種謀殺罪行。犯下這種罪行的人，可以說把自己貶到了極點。」馬捨耳認為，不應該用憂鬱症為自殺的人脫罪，因為它乃是這個罪行的罪證，憂鬱症適可以證明，那些受折磨的人，是在撒旦的誘惑下自殺的。馬捨耳訓誡裡，最令瓦倫檀遺孀感到不舒服的段落，大概是馬捨耳對撒旦如何誘惑人們自殺所作的描述：「是的，撒旦會用獨特的手法，讓人們犯下這種罪行：我們可以從某些人離奇的自殺方式看出一些端倪，比方說：被一小灘水淹死；被一根不可能負荷一個人重量的繩子吊死（或者跪著被吊死）等等❷。撒旦的手法非常厲害——那個看不見的世界只要一啟動，人們便會察覺它的存在，上述的例子，便是明證。」

對現代人而言，西渥這種作風似乎很怪異。二十世紀初期曾經有一位作家，用「卑鄙」、「惡劣」、「沒有人性」等字眼描述過西渥。不論西渥本來多麼討厭瓦倫檀，總之瓦倫檀既是律師又是英國國教徒的事實，必定加深了西渥對他的厭惡感。因為一來，清教徒不信任律師，他們不認為任何人應該利用清教徒之間的爭執牟利。其次，對那批自稱效忠女皇和英國國教的政府官員，西渥向來沒有隱藏過他的反感。再說，瓦倫檀在職時，又樹立了不少敵人。尤其是一七二〇年六月時，瓦倫檀在波士頓的鎮民大會裡，曾經語意堅決的表示，波士頓應該強迫市民宣誓效忠女皇，這件事情使得許多人對他相當不滿。西渥認為，造成瓦倫檀言行不當的主因，是他的酗酒問題。

然而如果我們撇開西渥對強・瓦倫檀的個人觀感不談的話，一七二四年時，西渥反對瓦倫檀案判決結果的作法，以當時的情況而言，其實是具有歷史意義的。七十二歲的西渥，眼看清教徒的價值觀，在一七二〇年代裡逐漸式微，因此步步為營地捍衛清教徒的傳統觀念。西渥那些清教徒先祖們，雖然腳跨新、舊兩個世界，但是他們非常抗拒把憂鬱症（也就是現代醫學上所謂的沮喪症）視為疾病的英國思潮❸。雖然那個時代的清教徒，並未將「憂鬱症」

看成「著魔」的同義字，但是他們（尤其是麻薩諸塞州的清教徒）卻認為，憂鬱症會使得一個人，很容易受到魔鬼的自殺誘惑。這是為什麼當時的清教徒，把憂鬱症看成一個人歸順撒旦，拒絕被拯救的證據。而紐英崙的清教創建者，想要建立一個「上帝的人間政府」，對這批創教者以及他們的後人而言，讓「憂鬱症所導致的精神失常」，成為替自殺者脫罪的藉口，並不合理。

西渥和馬捨耳等捍衛老思想的領導人物，企圖用刑事罪去制裁自殺行為的作風，可以反映出英國早年在這個問題上的爭戰。事實上，山繆・西渥極欲捍衛的堡壘，其實早就遭到侵略了，不但英國和普洛文登斯(Providence Plantations)、賓州等美國殖民轄區如此，就連麻薩諸塞州和維吉尼亞州的驗屍陪審團都不例外。到了十八世紀末葉時，不論英國或是美國均已公認，由憂鬱症所導致的自殺行為，是一種精神病。我們可以從下面的敘述中得知，美國的清教徒雖然成功地把憂鬱症和自殺行為連在一塊兒，但是諷刺的是，這件事情也切斷了自殺是一種刑事罪的思想。

上述的事件對後世的影響，可謂意義深遠，而它之所以有意義，並不是因為它很奇特，而是因為它為後人提供了一扇窗戶，使後人可以窺見以前的人對自殺行為的肇因，抱持何種看法。此外，這個案例也可以讓後人瞭解，在新、舊世界裡，人們對自殺的看法，如何從中世紀那種觀念，轉變成現在這種觀念。美國清教徒的後裔子孫們，極不願意接受這個改變。而他們反對的理由，可以使我們瞭解，為什麼舊世界的人會把自殺看成一種刑事罪，而他們堅持己見的結果，反而使得精神病會導致自殺行為的思想，相對之下變得更容易接受。

第一節　早期現代化英國的自殺歷史

要瞭解西渥的自殺觀，我們必須先回顧一下，早期現代化英國的自殺法規，具有什麼樣的歷史背景。西元九六七年時，艾德加國王(King Edgar)根據第七世紀的教會法宣佈，自殺者的財產應予沒收。十三世紀中葉時，英格蘭法官亨利・迪・布瑞克頓(Henry de Bracton)指出，自殺和謀殺一樣，是一種犯罪行為，他表示：「謀殺他人是一種重罪，謀殺自己也是一種重罪。」一五六二年時，法院將詹姆士・黑耳斯爵士的自殺，定義為「蓄意殺人。因為在他殺死自己之前，預先作了計劃並且心意甚決。」法院據此判決黑耳斯爵士犯了謀殺罪。十七世紀初期的地方法院手冊指示：「自殺罪比謀殺罪更嚴重。」「自殺者的財產應予充公，他們的屍體應被拖到屋外，用繩子綁在馬上，馱到一個專門懲罰犯人或不名譽的地方去吊起來。」另外一本手冊則指示：「自殺的人，不是因為太恨自己而自我毀滅，便是因為氣過了頭而自我毀滅，沒收他們的家具什物獻給國王，至於他們的借據和契約，不管動產或不動產，蓋印或沒有蓋印，亦應一併沒收。」十八世紀的威廉・布來克史東(William Blackstone)，在「時事評論」裡，將自殺定義為自我謀殺。威廉・布來克史東指出：「自殺是一種雙重罪，一重在靈界，另一重在凡界，因此它是惡性最大的一種罪行，自殺這種罪行非常奇特，因為犯人的犯罪對象是自己。」

自殺未遂的人，也是以重刑犯的身份受審，如果被判有罪的話，他們也會受到懲罰。至於自殺成功的人，除了不得舉行基督教式的葬禮外，下葬前，他們的胸上會被釘入一根木樁，然後被拖到叉道旁，埋在石堆下❹。一五九〇年九月，一個驗屍陪審團判決，倫敦鋸木匠之妻艾咪・史都格斯「背叛上帝，懸樑自盡，或者謀殺了自己。」陪審團判決，把她的屍體「從那悲哀的屋子，拖到一個叉道去埋葬，下葬前，先在她的胸上釘根木樁，藉以告誡他人，如果他們犯了同樣的罪，他們也會受到同樣的懲罰。」

犯了自殺罪的人，不但自己會受到懲罰，他們的子孫也會受到牽連。因為自殺者的動產，必須全部充公，這是為什麼自殺者的家屬，通常不願意張揚家中的自殺事件，同樣的道理，驗屍陪審團在判決「自我謀殺」罪的時候，也非常地謹慎。當時的法律明文規定，驗屍陪審團在宣判自殺罪的時候，必須對自殺者的自殺意圖和自殺動機，提出圓滿的說明。要說服驗屍陪審團，自殺者確有自殺意圖，就必須證明「自殺者在自殺前，已經下定決心要自殺」。而當時的驗屍官受到的工作指示是，「只要是自殺死亡，不論是蓄意自殺、精神錯亂或是臨時起意，一概屬於『自我謀殺』。」至於動機，史學家邁可・麥當勞(Michael MacDonald)曾經指出，陪審團認可的動機，其實大同小異，只要證據充分，舉凡羞辱、痛苦、失去親人等，都是足以採信的自殺動機，而不名譽（例如：未婚懷孕、被控詐欺）、經濟危機、親人謝世、疾病摧殘，則是最常見的自殺動機。

但是在英國的土多和史都華兩地，情況不太一樣。在這兩個地區，假如生病的人能夠證明，病痛會造成嚴重的生理痛楚的話，疾病可以成為自殺的藉口。另外，如果自殺的人年紀太輕或者神志不清，以至不明白自殺的嚴重後果的話，也不算犯了「自我謀殺」罪。邁可・達耳頓(Michael Dalton)在一六一九年出版的《陪審團的裁決》一書中指出：「如果自殺的人缺乏判斷力的話（例如：智能不足或者精神失常），他們的財產不應被沒收，但是精神異常的人如果在意識清晰的情況下自殺的話，他們的財產應予沒收。」然而究竟怎麼樣才算精神異常，卻是見仁見智。此外，憂鬱症究竟算不算精神異常，也一直是一個困擾人的問題。十七世紀初葉時，羅勃・巴頓(Robert Burton)等醫生辯稱，由憂鬱症所導致的自殺傾向，其實是一種生理疾病，只不過這種疾病是用精神病的方式表現它自己罷了，這個理論使得這方面的爭議變得更複雜。在醫師和律師的影響下，英國愈來愈多的驗屍陪審團，以憂鬱症為由，判決自殺者精神異常。一六二四年七月，一個驗屍陪審團裁決，傭人強・布來克門的自殺行為，不構成自我謀殺罪，因為他自殺的時候，患有一種很嚴重的「生理疾病」，這種病會使他「瘋狂而且精神恍惚」。

清教徒非常反對陪審團用無理性的行為作理由，為布來克門脫罪。雖然強・新(John Sym)等清教牧師認為，他們可以接受驗屍陪審團判決「缺乏理解力，喪失理性，像幼兒一樣沒有判斷力，天生智能不足，精神病發作」等人的自殺行為無罪，但是由憂鬱症所導致的自殺行為，則該另當別論。一六三三年的時候，理察・卡波(Richard Capel)曾經在一篇評論裡警告，「唯有用福音和基督去對抗撒旦，才能抗拒經常興起的自殺念頭。」強・新也在一六三七年發表的《預防自殺的辦法》一書中指出，自殺的人是因為想藉此逃避「心中的困難」，也就是我們今天所講的沮喪情結。但是強・新警告，自殺的人會受到永恒的詛咒，而靈魂的死亡遠比肉體的死亡來得悲哀。強・新指出，自殺的人「不但肉體死了，而且靈魂也死了；前者使得個體的生命為之結束，後者則會為個體的靈魂帶來無窮的悲哀。」❺

強・新的警告，似乎並未引起太大的重視。一六五三年的時候，威廉・丹尼(William Denny)爵士在一篇報導中指出：「聽到那麼多倫敦附近不同階層的居民，相繼自殺的犯罪通報後，我的耳朵都有點發麻。」過多的自殺事件，促使丹尼發表了一首叫作〈一位反對自殺行為的基督教勸導者〉的詩，詩文共分十二段。丹尼在詩中警告他的讀者，不要把鵜鶘鳥用胸血撫育雛鳥的自我犧牲精神，與逃避生活困難的自我謀殺行為，混為一談：

別走，絕望的靈魂！讓我們說兩句話吧！
仔細想想，你可以作的事情有多少啊！
是那個惡魔在召喚你，
使你匆匆地落入陷阱。
難道你的良知被蒙蔽了嗎？
或許你真的以為，藉著水、刀子和繩子，才可以升天堂吧！
因為沒有人嚮往地獄；
也沒有人故意使壞啊！
如果有的話，那些人一定是被假象蒙蔽了；
和那些迷失的靈魂談一談吧！
你會瞭解的更清楚一些。

第二節　麻薩諸塞州灣區殖民地的自殺歷史

一六四〇年代末期，清教徒在英國得勢之後，想當然耳，他們反對用「精神異常」這個理由，去為患了憂鬱症的自殺者脫罪。然而這股反對聲浪並未持續太久，因為復辟時代時，英國人已經逐漸將憂鬱症當成合法的自殺辯護理由了。可是在麻薩諸塞州灣區殖民地裡，情況卻並非如此，支配這個殖民地的清教徒，堅決反對英國在社會、經濟和法律等方面的變革。對他們來說，自殺的人是犯人，也是罪人。因此在這片殖民地裡，憂鬱症仍然被當成自殺意圖的證據。由於麻薩諸塞州的清教徒堅認，自殺是出於個人的自由抉擇，因此這個地區的清教徒，只懲罰企圖自殺以及自殺成功的人，而不懲罰他們的家人。是故，在麻薩諸塞州灣區殖民地裡，自殺的人雖然不得舉行基督教式的葬禮，但是和英國不同的地方是，自殺者的財產不必充公。

自殺行為乃是出於個人自由意志的觀念，乍看之下，似乎和傳統喀爾文教裡的宿命論格格不入。其實，紐英崙地區(New England)清教徒普遍奉行的「預修」教條（雖然這個教條有時會引發一些爭議），乃是在教導信徒，在接受上帝的恩寵之前，個人有能力而且應該先把自己準備好。例如，山繆·威勒德(Samuel Willard)牧師（一六四〇—一七〇七年）曾經強調，上帝雖然允諾賜福給世人，但是這並不代表人類不必努力了。而「努力的聖約」包括，人類有選擇上帝，唾棄魔鬼的責任。是故，「預修」教條為信徒提供了一套自由選擇接受與不接受上帝恩寵的理論基礎。在這個理論架構下，清教牧師不認為，自殺是上帝所安排的命運；他們認為，自殺純粹是出於個人的自由抉擇。

一六四〇年的時侯，一位名叫威廉·理查斯的僕人，在他主人的庫房裡上吊自盡，當時的麻州州長強·溫什洛普為此特別召集了一個驗屍陪審團，結果陪審團的判決是，理查斯「是在魔鬼的殺人誘惑下謀殺自己的，他犯了自我謀殺罪」。因此，理查斯不能舉行基督教式的葬禮。理查斯後來被埋葬在公路旁的一堆石頭下。

企圖自殺但是沒有成功的人，也會受到處罰。一六七二年的時侯，威廉·希特尼服毒自盡未果，結果被判有罪。沙伐克郡法院判決他「受鞭笞二十下，賠償開庭費，另外，他必需坐牢，直到本郡下次開庭時方得出獄」。

除了官方記錄之外，殖民的日記裡也記載了一些十七世紀時，發生在麻薩諸塞州的自殺事件。比方說，山繆·西渥的日記，就把自殺事件當成日常瑣事般記載。在天花漫行的一六七七年裡，麻州議會的代議士勞倫斯·漢蒙德(Lawrence Hammond)，在三個月之內，一共記錄了五樁自殺事件，以當時波士頓只有大約四千居民的比例來看，這個數字委實太高了些。此外，那段時期，反對自殺的訓誡一個接一個出籠的現象，也顯示出十七世紀末期時，麻州的自殺率相當高。

史學家艾默利・艾利阿特 (Emory Elliott) 曾經指出，一六四〇年代及一六五〇年代時，紐英崙地區正在發展神學觀，而這個過程所引起的精神壓力，導致了許多「精神崩潰和自殺」事件。一六六〇年時，康耐狄克州哈特佛德市一位名叫阿布拉罕・華納的年輕人，在投水自盡前留下的遺書，多少可以證明艾利阿特所言不虛：

「親愛的上帝啊！我已經盡可能的去保有我的靈魂了；少不更事的我，既驕傲又頑固，我應該被好好糾正一番的，可是在魔鬼的鼓動與陪伴下，我卻墮落了。我弟弟正在步我的後塵，他正步上自我毀滅的道路，我懇求您接納他的痛苦，糾正他並且幫助他吧！別讓他像我一樣的毀滅自己的靈魂和身軀。」

當時的法律走向顯示出，麻州的清教領袖將自殺行為看成十分嚴重的社會及宗教問題。一六六〇年十月，麻州議會頒佈了禁止自殺的法令：「鑑於撒旦無所不用其極的說服了本轄區內的某些人謀殺自己，因此本議會決定在上帝的召喚下，立法反對這種既邪惡又不正常的行為，藉以阻止他人步上相同的後塵。」為了推動這條法令，麻州議會嚴厲禁止用憂鬱症為由，替自殺的人脫罪。事實上，這條法令在第一段裡明文規定，不得用憂鬱症為由，替自殺的人答辯。然而一六四七年時，麻州灣區殖民地的鄰居，普洛文登斯殖民地(Providence)所頒佈的法令，卻與此大不相同，該殖民地的法令規定：「智如嬰兒、精神異常、瘋子和神智錯亂的人，不必受自我謀殺罪的懲治。」雖然到了一六八〇年代時，英國以及美國其它殖民地的驗屍陪審團，已經將憂鬱症列為「精神異常」判決的證據，然而麻薩諸塞州灣區殖民地，卻仍然是我行我素的厲行傳統作法。

雖然如此，但是那個時代的麻薩諸塞州法令，卻允許用精神異常這個理由為自殺的人答辯，而其條件是，必須證明自殺的人在自殺前，已經精神失常了相當長一段時間，這個規定和英國的習慣法在精神上是一致的。這是為什麼一六八八年時，麻州一個驗屍陪審團裁決，在臥房上吊自盡的山繆・馬里昂之妻，可以舉行基督教式的葬禮，因為證人指出，「她的神智已經錯亂了好一陣子了」。

但是由憂鬱症和間歇性精神錯亂所導致的自殺事件，則是另當別論——因為在麻薩諸塞州，這兩者都被視之為背叛上帝的著魔行為，因此不能當成自殺和謀殺的答辯理由。例如，一六三八年時，助理法院(Court of Assistants)雖然明知桃樂絲・泰耳比患有「憂鬱症而且精神錯亂」，它仍然判決泰耳比吊死稚女的行為，是一種謀殺罪。強・溫什洛普在日記中指出，助理們聽到的證詞顯示，泰耳比以前也企圖謀殺過自己的先生、小孩和她自己。這些往事使法院和溫什洛普認為，被告「著魔甚深，撒旦使她誤以為（在撒旦的迷惑下，她以為她聽從的是上帝的聖言），弄斷自己孩子的脖子後，可以使她從此不再受苦」。雖然溫什洛普認為泰耳比確實是瘋了，但是她並未因此得到寬恕。如果泰耳比是在英國受審的話，她很可能根本不會被判刑，而不是被判決公開處死。

伊莉沙白・那普的情況，和上述那位女士的情況很類似。一六七一年夏天，十六歲的那普不但發過好幾次病，而且還數度自殺未遂。那普的自殺傾向和她的憂鬱症有關，山繆・威勒德牧師和那普本身，都將那普的憂鬱症，歸咎於撒旦的誘惑。根據威勒德的說法，撒旦經常遊說那普「自我了結」。他指出，有一次「她差一點投井自殺，她往井裡眺望的時候，看到誘惑她跳井的景象，她已經把身子挪到井口中間了，多虧上帝的恩典，適時阻止了這件事情。」一六七二年時，威勒德發表了那普的故事，他將這個故事定名為〈一篇關於聖靈眷顧葛洛頓市伊莉沙白・那普的奇異短文〉，他送了一份複本給波士頓市的英克律斯・馬捨耳。

英克律斯・馬捨耳對威勒德文中的自殺肇因理論頗有同感。馬捨耳認為，一旦精神異常成為自殺者的合法答辯理由後，被麻州清教徒視為道德與法律磐石的信條——一個人是否能夠抗拒撒旦的誘惑，端視個人的抉擇而定——很可能會因此受到破壞[6]。英克律斯・馬捨耳在一六八二年發表的文章〈召喚被魔鬼誘惑的人：對可怕的自我謀殺罪的訓誡〉裡，談了許多威勒德的觀點，而馬捨耳之所以會發表這篇訓誡，乃是因為受到波士頓聞人威廉・泰勒自殺事件的刺激。據說這位富商在「自殺前幾個月，一直非常憂鬱」，他在一六八二年七月，用自己的馬韁上吊自盡。由於馬捨耳曾經數度勸告泰勒切勿輕生未果，因此他在感慨之餘，特別發表了上述的訓誡，藉以闡述憂鬱症和自殺行為之間的關係。

馬捨耳指出，撒旦經常在人們備受痛苦煎熬的時候，乘人之危，引誘人們抗拒上帝的拯救。馬捨耳表示：「魔鬼經常乘人們神智極端疲勞的時候，誘惑他們犯下自我謀殺的罪行。」因此，患有憂鬱症的人如果自殺的話，等於是蓄意謀殺自己，因為自殺的選擇顯示出，自殺的人已經對上帝所施予的永恒恩典，失去了信心，馬捨耳在訓誡裡指出：「罪惡及受傷的意志所造成的負擔，是令人無法忍受的。《聖經箴言》第十八章十四節裡有明白的指示，有誰能忍受呢？那些靈魂受傷並且飽受撒旦誘惑的可憐蟲，誤以為毀滅了自己便可以得到解脫。當內在及外在困難一起湧現的時候，尤其如此（可惜它們總是一塊兒來）。悲傷的人，在這種時刻，很容易犯下自殺罪。撒旦會乘人之危，誘惑他們犯下這個罪行。……這些誘惑不是來自神聖的上主。受誘惑的人萬萬不可說，是上帝引誘我這麼作的。」

對馬捨耳以及其他傳統喀爾文教徒而言，憂鬱症永遠不應成為替自殺者脫罪的答辯理由，因為憂鬱症是證明自殺者的確有自殺意圖的直接證據。

一六九一年光榮革命之後，麻薩諸塞州開始施行修訂憲章，修訂憲章把灣區殖民地的執法方向，包括和自殺有關的法令在內，帶入了後復辟時代習慣法的發展方向。一六九二年的時候，英克律斯・馬捨耳的兒子卡登・馬捨耳，有鑑於修訂憲章可能引起的轉變，還特別提醒波士頓居民，勿忘自殺所帶來的惡果。卡登・馬捨耳在集會中呼籲：「魔鬼可以輕易的傷害人們的意志力」，撒旦「所製造的恐怖氣息，……會使人們情不自禁的選擇用上吊、投水、戳殺、服毒等非常瘋狂的方式，去使自己長眠。」卡登・馬捨耳並且強調，瘋狂不應成為一個人的自殺藉口；人們必須自己設法克服魔鬼的誘惑，馬捨耳指出：「看在上帝的份上，多想想吧！在你作這種毫無價值的事以前，先想清楚，是誰把你拖去作這種受詛咒的事情的。」馬捨耳特別舉了一個例子，去說明撒旦如何引惑人自殺：「有一個靈魂受傷的人來找我，我費盡唇舌勸他，可是他離開的時候還是說『我想魔鬼早晚會擁有我的！』我被其他的朋友絆住了，沒法去追他，我正在想該到那兒去找他的時候，人們發現他死在寢室裡，他是坐著被繩子絞死的，而那根絞死他的繩子，居然不在他的脖子上，而是握在他放在膝蓋上的手裡。」

雖然卡登・馬捨耳的責難，等於對新思潮作了一番強有力的警示，但是馬捨耳之類的人，代表的只是一股愈來愈式微的力量。一七〇一年完成的麻州修訂法，對自殺者的懲治已經十分接近寬鬆的習慣法了。驗屍陪審團如欲判決被告為自殺身亡的話，他們必須證明，被告是明知故犯，而且「像一般的重刑犯那樣，自願且惡意的謀殺了自己」，因此違反了至高無上的主耶穌基督的寧靜」。這些改變，使得麻薩諸塞州的驗屍陪審團，無法再像以往那樣，判決所有精神不正常的自殺者，一概不得舉行基督教式的葬禮。

雖然如此，但是和英國以及美國其他殖民地比較起來，麻薩諸塞州的法院和陪審團，較不願意接納「精神異常」這個辯護理由。而沒有人比山繆・西渥更嚴格的執行這條法令。一七〇七年，西渥擔任高等法院法官的時候，曾經開過一張令狀，公告波士頓市的阿布拉罕・哈里士，「惡意謀殺了自己，他用自己的領帶上吊自盡……由於他犯了自我謀殺罪，因此不得為他舉行基督教式的葬禮。」西渥下令將「阿布拉罕・哈里士的屍體，埋在通往洛克斯百利市的公路旁，面對絞臺的一塊狹地裡，哈里士的墳墓上，必須放一堆石塊，以作為不名譽的象徵」。

一七二四年四月，在強・瓦倫檀自殺二個月之後，麻州另一個驗屍陪審團又宣佈，哈皮斯提耳・弗斯特也犯了自我謀殺罪，他「在閣樓的一層階梯上，上吊自盡，他的脖子上，有一個繫在繩子上的袋子」。弗斯特的自殺事件，促使班傑明・瓦德史渥斯（Benjamin Wadsworth）發表了一篇訓誡，那個時候，瓦德史渥斯仍是波士頓第一教會的牧師，他後來成為哈佛大學校長。西渥在日記裡指出：「瓦德史渥斯先生引用《格林多後書》第二章第二節的內容，發表了一場反對自殺行為的精彩演說。」雖然那個時候的麻州法律，已經不再對患有憂鬱症的自殺者施以刑事懲罰，但是瓦德史渥斯卻在那時提出了，抗拒自殺，「別讓撒旦有機可乘」這個早期清教牧師和法學家所堅持的觀點。

當然，撒旦也不是每次都會贏。英克律斯・馬捨耳表示，他一六八二年發表的訓誡〈召喚被魔鬼誘惑的人〉，至少救了一個「正受到誘惑，想要用可怕的殘暴手法去謀殺自己」的聽眾。事實上，馬捨耳自己也承受過自我毀滅的可怕誘惑。馬捨耳坦承自己患有「憂鬱病」，他指出，他經驗過撒旦在他情緒低落時，乘虛而入的惡夢。馬捨耳患的病，其實就是現代醫生所稱的報復性自殺幻想症。馬捨耳十分氣憤他的同儕不欣賞他，因而開始幻想他的死可能引起的反應：「我死後，那些可憐人會明白，他們的忽視和攻擊對我所造成的悲哀，對他們沒有一點好處。」當然，他的信仰救了他。

十八世紀時，麻州仍然有一些新教徒，將自殺思想看成惡魔的誘惑，以下的例子，都是採自《大覺醒》(*Great Awakening*)例證裡的告白。一七五一年時，漢娜・西頓在報告裡指出：「過去數年來，我每遇困難時，家人都擔心我會自殺，撒旦會附在我小女兒身上說，去上吊！去上吊！而每當我看到可以自殺的地方時，我會更情不自禁地想要自殺。」在西頓的記憶中，那段時期她經常會「失聲慟哭、放聲大叫，或者不停的哭泣」。一七四〇年時，另一位婦女蘇珊・安東尼也表示，魔鬼曾經用憂鬱症引誘她自殺。安東尼認為，自己是一個「被上帝遺棄的浪人」，因此她想「結束自己的生命」。幸運的是，她拿到一份〈給罪人的忠告：某些顧忌會打消被誘者的自殺意念〉的複本。這本冊子使她「不致犯下令人毛骨悚然的罪行，那就是謀殺自己」，因為「撒旦感受到散發在字裡行間的力量，因而逃走了」。一七四五年時，那昇・柯耳在報告裡指出，他在撒旦的折磨下，對自己是否應該改變宗教信仰產生了懷疑：「撒旦來找我，並且對我說，有一個方法可以使你很快就得到答案；他說，只要毀滅你自己，你立刻就會得到答案；因為如果你現在改變宗教信仰的話，你必然會得救；如果你現在不改變的話，你永遠不會改變宗教信仰了，所以毀滅你自己，然後你馬上會明白。」而柯耳力抗這個「可怕的誘惑」。這些例子顯示出，直到十八世紀中葉時，至少在麻薩諸塞州，由憂鬱症所導致的自殺行為，仍然被視為罪惡與罪行。但是十八世紀中葉時，這種例子已經不多見了。

第三節　疾病說的出現

諷刺的是，最贊成西渥觀點的，是英國一位名叫威廉・布來克史東(William Blackstone)

的法學家。十八世紀中葉的時候，在英國本土以及各殖民地裡，判決自殺者精神異常的驗屍陪審團，可謂愈來愈多。這個趨勢使得布來克史東大為不悅，他指出，把「自殺行為當成一個人精神不正常的證據，就好比是說，每一個逆天而行的人，都不需要任何理由一樣」。布來克史東擔心這種邏輯會演變成判例，陪審團很可能會「根據這個邏輯，判決其他的刑事犯精神異常，包括犯了自我謀殺罪的犯人在內」。布來克史東堅持，法典已經「非常理性的裁度，患了憂鬱症和妄想症的人，並不會因此失去判斷是非的能力」。

布來克史東的責難顯示出，那個時候，「精神異常」已經成為自殺案件中，稀鬆平常的辯護理由了。比方說，最近一份關於早期現代化英國自殺判決的研究報告指出，早在一六四〇年代初期時，「精神異常」(non compos mentis)的判決，已經逐漸取代「自我謀殺」(felo de se)的判決，到了十八世紀末期時，「精神異常」更已成為自殺案件的一般性判決。到了十九世紀中葉時，被判決「精神異常」的自殺案件，可謂多到連當時一位作家都抱怨，陪審團似乎已經決定，凡是自殺的人，一定是「精神異常」。

在此同時，歐洲正在探討自殺權利的問題。孟德斯鳩(Montesquieu)、迪・史達艾耳夫人(Madame de Staël)、伏爾泰(Voltaire)以及大衛・休姆(David Hume)等開明派思想家，堅認自殺是一種理性的行為，因此應該被視為個人的合法選擇。其他如：金・杜馬斯(Jean Dumas)、查理斯・摩爾(Charles Moore)、約翰・亞當斯(John Adams)，以及金—傑克斯・盧梭(Jean-Jacques Rousseau)等人，則認為自殺是一種不道德的懦夫行為。雖然如此，然而這兩派人物均同意，自殺是出於個人的自由意志。美國的知識份子，對上述的學者雖然十分熟悉，但是這兩派的論爭，似乎對北美洲的思潮沒有造成任何影響。事實上，美國人仍然把討論的焦點，集中在清教徒所關切的問題上，那就是：究竟自殺是一種罪行，還是一種個人無法控制的疾病？

西渥等人之所以會強烈反對「精神異常」的判決，乃是因為他們認為，這個判決會嚴重破壞傳統價值觀。其實他們的憂慮是對的。強・瓦倫檀死後的數十年間，人們對自殺行為的看法，出現了重大的轉變。十八世紀中葉時，憂鬱症已經成為「精神異常」這個辯護理由的有力證據了。

為什麼會出現這樣的轉變呢？部份原因是由於清教徒成功的把自殺行為和撒旦、憂鬱症結合在一塊兒。諷刺的是，這個結合也破壞了自殺是出於個人自由意志的說法。

到了十八世紀中葉的時候，麻薩諸塞州的驗屍陪審團已經普遍接受憂鬱症是一種疾病的觀念，而其實早在十七世紀的時候，英國醫學界已經提出過這種看法。既然憂鬱症是一種疾病，它當然不能成為犯罪意圖的證據。

這種情況使得麻薩諸塞州一些受過當代理性主義思潮洗禮的牧師，都開始捍衛魔鬼誘惑人們自殺的說法。比方說，一七四〇年時，所羅門・威廉斯(Solomon Williams)牧師曾經針對一位大學生的自殺事件發表過一篇訓誡，而這篇訓誡的內容和一般的訓誡一樣，也強調一個人在追求滿足的時候，如果忽略了上帝的法則的話，後果非常危險。儘管如此，威廉斯仍然指出，這位年輕人之所以會在「精神錯亂」的情況下自殺，乃是因為他自幼罹患的痼疾，因用功過度而加重，加上去年冬初，他又染上了痲疹之故。

四分之一世紀之後，安道佛市的山繆・菲力普(Samuel Phillips)牧師，仍然不遺餘力的複誦馬捨耳的論調：「自殺這個可怕的罪行，乃是撒旦所施展的最危險的技倆。」菲力普指出：「撒旦可以說服任何人毀滅自己的生命。」不同的是，菲力普的忠告，也反映出十八世紀末期的理性思潮。菲力普指出，魔鬼不但會利用人類的心理弱點，而且還會利用人類的生理弱點，因此「受誘惑的人務必得儘快尋求醫生的幫助。」菲力普表示：「別像某些人那樣，以為自己患的是心病，和身體沒什麼關係，所以醫生幫不上忙。」菲力普強調：「這是一個嚴重的錯誤；因為心理問題經常是由生理疾病造成的；身體如果醫好了，腦袋裡的烏雲自然會散開，否則的話，和他們講什麼也沒用，因為在那種狀況下，他們根本無法好好的判斷事情。」

麻薩諸塞州的情形，代表英國殖民地在維護中世紀傳統觀念上所作的最後努力。雖然這些努力和清教主義一樣，有曖昧不明和值得爭議的地方，以致這些老傳統和價值觀，終歸逃不了式微的命運，但是在麻薩諸塞州裡，直到十九世紀末期時，自殺仍被視為一種犯罪行為，只不過被判決觸犯自我謀殺罪的人，大為減少罷了，例如，一七三一年到一八〇〇年之間，被波士頓沙伐克郡的驗屍陪審團判決「精神異常」和「自我謀殺」的案件比率大約是一比二·五，可是一八〇一年到一八二八年之間，這個比率已經升高為二比一了。事實上，一八一〇年之後，「自殺」這個字眼，在沙伐克郡的驗屍審訊裡，已經很少出現了。

其他殖民地，比較不會那麼首尾一貫的對自殺者施予刑事懲罰。在麻薩諸塞州，驗屍陪審團很不願意判決自殺的人「精神異常」。但是在其他殖民地，比方說維吉尼亞州，法律雖然規定自殺者的財產應予充公，但是到了十八世紀中葉的時候，這條法令已經鮮少執行了。美國內戰期間，湯瑪士·傑佛遜更進一步修改了維吉尼亞州的法律，傑佛遜堅持，和自殺有關的法令，必須符合現實，並且反映出公眾反對用刑事法去懲罰自殺者的心態，傑佛遜指出：「從陪審團老是判決自殺者精神失常這個事實可以看出來，一般大眾並不贊成用這麼嚴酷的法律去制裁自殺者；但是除了判決他們精神失常之外，又沒有別的辦法可以使他們免去財物被充公的命運。」傑佛遜認為：「與其如此，還不如廢除這樣的法律。」那些反對傑佛遜主張的人指出：「財物充公這個懲治辦法，有助於防止自殺事件的發生。」可是傑佛遜卻不以為然的表示：「假如一個人下定決心不願意再活下去，假如他對凡塵厭惡已極，寧願到墳墓那頭去逛一逛的話，難道他還會去考慮，他的財產被充公後，他的家人會受到什麼影響嗎？」修改後的維吉尼亞州法律，貫徹了傑佛遜的信仰：「自殺者的財物不予充公，但是自殺行為應被視為一種疾病。」

內戰期間，美國各轄區紛紛效法維吉尼亞州的作法，相繼廢除了將自殺者財物充公的法令。新澤西州和馬利蘭州更在一七七六年制定了新法，內戰後，北卡羅來納州也制定了新法。一七九〇年，賓夕法尼亞州進行修憲時，再度肯定該州將自殺行為視同「自然死亡」的一貫作風。是故，到了十八世紀末葉的時候，從麻薩諸塞州到維吉尼亞州的轄區，不論在法令條文或是社會常規上，都已經認同自殺行為本身，便是對自殺者最大的懲罰。

史學家路易士‧梅舍(Louis Masur)曾經指出，美國許多內戰領袖認為，人類有能力改進自己的精神道德，這種觀念促使好幾州修改刑事法令，以降低「被判處吊死的刑事犯人數」。而這些州在修改法令的時候，多半會將懲罰自殺者的法令一併廢除。雖然如此，制裁自殺者的法令廢除過程，仍然有一段相當冗長的歷史。重要的是，內戰所造成的情勢，使得已經施行了好一陣子的慣例，終於成為法令。

十七世紀末期的時候，原本被視為對抗自殺誘惑的宗教信仰，逐漸被視為精神病和自殺行為的導因。許多人認為，傑佛遜的好友，小說家查理士・布洛克頓・布朗(Charles Brockden Brown)所提，宗教狂熱會造成憂鬱症和精神病的論調，有它的道理。布朗在一七九八年出版的浪漫小說《威蘭德或是變形體》一書中，將西耳多・威蘭德的瘋狂與自殺，歸因於他像清教徒那樣，嚴守他所領會的上帝意旨。西耳多自認聽到誘惑他從事謀殺和自殺罪行的聲音。而西耳多認為，人世間的邏輯和法律並不完美，因此他只服從上帝的聲音。布朗的看法和英克律斯・馬捨耳以及山繆・西渥不同，布朗認為，使威蘭德發瘋的，不是撒旦而是他的宗教幻想。宗教信仰使得威蘭德產生一種變態心理，這種變態心理導致了他的自殺。

當然，像紐約長老會牧師山繆・米勒(Samuel Miller)之類的宗教領袖，一定反對這種見解。米勒在一八〇五年發表的訓誡〈自殺的罪過、愚蠢和根源〉裡指出：「自殺是一種罪大惡極的罪行，可是在美國和紐約，犯這種罪行的人已經多到拉警報的地步了。」米勒並不認為「沮喪情緒和憂鬱症」會使一個人完全喪失「克制自己的能力」，米勒堅持：「每一個自稱絕望和想自殺的人，都有選擇活下去的能力。」米勒認為，自殺不是「精神病」造成的，自殺「通常是由一種卑鄙齷齪的自私心態造成的。自殺這種罪行，會使得一個人在『個人感覺』的祭臺上，奉獻出自己所有的東西」。最後米勒譴責法官和推事，愈來愈傾向於把自殺行為歸因於精神失常的作風，米勒指出：「不論就普通人的義務，或是公職人員的責任而言，你們用憂鬱症去看待自殺罪行的態度，怎能使你們安心呢？相信我，當你們支持『精神失常』的判決，以及當你們用『精神失常』這個判決去掩護那些蓄意謀殺自己的罪犯時，你們不但損害了自己的靈魂，同時也傷害了這個社會。」

雖然米勒和西渥、馬捨耳一樣，極力譴責自殺行為，但是米勒並不像他的清教徒祖先那樣，硬說撒旦是誘惑人們自殺的原凶。米勒這種避開怪力亂神之說，力主自殺者不是精神失常便是完全喪失理智的說法，為這方面的論調開啟了一扇門戶。

同一年間，麻薩諸塞州西春田市第一教堂的約瑟夫·拉什洛普(Joseph Lathrop)牧師，也在他所發表的兩篇反對自殺行為的訓誡裡，清楚的表達了這個觀念。和米勒不同的地方是，拉什洛普認為，「在大部份的情況下，自殺是一種由精神失常所導致的暴力行為，這種暴行雖然令人覺得很不愉快，但是它並沒有罪過。」拉什洛普關心的是那些「不屬於此類的自殺事件」。

連一向將所有的自殺行為都視之為「暴行」的長老會牧師，都願意接受「自殺行為是由精神異常所導致」的觀念，可見一八〇五年的時候，人們對自殺行為的態度，已經有了極大的轉變。到了十九世紀初期的時候，美國人對自殺行為的態度，已經沒有明顯的區域性差別了。麻薩諸塞州的驗屍陪審團，對自殺案件作出的判決，和維吉尼亞州、賓夕法尼亞州的驗屍陪審團一樣。內戰後的美國人，對自殺行為漸漸產生了一種共識，大部份的人認為，促使一個人自殺的那股力量，是一個人無法控制的。

到了十九世紀的二〇年代時，由於人們逐漸認為，自殺行為是精神失常所導致的，因此已經很少人告發自殺事件了。在麻薩諸塞州，雖然官方仍然將自殺行為視為一種罪行，但是驗屍陪審團總是循例將自殺案件判決為「意外事故」，或是判決自殺者是在「身遭厄運」，或者「精神錯亂」的情況下自殺的，因此死者並未犯自我謀殺罪。事實上，從一八一〇年到一八三四年之間，連「自殺」這個字眼，都從未出現在波士頓沙伐克郡的驗屍調查報告裡。一八三五年，當「自殺」這個字眼再度現身的時候，它仍然和「精神錯亂」、「神智不清」等字眼連在一起。當然，這些字眼可以使自殺者不必受刑法和教規的懲罰，因為根據麻薩諸塞州的法律，這些人不算法定的自我謀殺罪犯。

以下的例子顯示，在一八二〇年代的麻薩諸塞州，即便是非常明顯的自殺事件，通常都不會被扣上重刑罪的大帽子。例如，一八二七年八月三日，一位波士頓的機械工上吊自殺，負責調查這個自殺案的驗屍陪審團，並未將該案判成自殺事件。驗屍陪審團的理由是，證詞指出，自從小邁可・波林受到某些「家庭問題」的打擊後，便一直神智不清，因此該陪審團判決，波林在「神智錯亂」的情況下「上吊自盡」。另外，一八二七年十月間，十九歲的漢娜・溫什洛和她先生吵完架後，便跳進米耳溪自盡了，負責調查這個自殺案的驗屍陪審團，雖然聽到她先生和其他證人指證，溫什洛「直接走到溪邊，縱身跳入溪中」的證詞，該陪審團仍然判決溫什洛是意外死亡。一八二八年三月二十七日，三十一歲的失業船長威廉・龐德舉槍自盡，而負責調查該案的驗屍陪審團，也根據龐德死前「情緒十分低落」的證詞，判決該案非自殺事件。一八二八年，一位名叫傑可布・威耳遜的水手，用他的吊褲帶上吊自盡，負責調查該案的驗屍陪審團也判決威耳遜是在「精神異常」的情況下自殺的。

一八三〇年代中期時，雖然「自殺」這個字眼重新出現在沙伐克郡驗屍陪審團的審訊裡，但是它並不代表「自我謀殺」罪。例如，一八四三年四月間，驗屍陪審團根據喬治・達菲特太太的證詞裁決，達菲特「因病失業，因而割喉自殺，導致他自殺的原因是，他的精神一直處於半瘋顛狀態」。和麻州一樣，其他不再將自殺行為列為罪行的轄區，雖然仍然將自殺列為死因，但是這些轄區也逐漸將「精神異常」列為自殺行為的肇因[7]。

十年前，亞勒克瑟斯・迪・塔克威爾(Alexis de Tocqueville)曾經表示：「在美國社會裡，你會碰到一些充滿了狂熱思想，甚至近乎瘋狂的人，這種人在歐洲社會幾乎不存在。美國社會不時會出現一些奇怪的教派，這些教派出盡怪招教人如何獲取永恒的幸福。這種宗教狂熱在美國非常普遍。」塔克威爾並且指出：「一種非常奇怪的憂鬱症也經常恐嚇這個民主國家的富裕居民。」有些時候，這種憂鬱症會在「非常平靜、輕鬆的情況下，突然出現在某些人的身上」。塔克威爾表示：「雖然自殺行為在美國並不多見」，但是他發現，美國的精神病患「比任何國家都多」。塔克威爾顯然低估了美國社會的自殺率，高估了民主社會的憂鬱症罹患率。但是如果塔克威爾不慎將一般行為和愈來愈受到人們關切的精神異常行為混為一談的話，那麼他會發表上述的評語，就不難理解了。其實塔克威爾點出了一個非常重要的態度及觀念上的變化，只不過他自己不知道罷了。一八三〇年代時，憂鬱症和自殺行為，不再是宗教及法律方面的問題，而是醫學問題。那個時代的人認為，假如憂鬱症是一種疾病的話，那麼憂鬱症患者不必對自己的自殺行為負責任，就好比他們不必對自己染上天花負責任一樣。這個認知上的轉變暗示著，一八四〇年代時，從醫學的角度去解釋自殺行為的作法，並未引起太大的爭議。

注釋：

❶一七一八年到一七二〇年之間，強・瓦倫檀曾經擔任過麻薩諸塞州、康耐狄克州以及羅德島州的檢查總長。

❷自殺者的死狀，通常是判斷撒旦有沒有參與其事的證據，以據此去判決死者是否犯了自殺罪(felo de se)。例如，威廉・亞當斯牧師在一六七二年的報告裡，這樣描述一位自殺者的死狀：溫漢市的湯瑪斯・灰特瑞橋太太被發現時，「她的臉埋在一小堆，根本不夠蓋住她整張臉的水裡。」《威廉・亞當斯牧師傳記，麻薩諸塞州迪漢市》；MHS, Collections, 4th Ser.（Boston，一八五二年），1:17–18。

❸史坦利・傑克森指出，十七世紀末葉，當人們逐漸將「憂鬱症」(Melancholia)視為一種病症時，「『憂鬱』(Melancholy)這個字眼，不但一直是憂鬱症的同義字，而且還是一個很流行的概括性名詞，它和『沮喪』(Depression)這個字的意思差不多。在西歐許多其他的方言裡，也有非常類似的情況。」史坦利W.傑克森，《憂鬱情結和沮喪情結：從古至今》(New Haven, Conn.：耶魯大學出版部，一九八六年)，pp.5–7。

❹把自殺者埋在叉道旁的石堆下，以及在死者胸上釘入木樁的作法，乃是源於對古老迷信的恐懼，不言可喻。自殺的人多半是因為生前對某些人懷有怨恨才會自殺，而人們認為，用這種方式埋葬自殺的人，可以確保自殺的人，不會回來報復那些他生前怨恨的人。

❺強・新和其他新教作家的看法一樣，他也認為，人之所以會自殺，乃是因為「受到魔鬼的指使，因此魔鬼才是原兇，魔鬼會指使人們殺人；他指使人們殺別人，也指使人們殺自己；他這麼作是為了羞辱上帝。」(pp. 246–250, 269–270)。

❻印地安僕役和黑奴也必須受自殺法令的管束：「奧立佛先生的一位得力印地安僕人湯瑪士」，一六八八年十月五日，在「釀酒屋裡上吊自盡」，驗屍陪審團下令將他「埋葬在公路旁，並且在墳墓上釘根穿穴而過的木樁」。

❼一八四〇年代時，「自殺」這個字眼已經成為一種標準格式。因此對一八四三年七月間發生的溫什洛普・史馬耳特投水自殺案，驗屍陪審團的判決是「他在神智錯亂的情況下，自殺身亡。」《驗屍審訊報告》，溫什洛普・史馬耳特案，一八四三年七月二十八日，Adl.631。

第二章　精神治療法的起落（一八四四—一九一七年）

一八四四年的時候，猶提卡市紐約州立精神病院的一位主管創辦了《美國精神病學雜誌》。在第一期雜誌裡，編輯刊登了好幾篇探討憂鬱症和自殺行為間的關係以及這兩者是否為疾病的論文。其中一篇論文列舉了六件自殺個案去說明，「早期治療對防止自殺行為的重要性」。該論文指出：「自殺的人大多患有憂鬱症，他們都有點神經質。」作者並且呼籲，由於大部份的憂鬱症患者具有自殺傾向，因此當自殺徵狀一出現的時候，就應該注意防範，以免「這些不幸的人，遭到這個疾病的致命打擊」。該作者並且描述了一下早期的自殺徵狀：「假如一個人的社交、家庭，或者其他人際關係發生問題，而且他的個性和行為又隨之出現重大轉變的話，這個人就很值得擔憂了。」此外，「假如他變得內向、憂鬱；對家人和事業不再關心；喜歡獨處；生活沒什麼目標；晚上又失眠的話，這表示，為了他的安全起見，最好立即採取行動防止他自殺。」社會大眾必須明白，這些人是病人，「這些人唯一的安全保障是，明智朋友或者管理良好的精神病院所給予的不斷照顧，而後者對他們的康復比較有利，因為這些人通常需要醫學上的治療。」

這篇論文所列舉的六件自殺個案都是用來說明，如果憂鬱症患者不接受治療的話，他們早晚會選擇自殺。在這六件自殺個案中，有三件個案和宗教狂熱所引起的絕望感有密切關係。第一件個案的主角，是一位二十七歲的婦女，「她因為對預言世界即將毀滅的米勒教(Miller)非常執著，以致變得精神恍惚。」這位女士「自覺犯過不可饒恕的罪，因此終日惶惶不安，晚上也無法入眠，她有自殺傾向，並曾割喉自盡。」在精神病院裡，醫生給她服用有毒的白色胡蘿蔔精、含鐵的碳酸化合物，以及用碳酸處理過的嗎啡，嗎啡的作用是使她入睡。而「嗎啡對她顯然具有療效」，因為她停止服用嗎啡後，「病情變得更嚴重」。第二件個案的主角，是一位四十歲的農夫，他自從「參加了一次冗長的宗教聚會後，就變得有點精神錯亂」。沒多久，他便患上了憂鬱症，他對自己是否會得救，感到非常絕望。這種狀況持續了四、五個月之後，他被送到精神病院。在病院裡，他大部份的時候表現得很憂鬱，他對什麼事情都不感興趣，也不想勞動，他說他對家人和朋友的感情全部消失了。醫生診斷出他「消化不良」而且「膽汁分泌異常」，因此囑咐他吃清淡的食物，服通便的藥，以及泡熱水澡。不久之後，醫生開始給他服用毒胡蘿蔔精和鐵，以及一些專利特效藥，這使得他的病情大有起色。第三件個案的主角，是一位二十歲的少女，她因為對宗教過於投入，以至產生了自殺傾向。由於她經常會作一些令她感到很不舒服的夢，因此她變得「很緊張，而且常失眠」，她對家事也失去了興趣。由於她愈來愈憂鬱，又揚言不想活了，因此她的朋友很擔心她會自殺。當放血、起水泡、吃瀉藥對她都起不了安撫作用之後，「她被送入了精神病院」。在精神病院裡，醫生用「熱水澡、通便藥、毒胡蘿蔔精和鐵，以及嗎啡」去治療她，她因此重新「拾回了健康和靈魂」。

一八四〇年代時，查理士・布洛克頓・布朗(Charles Brockden Brown)早年堅持的理論——宗教狂熱會導致，而非治療憂鬱症和自殺行為——成了當時的至理名言。比方說，一八四五年的時候，《美國精神病學雜誌》曾經警告美國老百姓，「冗長的宗教聚會，尤其是在傍晚和夜間舉行的宗教聚會」，有危險性。原因是，這些宗教聚會會使人產生某種「錯覺」，而這些錯覺會導致「自殺、精神異常和各式各樣的荒唐行為」，因為「這些聚會所營造的狂熱氣氛，近乎病態」。這篇文章的主筆特別指出，一八四〇年代初期，預言世界即將滅亡的米勒教派，使得全美各地的精神病院，「充斥因聆聽該教教義而發瘋的人」，其中有許多人的情況，嚴重到「無法矯正的地步」。另外還有「成千上萬」的人，「雖然沒有發瘋，但是他們健康的受損程度，大到使他們永遠不可能再過正常生活；女性患者的情況尤其嚴重。」因此該主筆指出：「我們認為……連黃熱病和霍亂，都沒有在這個國家造成如此大的災難。」

自殺行為從罪惡到疾病的轉變過程，可以反映出南北戰爭前，「美國精神病學協會」的成長過程。一八四〇年代時，美國境內探討自殺行為的陣地，已經從聖壇和法庭，轉移到醫學期刊上了。和自殺病因有關的專家意見，也逐漸成為一小撮精神病院醫生的專責。

一八四四年時，這群醫生組織了「美國精神病院醫學主管協會」(AMSAII)。雖然那個時代的精神病醫生，和現代的精神病學家難以相提並論（這裡指的是，除了一般的醫學訓練外，他們沒有受過任何專業或特殊訓練）。但是這一小撮精神病院的負責人，卻自認是精神病學權威，而他們所組織的協會(AMSAII)，則逐漸演變成二十世紀初期的「美國精神病學協會」[1]。

那個時代的精神病醫生認為，精神病和自殺行為的肇因與治療法，深受文化、經濟和政治因素的影響。一八四〇年代時，當都市化和工業化開始入侵美式生活的時候，美國人（雇用黑奴的南方除外）普遍認為，應該用自律去取代教條式的管理。由於那個時候的美國人大多認為，人和環境一樣，具有可塑性，因此那個時代比較鼓勵自發自動的律己行為模式，比較不鼓勵用外力去抑制個人行為的控制模式。對這個發展中的工業社會而言——尤其是美國東北部（有點像數十年前，剛步入工業化時代的英國），最重要的事情莫過於，工廠工人、學校學生，甚至犯了罪的人，都能認同並且消化正在成形的資產階級道德標準。雖然這個意識形態上的變化，究竟發生在市場經濟發展之前，或是發展之後，仍有待商榷，但是一八四○年代時，意識形態和經濟發展，彼此具有互動的關係，應是不爭的事實。

以上的價值觀，也顯著的反映在精神病和自殺行為的治療法，以及人們對這兩者的看法上。早期毆打和處罰病人的治療法，反映出以前的人，把瘋子當成必須嚴加控制的怪獸。以前的人認為，精神失常的人和大自然及撒旦一樣，誰都無法改變他們。但是隨著「魔鬼引誘人去自殺」這種觀念的式微，人們逐漸意識到，精神失常的人其實和環境一樣，是可以加以改造的。精神病院的主管更堅認，不但工匠、鄉下妹和移民可以變成品質優良的工廠員工，連精神不正常的人都能被改造成既有用又具有生產力的國民。於是，人們更相信，精神失常的人可以改造，自殺傾向可以治療的觀念。

和其他的社會改革者一樣，這些精神病院的主管，也非常迷戀資產階級意識形態，問題是，這種意識形態使得他們的心胸愈來愈狹隘。那個時代，醫科的收入既不優渥又不穩定，再加上還有其他醫學派系和他們競爭，因此這批人急欲穩住他們在醫學界的工作。而精神病院主管的職位，既可以滿足他們濟世救人的心願，又可以提供經濟上的保障。為此，他們首先得鞏固精神病院這個專業堡壘，這是為什麼這批人在一八四四年的時候，成立了「美國精神病院醫學主管協會」。此刻回顧起來，精神病院對這些主管的重要性，似乎並不亞於它對病人的重要性。和大部份的專業人士一樣，這批精神病院的醫生也認為，鞏固專業勢力和改進病人的病情這二件事情，彼此並不衝突。事實上，他們認為前者和後者一樣重要。

自殺肇因的醫學解釋，除了深受文化價值和臨床經驗的影響外，也深受精神病學創立之初，競爭壓力的影響。這些競爭壓力使得美國的精神病學界，從一八四〇年代被一小撮精神病院主管把持的局面，成長為二十世紀初期神經學和心理精神病學分庭抗禮的局面，而這些專業領域，彼此競爭得相當厲害。

第一節　環境觀

十九世紀中葉的美國精神病院主管，以及其他的醫生和社會大眾，普遍認為千變萬化的外在環境，是導致生理及心理疾病的因素。查理斯・盧森伯格(Charles Rosenberg)曾經指出：「健康與疾病，乃是天生體質和周邊環境不斷交互作用的結果。」影響健康的因素包括：飲食、四周的環境、氣候、工作，以及生活形態。盧森伯格表示：「每一個因素，都不斷地在影響生理狀況。因此人的身體一直在變化，時時受著威脅。」這個見解可以解釋無特定理由的精神病❷。愛德華・加威士(Edward Jarvis)等精神病醫生亦曾表示：「精神病是文明的代價之一。文明愈發達，精神病的肇因也愈多。」自殺行為和變化無常的外在環境尤其有關，因此外在環境和精神病院主管所稱的「精神治療法」息息相關。

十九世紀的精神病醫生認為，任何生理上的不平衡或不規則現象（例如：發燒、便秘、腹瀉等），都會造成神經系統或血液系統的衰弱。假如不及時治療的話，由生理失調現象所導致的憂鬱症，很可能會逐漸演變成精神病，有時甚至會導致自殺。因此精神病和自殺傾向的治療原則是，針對個人症狀去調和生理上的失調現象。十九世紀的精神病醫生用催吐、通便、利尿、放血等方法，去治療具有自殺傾向的病人。當時的人認為，這些極端的干擾治療法，頗具療效，因為配合使用這些治療法之後，病人的暴力傾向減退了，病人的憂鬱情緒也轉變成對自己生理功能的關切。至於那些在治療過程中不慎中毒甚至死亡的病人，則被視為病入膏肓無法救治的病人。

一八三〇年代時，精神病院改弦易轍，開始偏重用藥物，而非極端的干擾治療法，尤其是放血，去治療有自殺傾向的病人。臨床經驗以及新出籠的醫學理論，都不支持班傑明・洛虛(Benjamin Rush)所說，放血治療法對有自殺傾向的病人很有效，因為這個治療法，可以使非常暴力的病人，安靜下來的理論❸。經驗告訴許多醫師，治療有瘋狂和憂鬱症狀的自殺傾向病人，刺激性藥物和鎮靜劑的療效，比腹瀉和放體液等干擾治療法有效的多。

此外，腦理學（認為頭顱的隆凸形狀，可以顯示智商、個性等特定腦功能的學說）的問世，則使得另一種治療精神錯亂和自殺行為的理論，受到嚴厲的考驗。洛盧認為，從本質上來看，精神病是由人體器官的病變所造成的，因為它總是伴隨著其他身體疾病一起出現。洛盧指出，精神錯亂(madness)不能算是精神病，因為只有有形的腦器官才會生病，無形的精神（等於靈魂）是不朽的。腦理學改變了這種看法。腦理學主張，環境和行為會影響腦的某些特定部位，並且使這些部位成為疾病區。因此，腦理學精神病學家可以說為心理治療法和生理治療法之間，搭建了一座日後支配精神病學界的橋樑。這座橋樑使得在英國崛起，後來流傳到美國的「精神治療法」，有了科學上的可信度。整體而言，精神治療法不但和資產階級意識形態息息相關，它並且落實了南北戰爭前，精神病醫生的論調。

從一八四〇年代開始，美國精神病學界唯一的期刊《美國精神病學雜誌》，發表了一系列的病例去說明，自殺的肇因包括生理、社會和心理因素，而精神治療法是最有效的干擾治療法。比方說，在一八四五年一月份出版的雜誌裡，編輯報導了一位三十八歲的男性病患，「因為長期消化不良，因此身體很差。」漸漸地，這位男士「變得非常憂鬱，而且對自己的事業失去了興趣，他會花很多時間，對自己的不快樂作無謂的感傷。他曾經兩度自殺未遂，而且經常把刀子藏在只有他自己才知道的地方。」自殺不成後，他決定殺人，因為他想，如果他因殺人罪被判死刑的話，他就死定了，可是後來別人告訴他，如果他這麼做的話，法院會以精神不正常作理由，免除他的殺人罪，他還是死不成的，他這才放棄了殺人念頭。由於自殺肇因涉及生理、社會、心理三個因素，因此精神治療法針對這三個因素，三管齊下去治療病人。上述病人被送到猶提卡市的紐約州立精神病院後，醫生用「輕瀉藥、提神藥、泡熱水澡、改變環境，以及為他舉辦入院派對」等方式去改善他的消化系統，這使得他的健康狀況大為改善。經過二個月的治療後，這位男士的身體康復了，並且出院回家。後來這位男士特別寫了一封信給該精神病院的主管，感謝他的照顧使他打消了自殺的念頭。

在某些情況下，醫生仍然會用比較極端的方法去治療病人，《美國精神病學雜誌》所報導的另外一件自殺個案，就是一個例子。該篇論文的編輯特別指出，這件個案對美國的精神病醫生，具有非常實用的參考價值。這件個案的主角，是一位英國商人，他因為賠了很多錢，因此變得很沮喪，而且他的自殺傾向非常強。由於他晚上無法入睡，因此他感到「極端的焦躁，他的心情真是筆墨難以形容，自我毀滅似乎成了他唯一的選擇」。他請了一位外科醫生去家裡，他一看到那位外科醫生就大叫：「快替我放血，否則我會割斷自己的喉嚨。」血還沒流出來，這位商人就表示：「感謝天主！我不會去自殺了！」根據《美國精神病學雜誌》的報導，從那刻起，這位商人再也沒有出現過前述的病徵。

和十九世紀其他的醫生一樣，那時候的精神病醫生，也頗依賴疾病分類學（根據外在病徵去劃分疾病種類的學問）。他們希望從病徵的分類統計資料裡，去進一步瞭解精神病的病原。對自殺這種一去不復返的行為而言，統計分析學和疾病分類學方法尤其有用。十九世紀初期的美國精神病醫生，把自殺行為看成瞭解其他精神性疾病的關鍵，這點和歐洲精神病醫生的看法頗為相似。美國醫生希望自殺行為統計資料，可以證實一個當時被大家廣為接受的假設，那就是，大部份的精神病，尤其是自殺傾向，是由生理和情緒上的綜合問題造成的，而「現代」文明的壓力，會使這些問題變得更為惡化。

《美國精神病學雜誌》從第一期開始，就固定報導紐約州每年的自殺率，偶而，該雜誌也會披露一下其他地區的自殺率。和德克漢(Durkheim)後來的看法一樣，該雜誌的編輯也認為，自殺行為統計資料是瞭解自殺行為肇因的主要資料。

自殺行為統計資料似乎證實了美國治療學上的環境說。此外，統計資料也顯示，都市生活是導致自殺行為的主因。猶提卡市紐約州立精神病院院長暨《美國精神病學雜誌》主編阿馬瑞亞．布里根(Amariah Brigham)博士，曾經針對一八四五年的自殺行為統計資料表示，雖然整體而言，美國的自殺事件「多的驚人」，但是美國都市的自殺事件，卻多的像傳染病一樣。他

表2.1　紐約市的自殺比例，1805–1839

年　　份	每十萬人中的自殺人數
1805–1809	15.1
1810–1814	7.9
1815–1819	15.9
1820–1824	11.2
1825–1829	13.3
1830–1834	12.3
1835–1839	13.1

資料來源：〈紐約市稽查報告〉，1805–1843,《美國精神病學雜誌》1（1845年1月份）：232–233。

以紐約市為例指出：「這幾年間，紐約市的自殺事件，竟然和紐約市以外的整個紐約州一樣多。」布里根博士並且根據〈紐約市稽查報告〉指出，一八〇五年到一八三九年之間，紐約市的自殺比例是每十萬人當中有十二・七人自殺（見表2.1），這遠超過法國（八・一人）和英格蘭、威爾斯（六・三人）同時間的自殺比例。和歐洲主要都市比較起來，紐約市的自殺比例，只比維也納市的每十萬人當中有十五・六人自殺的比例低而已（見表2.2）。

一八四七年時，《美國精神病學雜誌》指出，美國都市和郊區的自殺率，愈差愈遠。該雜誌的編輯表示，一八四五年的紐約州人口普查資料顯示，紐約市的自殺率，比紐約州高三倍。一八四八年時，《美國精神病學雜誌》的編輯再度指出，

表2.2　歐洲主要城市的自殺比例，1813–1834

城　市	年　份	每十萬人中的自殺人數
巴勒模	1831	0.6
那不勒斯	1826	0.6
倫敦	1834	3.7
聖彼得堡	1831	4.8
布拉格	1820	6.3
維也納	1829	15.6
米蘭	1827	31.3
巴黎	1836	37.5
漢堡	1822	55.6
哥本哈根	1804–1806	100.0
柏林	1813–1822	133.0

資料來源：《美國精神病學雜誌》1（1845年1月份）：234。

美國都市和郊區的自殺率差距，比前一年增加了很多。該雜誌的編輯並且表示，「法國和其他國家，也出現類似的情況。」事實上，「紐約市的自殺事件，比紐約市除外的整個紐約州多四倍」。該雜誌的編輯，並且提出了一個計算都市族自殺心態的數學公式：「……都市族的個性比鄉下人堅強、激烈四倍以上；嚐到歹運和失望滋味的頻率比鄉下人大四倍以上；思想和感情受打擊的程度比鄉下人嚴重四倍以上；會陷入想要自我毀滅那種茫然感的機率比鄉下人大四倍以上。」這篇論文的主筆最後表示：「這些數據可以教育那些憧憬都市生活的鄉下人，要知足常樂，也可以警告那些住在都市裡的都市族，要好好愛惜自己的身體和心智。」

當時的大眾傳播媒體，肯定了上述的觀點。例如，一八五九年八月時，《紐約時報》在二個星期之中，一共報導了二十六樁自殺事件，為此，該報特別撰文制止這股「自殺風」。該報在一篇叫做〈自殺率竄升之快令人警惕〉的社論裡，把這種現象歸咎於都市生活。該報解釋，由於住在鄉下的男人和女人，總是被日常雜務綁得緊緊地，因此他們根本「沒有時間去動繩子、剃刀、嗎啡等東西的壞念頭」。該社論指出，如果把這些鄉下人放到都市裡過日子的話，較大的人生抱負以及過多的休閒時間和誘惑，「很可能會導引他們搭上自我毀滅的列車。」都市生活鼓勵人「喝酒、不加節制的抽煙、吸鴉片」，「許多年輕人畏怯、蒼白、稚氣的臉上，明顯的道出他們生活放蕩，而且染有惡習。」這些現象，「為我們社會裡的年輕人，播下了可怕的自殺種子。」

此外，「現在的人對工作異常地投入，一年到頭難得中斷一天」，再加上有些「自私的老闆對辛苦了一整年的員工，連一個星期的假都吝嗇不給，這些老闆對報上的自殺新聞，多少要負點責任」。只有「中庸的生活習慣」，包括「尊重生理法則，早起早睡，適度運動……外加細心培育內在品德，才能徹底杜絕自我毀滅的念頭」。

大眾傳播媒體的渲染以及模倣效應，也會導致自殺行為。布里根博士堅持：「確鑿的科學證據顯示，自殺行為多半是出於模倣。」他強調，報上所披露的自殺事件，會刺激讀者謀殺自己，他指出：「報上的報導，很可能會同時勾起二十個人的自殺意圖。報紙對自殺事件的描述，會激起某些人的想像和模倣衝動，這種病態的衝動一旦被激起來之後，有些人會控制不了自己。」《美國精神病學雜誌》曾經在一八四九年發表的一篇論文裡警告，有些人天生就有自殺癖，假如這些人的親戚或朋友自殺的話，他們非常可能會跟進。該篇論文的作者指出：「報紙等全國性媒體對自殺事件的渲染，使得自殺名單增長了不少。」

一八四〇年代時，某些醫生呼籲，雖然大部份的自殺事件和精神病有關，但是神智健全的人，也可能會自殺。一八四七年時，一位筆名叫「南部醫生」的人，在《美國共和黨評論》裡指出：「許多精神不健全的人自殺了，這是不爭的事實；自殺傾向很可能是某些精神病的特徵。」「但是也有一些精神健全的人，犯了自殺的錯誤。」另外一位專家也強調：「並不是所有的人都認為，只有精神不健全的人才會自殺……因為計劃在瞬間離開人世的自殺行為，比其他行為需要更多的理性和決心。」雖然如此，那些同意精神健全的人也可能產生自殺傾向的醫生，仍然將他們的分析焦點，放在環境和自殺行為的關係上。

在環境說的影響下，那個時代的醫學院指導學生從綜合的，而非特定的角度去診斷病人。例如，一八六〇年代時，紐約哥倫比亞醫學院教授強・歐卓那克斯(John Drdronaux)博士告訴他的學生：「社會愈進步，人類的情緒愈豐富、愈敏感，這很容易造成精神上的不健全現象，當這種不健全的現象，達到一個人所能承受的極限時，就會導致自殺。」歐卓那克斯博士解釋：「自殺的肇因，小部份是基於生理因素（例如發燒時會發囈語），大部份是基於精神上的不健全。」

由於自殺的肇因是多方面的，因此大部份的精神病醫生把重點放在治療，而非自殺病原上。假如環境果真是導致自殺的原因，那麼把病人關在精神病院裡療養的精神治療法，應該既可治療又可防範自殺行為。《美國精神病學雜誌》曾經指出：「許多精神不正常的人雖然有自殺傾向，但是從未真的採取行動過。」由於「在一板一眼的天主教社區裡，絕少有精神健全的人自殺，因此這表示，大部份的自殺事件乃是發生在精神不健全的人身上的意外事件。」

是故，對憂鬱症患者和精神錯亂的人而言，最安全的治療法，莫過於明智好友的不斷照顧，以及到精神病院去接受治療，而後者對患者的康復較為有利。一八四七年十月，《美國精神病學雜誌》報導了好幾樁精神病患所犯的謀殺及自殺事件，編輯希望藉著這篇報導去提醒人們，好好看管精神病患是非常重要的事情，某些個案中的主角，在事發前已經被診斷出患有精神病。編輯並且警告：「許多自殺的人，是精神病患。」

美國精神病學界的領導人物，非常關心美國社會的自殺事件，因此他們呼籲加強精神病院的修建與維護，藉以防範自殺事件。一八五七年時，一位著名的精神病院院長，曾經針對路易士·伯傳德的自殺事件，發表了一篇很長的分析評論，他在文中指出，由於伯傳德沒有得到適當的看顧，因此未能及時阻止他自殺，這位院長並且堅持：「與其立法禁止自殺，還不如早早把那些有自殺傾向的精神病患，送到精神病院去接受治療。」

一八五六年的時候，《美國精神病學雜誌》發表了一篇評論亞力山卓·布來耳里·迪·波伊斯蒙特(Alexandre Brierre de Boismont)著作的文章，該文指出，「在某些情況下，精神健全的人也會興起自殺的念頭，當然，從道義的角度來說，譴責自殺行為的聲音，是不會停止的。」那個時代的精神病院主管，同意迪·波伊斯蒙特所說，「解決貧困、勞工、薪資等日常社會問題」，可以降低自殺率的論點。然而，這篇評論文章的作者，對書中最感興趣的論點乃是該書所說，「精神病肇因方面的知識，可以為那些信賴社會管理的人，提供相當多的參考。」這篇論文的作者指出，從這個角度來看，迪・波伊斯蒙特的工作，「其實非常有價值，而他對有自殺傾向的精神病患所作的研究，尤其如此。」迪・波伊斯蒙特建議將有自殺傾向的精神病患隔離起來施予強制性的治療。例如：長浴對病人有益；淋浴也可以使處於激烈狀態的病人，安靜下來。」和美國精神病院主管的看法一樣，迪・波伊斯蒙特也贊成用生理刺激和精神治療雙管齊下的綜合治療法，去治療具有自殺傾向的病人。迪・波伊斯蒙特指出：「淋冷水、服用鎮痙攣的藥以及提神藥，有時很管用；此外，摩擦皮膚、放血、起水泡等外界刺激法也很有效果。假如病人長期拒食的話，有時必需用食管把營養物導入病人的胃中。對有自殺傾向的精神病患而言，嗎啡因頗具療效。當患者的激烈期過去之後，和家人團聚的快樂，對病人非常有益。在恢復期間，鄉村空氣、旅行、作運動、娛樂、智力和體力上的勞動等，有助於患者恢復健康。而病人之所以需要治療，乃是因為他們具有生理或心理上的危機。」

從比較極端的角度來看，環境導致自殺的說法，很可能會成為用急進的手法去改革現代社會的理論根據。一八七五年時，著名的精神病學家和神經學家艾倫・邁克連・漢彌耳頓(Allan McLane Hamilton)博士，發表了一篇叫做〈大都市裡的自殺事件〉的論文，這篇論文裡的許多觀點，後來也出現在德克漢的《自殺》一書裡，漢彌耳頓在文章裡指出，自殺統計資料顯示，自殺者的「心理和生理」徵狀，絕對和都市生活的品質有關。漢彌耳頓解釋：「環境衛生、社會習慣、社會品味，以及社會上的道德標準，甚至國家的國格，都會使自殺者的動機、行為模式和個性，變得更加惡化。」不論窮人或富人，只要住進了都市，他們的自殺危機就會跟著升高。漢彌耳頓強調：「大都會的繁忙生活以及不斷的腦力激盪，很容易使人陷入低潮。」身居高位的人如果碰到醜聞、去職之類的事情，很可能會立刻自殺以求解脫。而窮人之所以會犯罪和自殺，乃是因為「住宅系統把成千上萬的人，局限在一個狹小的地方，以致每一種惡習，都會散佈得很廣，這使得品德善良的人，一定會碰到品德不端的人。」墮落的擴張以及健康的損壞，「都是自殺的有力肇因」。

根據漢彌耳頓的說法，現代化都市生活造成了一股自殺風。漢彌耳頓發現，光是紐約市一個地區的自殺率，就在七年中成長了三百倍。而要克服導致自殺的「心理及生理因素」，簡直是一件「驚人的工作」。漢彌耳頓在文中指出，要減少自殺事件，「得從整個社會系統下手」。漢彌耳頓建議，「減少工作時間，正常飲食，正常生活，並且設法制止大都市裡過多的農業階級，轉行從事商業或其他專業。」此外，取締「不道德的娛樂、嘎噪的廣告、所謂的解剖品收藏館，以及淫猥、煽情的文學作品」，也有助於自殺率的下降。漢彌耳頓建議，除了管制毒品的銷售之外，「對那些爬到高建築物屋頂、教堂螺旋形屋頂，以及任何高處的人，都要嚴加注意。」漢彌耳頓最後呼籲，「為移民建立職業介紹所，以免都市裡出現過多的失業移民，如此也可以減少很多自暴自棄，境遇悲慘，以及自我毀滅的人。」漢彌耳頓的觀點，其實和德克漢在一八九三年發表的《分工》一書裡的觀點很類似。此外，漢彌耳頓只不過為環境觀作了一個摘要而已，他並沒有為精神病學界提供任何的模式❹。

由於精神治療法乃是建立在一堆，推測環境如何導致自殺的模糊概念上，因此它儘量避免碰觸，始於十七、十八世紀的醫學宿命論和自由意志論的論爭。雖然如此，探討自由意志在自殺行為裡所扮演的角色，從未自精神病醫界的自殺行為探討中完全消失。事實上，這個問題甚至成為兩位著名精神病院負責人，艾塞克・雷(Isaac Ray)和強・葛雷(John P. Gray)之間的長期爭論。他們之間的爭論，並且造成了長達四十年的專業競爭，當然，毫無疑問的是，他們兩位都對自己的論點相當執著。但是重要的是，這場關於自由意志和醫學宿命之間的論爭，暴露出精神治療法在治療和理論上的局限性，而這些限制，又導致了它的式微。

羅德島普拉文登斯市巴特勒醫院主任，以及「美國精神病院醫學主管協會」的創始人之一艾塞克・雷博士提出了「悖德狂」理論，亦即由社會狀況所導致的生理疾病，會擾亂道德行為，但是卻不會影響「智能」。根據雷的理論，諸如悲傷、嫉妒、宗教、政治，以及都市化等外在因素所造成的壓力，會造成生理上的疾病，而這些生理上的疾病，會改變正常的道德行為。這種說法暗示，由於悖德（自殺）和犯罪（謀殺）行為，和其他的精神異常行為一樣，乃是由腦部的病變所導致的，因此自殺的人和殺人的人，不必為他們的行為負責。

一八三八年到一八七一年之間，雷先後發表了五篇〈精神病患的法醫學論述〉，雷在這五篇論文裡指出，「幾乎所有自殺者的腦部，都具有某種程度的病變。」雷是根據以下的理論，得到這個結論的：「自殺傾向顯然和憂鬱性格有關，現在憂鬱性格已經是一種公認的偏癖，它的徵狀是大腦受到明顯的擾亂。」雷解釋：「最近的研究顯示，自殺的人通常是在精神受到擾亂的情況下才自殺的，這已經是無庸置疑的事情了。」雷根據法國精神病學家金—皮耶・費耳瑞特(Jean-Pierre Falret)的理論指出：「自殺傾向是一種遺傳性格。」雷堅持，驗屍結果發現，自殺者的「腦部或腹臟機能，大多具有某種程度的病變。」雷承認，一般而言，「即使是最精密的解剖程序，有時都檢查不出輕微的組織病變。」但是雷認為：「這是因為病變還沒有達到原發期的緣故，然而這些輕微的組織病變，雖然不易察覺，但是它們的確存在。」雷認為，應該把具有自殺傾向的精神病患，關起來治療。

攻擊「悖德狂」理論最烈者，首推猶提卡市紐約州立精神病院醫學主管強・葛雷博士，一八五四年到一八八六年之間，葛雷曾經擔任過《美國精神病學雜誌》的主編。葛雷雖然同意雷所說，精神病患的生理機能大多有點問題的論調，但是葛雷並不認為，自殺的人都是精神不健全的人。葛雷對「悖德狂」的存在表示懷疑，他認為「道德影響這一個因素，並不足以導致精神病。」葛雷堅信，悖德行為是出自個人的自由意志。葛雷堅稱，沒有任何生理證據顯示，悖德行為和精神病有關，葛雷並且不認為遺傳和自殺有任何關連。葛雷指出：「我們並不知道精神健全的人會不會在遺傳的影響下自殺，這就好比我們並不知道，謀殺、偷竊、賭博、夜盜，究竟和遺傳有沒有關係一樣。」葛雷承認模倣會影響下一代的行為，但是他「不認為，父母會灌輸子女自殺的偏激觀念。」

葛雷指出：「自殺絕對是違反自然以及不道德的行為，但是自殺的人當中，有許許多多精神健全的人。」葛雷表示，自殺的人當中，當然也有精神不健全的人。恥辱、慾望以及對窮困生活的憂懼感，經常會導致精神健全的人以及精神不健全的人自殺。但是，精神健全和精神不健全的人之間的區別，並不在於現實狀況本身，而是在於個體是不是可以理性的評估自己的處境。葛雷指出：「妄想症是醫生診斷精神病的最佳試金石和測驗。」因此，因窮困而自殺的正常人，是那些見到別人過好日子，可是他們自己卻陷在貧困的深淵裡，沒有希望翻身的人。但是因為憂懼貧窮而自殺的精神病患，則絕大部份是一些以為自己失去了所有財產，擔心自己會被送到收容所或監獄裡去的有錢人和日子過得不算太差的人。葛雷雖然承認，有些自殺事件和妄想症以及精神病有關，但是他堅持，這種例子並不多。

葛雷和雷之間的爭論暴露出，精神治療法不但在自殺肇因的綜合性解釋上有其局限性，它並且為懷疑它功效的反對派人士提供了攻擊的口實。贊成精神治療法的醫生認為，生理上的不適會造成精神上的疾病，假如這個假說屬實的話，這些人必需提出支持這種說法的證據。假如提不出證據的話，就不能把自殺歸類為疾病。由於沒有任何疾病資料或解剖證據顯示，所有自殺者的腦部，都具有某種程度的病變，因此雷所提，自殺是一種疾病的假說，當然不足取信了。另一方面，葛雷堅持大部份的自殺事件，是正常人所犯的不道德行為的論調，又似乎和醫院的實際觀察以及思潮不符。諷刺的是，十九世紀的精神病醫生，本想用醫學上的解釋，去擺平清教徒對自殺肇因的爭議，可是不幸的是，他們自己也掉進了自由意志論和醫學宿命論的論爭漩渦裡。

最後，十九世紀的精神病醫生，由於無法逃避備受他們清教徒先祖所關切的道德問題，因而為那些重視「科學」理論的精神病學家，製造了向一八八〇年代和一八九〇年代精神病院主管權威挑戰的機會，十九世紀末期出現的神經精神病學家，用更精準、更科學化的方式，去調查精神病的生理肇因，對這些人而言，雷的悖德狂理論以及葛雷的道學假設，都流於膚淺。

第二節　精神病學的變革

在十九世紀的最後二十年裡，美國的精神病學界發生了一場變革。細菌學上的發現，不但使得人們對精神治療法的折衷性假設產生了疑問，而且還在不知不覺間，大大折損了精神病院主管的權威。十九世紀末期的時候，愈來愈多的開業醫生認為，和其他的疾病一樣，精神病也是由特定病變引起的。醫學史權威傑洛德・格洛博(Gerald N. Grob)指出，「這個信念使得人們覺得，現有的精神病學理論已經過時了，精神病學家似乎離醫學界的同僚愈來愈遠。」而神經學似乎可以為腦部的病變，提供比較有系統的研究。

此外，神經學也使得許多非病院派的精神病醫生和神經學家覺得，他們終於可以好好分享，已經被精神病院主管把持許多年的精神病學界了。「美國神經學協會」成立於一八七五年，為了報復「美國精神病院醫學主管協會」多年來的不公平待遇，「美國神經學協會」通過了精神病院主管不得入會的規定。不久後，該協會又發行了《神經性和精神性疾病雜誌》，以便直接和《美國精神病學雜誌》競爭。在愛德華・史匹茲卡(Edward C. Spitzka)以及威廉・漢蒙(William Hammond)等人的領導下，「美國神經學協會」對精神病院主管的能力，展開了無情的攻擊，一八七九年時，連《紐約時報》的社論都提到了他們的攻擊。一八八〇年時，在審查暗殺加菲耳德(Garfied)總統的刺客查理士・葛威投是否精神異常的那場審判裡，史匹茲卡和強・葛雷更以對立的姿態，分別擔任正、反兩方的專業證人。

在州政府和聯邦政府雙雙要求精神病院加收病人的情況下，神經學家對病院派精神病醫生的攻擊，變得更厲害。因為在病人增加，預算減少的情況下，精神病院的功能，很快由照顧治療轉變成看管。為壯聲勢，「美國精神病院醫學主管協會」不但在一八九二年更名為「美國醫師—心理學協會」，而且還將精神病院的助理精神病醫生納為會員。（一九二一年時，該協會又更名為「美國精神病學協會」，這個名稱一直延用至今。）為了除去一些來自神經學界的抨擊，「美國醫師—心理學協會」特別邀請當時最著名的神經學評論家威耳・米契爾，到該會一八九四年的會員大會上演講。可惜米契爾的演講內容，十分的冷酷無情。他告訴與會者，最近的先進醫學顯示，精神病院的治療法完全失敗。米契爾指出，精神病院主管的年度報告裡，竟然完全未提病人的心理或病理方面的科學研究，米契爾認為，「一意擁抱最早期的工作，顯示出現在的精神病學界實在有點遲鈍。」

恰如米契爾在「美國醫師—心理學協會」年會上建議的那樣，美國的精神病學家開始放棄精神治療法上的種種假設。他們也像神經學家那樣，對精神病的特定心理和生理肇因，展開了一連串的研究。在自殺行為的研究上，美國的精神病學家把從前視為自殺肇因的文化和社會因素，讓給了剛出爐的社會科學。

那個時代的神經學家大多認為，自殺病理中的環境因素，很不科學，直到二十世紀下半期時，神經學家才對自殺的肇因，展開了系統化的分析工作。在德克漢發表《自殺：在社會學上的研究》一書的那一年，美國精神病學權威愛德華・考爾茲(Edward Cowles)曾經表示：「這些變化真是太棒了，這些變化為我們帶來了今日的科學概念，而這些科學概念實乃是醫學藝術的基礎。」考爾茲相信，新出爐的醫療法，可以清除圍繞在精神病四周的神秘感和曖昧不明現象。他對「現代醫學的偉大進步」十分讚賞，他認為這些進步充分顯示出，「精神病和一般疾病的關係十分密切。」考爾茲預測，不久的將來，精神病將會開始使用類似其他生理疾病的診斷法和治療法。

始於十九世紀末期二十世紀初期的專業化以及醫學專門化趨勢，不再用折衷性的理由，去解釋自殺等行為模式的肇因。因為被十九世紀精神病學家奉為圭臬的精神治療法，假設自殺的肇因包括心理、生理、社會三大因素，但是這個假設有其局限性。到了二十世紀時，精神病學界分裂成心理精神病學、神經精神病學，以及社會學，而各家在研討自殺病因的時候，大多不願將專業對手的研究心得列入參考。當然，精神病學家會在表面上說一說社會因素很重要，社會學家也會提一提心理和生理因素。然而，專業化和專門化趨勢的出現，雖然有其優點，但是它也為自殺行為的綜合研討方向，製造了很不友善的氣氛。

上述的發展，並不是憑空發生的。十九世紀末期的進步運動(Progressive Movement)，不但使得精神治療法等折衷性概念備受攻擊，而且還為史學家大衛・魯斯門(David Rothman)所稱的「公民藥」，提供了知性內容。魯斯門指出：「這個新的研討方向，其實是進步主義的一部份，我們可以從進步運動的內容，去理解精神病學家的心態。」當時的精神病學家，和其他的社會改革者一樣，也一心一意的想要貫徹專家可以把社會變得更科學化、更有秩序的理念。雖然如此，但是精神病學家和社會科學家，在精神病的治療法上，卻抱持著相當不一致的看法。大體而言，精神病學家追求社會秩序的心態，可以反映出精神病臨床治療法的本質和架構。假如進步主義的理念，似是而非地許諾個人可以無止盡的進步，社會也會愈來愈有效率的話，那麼信奉這個理念的精神病學家自然會認為，造成精神病的原因是無效率的社會秩序，在這種情況下，他們一定會堅持，應該把精神病的治療重心放在個人行為的改變上。雖然美國的精神病學家和社會學家，都具有進步主義的思想——尤其在使用「科學」方法解決社會問題的思想上——但是以病人為中心的精神病臨床治療法，顯然和社會學上的精神病肇因研究方向，彼此是互相對立的。

第三節　變態心理學和自殺行為

愈來愈偏重生物學的醫學發展方向，和早期出現在艾塞克・雷和強・葛雷爭論中的精神病唯物觀（或身體機能觀）趨勢，關係可謂愈來愈密切。只要美國的精神病學界，仍然以精神病院為中心，美國大部份的精神病學家，就比較願意用文化和生理上的綜合因素，去解釋自殺的病因，因為不管自殺的肇因為何，反正治療自殺傾向的方法是，把病人關在精神病院裡治療。然而，精神治療法卻漸漸被以個人為中心的治療法所取代，自殺肇因的老式折衷性解釋，也逐漸被新潮的自由意志論所取代。雖然如此，朝著身體機能觀發展的美國神經學家，卻對自殺的非生理及心理解釋，更具包容性。當神經學上的突破性發展難望有成之後，精神病醫生開始努力鑽研各種心理學理論，而精神病的治療法，也逐漸偏重以個人為中心的心理治療法。

美國的精神病學期刊也刊登金・查卡特(Jean Charcot)、皮耶・傑尼特(Pierre Janet)等歐洲心理精神病學家的論文。這些既是精神病學家又是神經學家的歐洲學者，一心想把他們對變態行為的心理學解釋，予以正統化。二十世紀初期時，在艾道耳夫・梅爾(Adolf Meyer)以及威廉・艾連森・懷特(William Alanson White)等神經學家的影響下，美國許多精神病學家轉而鑽研心理精神病學，以及各式各樣的心理治療法。不久之後，美國的精神病醫生便取得了一種共識，那就是，把憂鬱症和自殺等情緒異常現象，歸類為心理性精神病，把精神分裂等觀念構成障礙，歸類為生理性精神病。至此，精神異常肇因的心理和生理解釋，不再互斥，而是互補。

一九〇五年時，「美國醫師—心理學協會」在德州聖安東尼奧市，召開了一個會議，在那次的會議上，紐約州一所精神病院的醫學主管J. W.威力(J. W. Wherry)，提出了憂鬱症肇因的心理學解釋，而打從清教徒時代開始，憂鬱症和自殺行為之間的關係，一直十分密切。根據威力的說法，造成憂鬱症的原因，不是腦機能的異常，而是患者非理性的憂懼。威力指出：「腦部的病變有一定的表現方式，如果腦機能有問題的話，它會影響患者的智力，而不是患者的強烈情緒。」威力認為，憂鬱症「絕對是情緒方面的問題」，不是腦機能的問題，因為情緒不是發源自腦部。而「憂鬱症是唯一可以治癒的精神病」這個事實，使得威力的觀點聽起來更為有力。威力指出：「舉凡可以痊癒的腦部疾病，從不會造成精神錯亂的現象。」雖然如此，威力同意神經學家所說，憂鬱症的導因因人而異，因此憂鬱症的治療法，也應該因人而異的觀點。

「紐約州神經病學委員會」主席查理斯．皮耳格里姆(Charles Pilgrim)，曾經在一九〇六年假波士頓舉行的一個會議上，發表了一篇叫做〈精神錯亂與自殺行為〉的論文，他在文中明確地將上述的觀點，套在自殺行為上。皮耳格里姆警告：「精神病患和自殺事件的增加率，已經超過了人口的增加率。」皮耳格里姆並且指出，統計資料顯示，自殺的人當中，只有一小部份是精神病患。和威力一樣，皮耳格里姆也認為，精神錯亂(Insane)是生理機能上的問題，但是沮喪等精神性疾病，則是心理方面的問題。皮耳格里姆表示，應該把具有自殺傾向，而且已經證明其精神錯亂現象是由生理問題所導致的病人，放在精神病院裡，依照生理狀況給予醫學上的治療，此外，院方必須嚴防病人自殺。皮耳格里姆並且認為，自殺行為和遺傳有關，這點和葛雷的看法不同。皮耳格里姆指出：「自殺傾向可以遺傳，是一個鐵的事實。」因此他建議：「假如我們努力防止這個特質藉著婚姻關係繼續傳遞下去的話，我們實在是立了一件大功德。」

皮耳格里姆認為，只有情緒異常的病患，才需要接受心理治療。皮耳格里姆似乎同意，環境和沮喪性自殺行為有關的說法。比方說，他坦承許多人把社會因素當成自我毀滅的理由，而這些因素，全部和現代生活的壓力有關。但是他認為，需要改造的是病人，不是社會，這點和漢彌耳頓以及德克漢的看法不同。皮耳格里姆認為，對那些因為承受不了現代社會壓力而產生自殺傾向的人而言，最好的治療法是心理治療，不是社會改革。皮耳格里姆建議那些希望自殺率不要繼續上升的精神病醫生們，把注意力集中在憂鬱症患者身上，因為憂鬱症的非理性傾向，比任何精神病患都要嚴重。皮耳格里姆指出：「應該用減輕，不要用纏鬥的方式，去對付厭世情結和沮喪情緒，這個病症的早期最佳對策是，使患者的身心有所寄託。一旦這些精神病患將注意力轉移到其他地方去之後，他們很快就會對生命重新燃起興趣。」

在「美國醫師—心理學協會」一九一四年舉辦的一次會議上，「華盛頓神經學及精神病學協會」主席湯姆．威廉士(Tom A. Williams)指出，他不認為自殺行為和神經學或生理學有關。他堅持，「自殺行為不是腦機能或身體上的疾病造成的。」他解釋，「自殺行為是心理問題造成的，亦即個體對生命和權力的直覺觀感，產生了一種病態的負面扭曲。」由於一般而言，「自殺象徵一個人的社會適應力不良，因此在進行心理治療的時候，務必得小心檢視病患生活裡的重要事情。」

自殺病因理論的變遷，對自殺傾向的診斷和治療，造成了非常深遠的影響。下面的例子可以顯示出，從一八四〇年開始，醫學界對自殺肇因的看法改變了多少：一位二十歲的年輕人，到威廉士大夫那裡求診。這位年輕人曾經想投水自殺，結果被他弟弟救活了，後來他又吃一種叫「鐲」的有毒化學物品自殺，結果也沒成功。威廉士雖然把他放在醫院裡接受治療，但是打從一開始，威廉士就堅持給予這位病人最大的自由度，他力勸這位病人的看護，要發揮最大的機智。醫生發覺，這位年輕人在生理上沒有任何問題，但是他有一個沒有人知道的嚴重心病。這位病人的父親四年前過世的時候，他十六歲，他的弟弟十五歲。管理家庭農場的責任，很自然的落到哥哥身上，可是不久之後，他的管理權威卻受到弟弟嚴重的打擊，在鄰居的陪同下，弟弟終於說服母親，哥哥不適合繼續管理農場。很奇怪的是，這位病人對弟弟取而代之的行為，並沒有反抗。醫院從訪談中得知，他對生命中的挑戰，向來是逆來順受。無論如何，經過這些事情之後，病人變得非常沮喪，而且企圖自殺，病人告訴威廉士，他覺得「自己還不如死掉算了」。威廉士和病人作了幾番長談後發覺，病人之所以會在父親死後，對自己的處境逆來順受並且兩度自殺，乃是因為他對自己的手淫習慣，有一種罪惡感。病人表示，「他一直到十八歲，才停止手淫的習慣，知道這件事情的朋友都譏笑他，他們並且告訴他，這個習慣會使他將來變成陽萎；為此，他感到非常自卑。」

一八八○年代以前，這位年輕人很可能會被當成手淫精神異常病患，而被迫接受定期治療。事實上，那個時代的人經常用「手淫精神異常病」這個名詞，去解釋為什麼年輕人無精打采，鬱鬱寡歡。十九世紀時，許多精神病醫生堅持，如果不加以注意的話，手淫習慣會造成精神病，甚至會導致自殺。直到二十世紀的二○年代時，威廉士和他的同僚們，才齊聲反對這種論調。為了紓解病人心中的罪惡感，威廉士在治療過程中告訴病人，「其實手淫對身體的影響，並不是他以為的那樣。」威廉士指出，「不久之後，病人完全康復了，他神采奕奕的又開始工作，這種情況一直持續了九個月。」和西渥、馬捨耳一樣，威力、皮耳格里姆和威廉士也認為，憂鬱症是自殺的肇因，因此只能根據個別情況去施予治療。此外，這些二十世紀的精神病學家，也將清教牧師所稱的不道德行為，定義為「精神病」。到了二十世紀初葉的時候，美國的精神病學家，已經將精神病分為兩大類：需要住院治療的器官性精神病，以及憂鬱症等需要接受心理治療的情緒性精神病。由於從許多角度來看，這個分類法和佛洛伊德提出的精神病與神經病區分法非常類似，因此對美國的精神病學家而言，佛洛伊德的理論非常對味兒。美國的精神病學家堅持，造成變態心理的原因，因人而異，而這個看法為心理分析—心理治療法，創造了非常友善的氣氛。因此，早在一九〇九年佛洛伊德造訪克拉克大學之前，以及A. A.布里耳(Brill)、詹姆士・傑克森・普特男(James Jackson Putnam)、G.史坦利・荷耳(G. Stanley Hall)等人倡導佛洛伊德的學說之前，美國的精神病學家已經發展出一套偏重心理分析的專業理論了。

當佛洛伊德在一九一七年發表他的經典之作《哀慟情結與憂鬱情結》的時候，美國的精神病學家對他的論點，其實早就耳熟能詳了。和皮耳格里姆以及威廉士一樣，佛洛伊德也認為，自殺行為是由內在的心理衝突所造成的。佛洛伊德並且認為，自殺行為和憂鬱症有關。雖然佛洛伊德對具有哀慟情結的人和具有憂鬱情結的人所作的類比，也為自殺肇因的社會因素開啟了一扇門戶，但是美國的精神病學家，顯然過門不入。

第四節 結論

美國精神病學界的後起之秀認為，德克漢一八九七年發表的《自殺：在社會學上的研究》一書，由於太偏重統計分析和道德探討，因此這本書裡的論點並不科學。他們認為《自殺》一書反映的是十九世紀，對細菌學、神經學等科學知識尚一無所知的落伍治療觀念，因此他們根本不重視這本書。二十世紀的美國精神病學家，之所以遲遲不將德克漢的社會學理論，納入自殺病因的理論系統，一方面和精神病學與社會學在理論上的分裂有關，另一方面則和精神病學界的走向有關。從另一個角度來說，十九世紀的美國精神病學家，應該比二十世紀的美國精神病學家，更願意接受德克漢的自殺行為社會學觀點，因為對十九世紀的美國精神病學家而言，德克漢一八九七年發表的論著，不但無啥新意而且語不驚人。事實上，精神治療法等十九世紀初期的自殺肇因理論，早已具備德克漢自殺病因理論的雛形。那個時代的醫學主管，也依賴官方統計資料去驗證和解釋自殺原因。他們也認為，傳統道德秩序的崩潰，使得自殺事件增加了不少。而把具有自殺傾向的精神病患，放在郊區的精神病院裡接受治療，更是當時的一貫作法，這和德克漢所提，自殺率和都市化有關的論調，可以說不謀而合。

美國精神病學界改弦易轍之後，支持德克漢論調的，仍只限於大眾傳播媒體和虛構的小說自殺情節，醫學界並不怎麼重視德克漢的學說。舉例來說，在德克漢發表《自殺》一書的同時，羅勃·瑞福茲(Robert N. Reeves)在《每月熱門科學》裡寫道：「自殺人數和接受教育的人數增加的一樣快。」和德克漢一樣，瑞福茲也不認為，精神病是自殺的唯一肇因。瑞福茲感嘆的表示：「精神異常、遺傳、經濟危機、家庭問題等，都是自殺的直接肇因，可是這些肇因的背後，隱藏著真正的原因——那就是神經緊張、情緒異常的美國人愈來愈多。我們殖民先祖的穩健習性，已經無法滿足我們了，不滿足的結果是，無所不用其極的去刺激神經系統以及使人興奮的娛樂、冒險事件、畫面等，愈來愈受歡迎。」這些現代生活的影響，「才是所有自殺事件的真正肇因」。瑞福茲指出：「酗酒和犯罪，雖然得為每天的自殺事件負大部份的責任」，但是都市生活才是真正的罪魁禍首。瑞福茲發現，「貧窮和疾病是自我滅亡的強烈誘因。」瑞福茲強調，「麵包價格可以調節自殺率」。都市生活製造貧窮，而貧窮會導致自殺。瑞福茲指出：「自殺率最高的區域，是那些人口聚集，健康條件差，很髒亂，罪惡叢生，窮人多，一天當中可以暴貧暴富的區域。」要降低自殺率，就必須改善窮人的生活狀況，為他們添置一些怡人的休閒和娛樂設施，使他們周遭的生活環境清潔點，容易接受點，另外，確實維持公共衛生，也很重要。

十九世紀末二十世紀初美國小說裡的自殺情節，強化了瑞福茲的觀點。在喜爾多・祖瑞色(Theodore Dreiser)所著的《卡莉修女》（一九〇〇年）裡，喬治・赫斯烏得的自殺原因，和馬克斯・懷特遺書裡所抱怨的原因差不多。和懷特一樣，赫斯烏得也覺得自己生活在一個漠視窮人的社會裡，他既沒有工作，也沒有朋友。祖瑞色用美容院影射社會，它象徵著只有付得起代價的人，才有資格進出。赫斯烏得以前是一家美容院的老闆，後來他變窮了，無法再享受現代都市化生活。他沒沒無聞，一無所有，連卡莉都不理他，他和社會幾乎隔絕了。導致赫斯烏得自我滅亡的因素，可以說是美國的資本主義文化。在艾迪斯・渥頓(Edith Wharton)所著的《歡樂屋》（一九〇五年）裡，也有類似的情節，書中主人翁莉莉・巴特被迫在經濟和情感中作抉擇，結果她卻選擇了自殺。莉莉・巴特的矛盾情結，暗示她很可能會兩頭落空。在沒有一技之長，又走投無路的情況下，她選擇了自殺。傑克・倫敦(Jack London)所著《馬丁・艾登》（一九〇九年）一書裡的主角，也是因為追逐名利以致生活亂七八糟。艾登之所以會選擇寫作這個行業，並不是因為他對文學有興趣，而是因為他可以藉此成名致富，取得社會地位。和威廉・汀・赫渥耳(William Dean Howell)的《希拉絲・來普漢的竄起》(一八八五年)一書中的主人翁一樣，艾登的社會地位雖然一直上升，但是他的精神生活卻每況愈下。好友自殺以及失戀的痛苦，在在顯示，用物質而非個人價值去衡量成功的社會，會令人感到非常空虛；因為在這種社會裡，人和物品沒有兩樣。對馬丁・艾登而言，一心想成為資產階級的美國夢想，反倒成為迫使他走上自我毀滅道路的惡夢。

美國的精神病學家一致認為，自殺行為是個人問題造成的，而非社會機能不良所導致的，美國的社會改革者和小說家卻認為，社會上的種種壓力，才是造成自殺的真正因素。精神治療法的沒落顯示出，美國精神病學界的主流，對德克漢的自殺肇因理論完全漠視。二十世紀初期時，對美國精神病學界影響頗大的歐洲精神病學界，雖然沒有完全忽略德克漢的理論，但是他們對德克漢在社會學上的理論分析，也並不友善。一九二四年時，莫里斯・迪・佛勒里(Maurice de Fleury)並曾公開批評德克漢等人的觀點。迪・佛勒里指出，社會現象和自殺行為無關，自殺行為是心理病態或生理問題造成的。佛倫柯依絲・阿其里—戴耳馬思(Francois Achille-Delmas)則使得這種論調，發展得更廣泛。

阿其里—戴耳馬思指出，自殺的人只不過佔總人口的一小部份罷了，因此社會因素不可能是主要的自殺病因。在這種情況下，卡爾・梅寧爵(Karl Menninger)一九三八年發表心理分析學經典之作《自己對抗自己》時，連提都不提德克漢的《自殺》，也就不足為奇了。佛洛伊德的自殺肇因心理分析理論，之所以比較受美國精神病學界的歡迎，乃是因為佛洛伊德的論著，加強了美國精神病學界主流的觀點。至於佛洛伊德理論中，對社會問題的廣義暗示，則在不容易被美國精神病學家接受的情況下，也被忽略了。

二十世紀時，美國出現了兩種截然不同的自殺肇因理論。社會學家和通俗作家認為，自殺行為和現代都市文明有關，精神病學家則堅持，自殺病因根植於個人的異常狀態——包括生理及心理上的異常狀態。這兩種截然不同的理論，也各自發展出不同的自殺預防法：社會學家呼籲社會改革；精神病學家則堅持，需要改變的是個人行為，而非社會結構。

注釋：

❶醫學史學家稱早期的精神病醫生為，“Alienists”而非“Psychiatrists”。

❷一八四〇年代的醫學文獻，將精神病劃分為四大類：躁狂症 (mania)、憂鬱症 (melancholia)、偏癖症 (monomania)，以及癡呆症(dementia)。躁狂症和日後所謂的躁鬱症很類似；憂鬱症即是今日的沮喪症；偏癖症（或單狂）是憂鬱症的一種，但患者只會被一種思想或信仰影響；癡呆症指的是，非特定觀念的構成問題（例如：精神分裂症），和它對立的精神病是情緒上的瘋狂表現。在診斷的時候，精神病醫生通常不會嚴守上述的分類。

❸洛盧堅持：「所謂的瘋狂病(madness)，是腦血管方面的問題。至於其它類型的精神病，不論是記憶、意志、信念、情感，或者道德方面的問題，我個人認為，或多或少都和腦血管，或者心臟方面的病變有關，至於和何者有關，則視這些心智機能的位置而定。」班傑明・洛盧，《精神病的醫學探討與觀察》，一八一二年，翻版（紐約：哈佛哪出版社，一九六二年），pp. 26–27。

❹艾倫・邁克連・漢彌耳頓(Allan McLane Hamilton)後來摒棄了許多他的環境論，轉而支持器官病變理論。

第三章　學術專門化的趨勢及代價（一九一七—一九八八年）

打從一九一七年開始，社會學家、心理分析精神病學家和神經精神病學家，在自殺肇因的研究上，便是各異其趣。多年來，它們之間的差距非但沒有減小，而且還加大了，各個專業領域，似乎愈來愈局限在自己那一套方法裡。這種現象使得社會學家、心理分析家，以及神經精神病學家[1]，在解釋自殺病因的時候，往往斷然否定其他專業領域的理論。社會學家和心理分析家，只從文字表面，去詮釋德克漢以及佛洛伊德的學說，以致忽略了他們學說中，可以連接社會學和心理分析理論的觀點。而克雷波林(Kraepelin)的門人，則在抨擊德克漢以及佛洛伊德的學說不夠科學之餘，更發展出一套生理干擾治療法，其中包括怪異的「局灶性感染理論」(Focal Infection Theory)，以及一些頗具爭議性的神經外科手術。

一九五〇年代末期發現的回神藥物(psychotropic drugs)，可以說，為已經發展了一個世紀之久的神經精神病學理論，提供了第一個實質的證據。這個革命性的發現，對精神病學界的影響，至今未衰。神經藥理學對精神病學界所造成的重大影響，不但使得心理分析家產生了防禦心態，而且還使得生物因素成為社會學上的另一個變數。而神經藥理學家則認為，他們終於為具有自殺傾向的沮喪症患者，找到了病因和正確的治療方法，他們漠視社會學和心理分析理論上的解釋，他們認為這些解釋一點也不科學。

接下來，讓我們回顧一下，一九一七年以後，美國社會學界、心理分析學界，以及神經精神病學界，在自殺行為理論和治療法上的主要發展。我的目的只是提供一個概觀，而非詳盡的歷史資料。

第一節　社會學

德克漢的社會學理論，比較關切自殺行為所暴露的整體社會現象，比較不關切自殺者的個人境遇。對德克漢而言，自殺行為是衡量公共健康和社會病態的指標。德克漢認為，一樁樁自殺事件所代表的，是社會意義而非統計數字。德克漢指出：「每一位自殺的人，都在他的自殺行為上，烙下了私人印記，這些印記可以顯示自殺者的性情和特殊遭遇，而這些東西，不是用社會因素和一般理由，便可以解釋的。」

美國的社會學家和德克漢的看法不同，他們認為，統計分析可以為自殺行為的社會及個人因素，提供一個基礎。美國同業先進對美國近代社會學家的影響，並不亞於德克漢，在他們的影響下，美國近代社會學家對自殺病因的關切程度，遠超過他們對社會病態的關切程度。他們雖然吸收了德克漢的統計學方法，但是他們卻漠視德克漢的廣義理念，大部份的美國社會學家，甚至把失業、戰爭、社會亂象等社會創傷，當成自殺肇因裡的「最直接」因素。

流行病學家❷和社會學家，愈來愈喜歡用牽強附會的計量學技術，去詮釋官方的自殺資料。不幸的是，眾所周知，這些官方資料以前不可靠，以後也不會可靠。而自殺統計資料之所以不夠完備，乃是因為負責搜集資料的人員，對自殺缺乏統一定義，一些不成文的假設，會影響這些人的自殺定義。而一件個案是否會被列為自殺事件，端視官方的自殺定義而定❸。因此，一個社會的自殺率，也可以反映出這個社會的自殺定義。

雖然社會學上大部份的自殺行為研究報告，都會註明官方資料並不可靠，可是大部份的人，其實並不重視這項警告。這主要是因為，打從一九二〇年代開始，美國的社會學家，就以科學客觀性為由，大力鼓吹方法論，以致統計分析法成了社會學的理論基礎。

一九二〇年代時，美國的社會學界，被一批在芝加哥大學任教，或自該校畢業的人所把持。在威廉・湯瑪士(William I. Thomas)的主導下，「芝加哥學院」決定用地區觀察法，去探討各個地區的都市病。和十九世紀的學者專家一樣，這批專家也發覺，都市生活是自殺行為的重要肇因。這批專家的主要代表人物，俄尼斯特・伯格斯(Ernest Burgess)指出，伴隨都市成長而來的是，「疾病、犯罪、惡習、精神病和自殺的泛濫。」二十世紀時，這個論調基本上並沒有受到什麼挑戰❹，但是為了找出導致自殺行為的主要都市肇因，研究自殺行為的社會科學家，改善了他們的統計分析技術❺。

魯絲・卡文(Ruth Cavan)一九二八年發表的自殺行為研究報告，可以說是芝加哥學院派人物所發表的最完備的一份，關於自殺行為的社會學論著。魯絲的碩士及博士論文指導教授，均是芝加哥大學社會系系主任暨《美國社會學雜誌》編輯艾里斯渥士・費里士(Ellsworth Faris)。卡文根據早期的專業論文資料和聯邦政府死亡人數統計資料推斷，自殺率並非只是隨著人口率增加而已。自殺率最高的都市，往往是傳統社會組織最零散的都市，比方說：舊金山、洛杉磯、西雅圖、奧克蘭等等。一旦區域裡的社會組織變得零散之後，該區域的自殺率便會隨之增高。都市裡自殺率最高的區域，往往是社會組織最弱的區域。而「家庭、教會、學校，以及工商機構、休閒設施」等社會組織愈普遍的區域，其自殺率也愈低。

卡文想用她的統計資料，建立一個解釋個人自殺行為的模式。這個模式是，當家庭、教會、學校等支持性社會組織變弱的時候，失業、酗酒、疾病、社會亂象等危機，會很容易導致自殺事件，因為對那些誤以為自殺可以解決問題的人來說，阻止他們自殺的力量變小了。卡文指出，在當今的美國，「自殺的人幾乎都是一些毫無士氣，個人生活一團亂的人。」然而卡文雖然列舉了許多個案，去支持她的說法，但是她無法證明，自殺的人四周的社會環境，一定比沒有自殺的人不穩定。比方說，卡文雖然指出，失業族的自殺率比工作族高，但是她無法證明，自殺的失業族所處的社會環境，比沒有自殺的失業族差。

卡文企圖整合社會因素和心理因素，可是她失敗了，因為她無法用她的統計資料，去解釋她所列舉的個案。而這個問題，其實一直困擾著美國的社會學家，每當他們企圖用社會統計資料，去解釋社會現象的時候，他們都會碰到這個問題。可惜美國的社會學家，非但不重新檢討德克漢早已洞察出的結論——自殺行為統計資料，並不足以解釋個人的自殺選擇和自殺動機，他們並且認為，卡文之所以會失敗，乃是因為她的方法不夠嚴謹之故。

雖然統計學方法一直有它的問題，但是美國的自殺行為社會學家，卻是對它情有獨鍾。此外，美國的社會學家培訓過程，也愈來愈強調如何使用統計學的弔詭技術，去提供必要的證明，這使得統計學方法在社會學領域裡，更是大行其道。事實上，號稱自己在從事「科學」研究的當代社會學家，幾乎全在展示他們玩弄統計學資料的能力。假如某一位社會學家的研究結果不夠明確的話，其他對之不滿的社會學家便會表示，這都是因為這位社會學家，選擇和分析資料不夠精準之故。

路易士・達伯令(Louis Dublin)一九三三年發表的《做還是不做》一書，以及該書一九六三年修訂本《自殺：在社會學和統計學上的研究》，代表比較嚴謹的統計分析研討工作。身為「大都會人壽保險公司」的首席統計學家，達伯令自然非常關切自殺的預測和預防問題。和卡文一樣，達伯令也十分依賴聯邦政府的死亡率統計資料，另外他也參考「大都會人壽保險公司」所作的死亡率統計資料。達伯令這位精幹的統計學家，用年齡、性別、婚姻狀況、人種、民族和宗教作一軸，用一般社會現象、經濟情況和地理等變數作另一軸，製作了一個分析美國人自殺行為的統計資料表格。

諷刺的是，達伯令發覺，「環境因素——包括經濟狀況、都市生活、宗教信仰、社會習俗、法律規定，以及傳統文化——只不過是自殺事件的催化劑罷了，因為數不清的人在同樣的刺激下，並沒有自殺。」達伯令指出，「自殺的驅策力，最終一定是來自一個人的內在因素，而非外在因素。」這股驅策力，源自「一種非常複雜的精神狀態，它是一個人對自己的需要、慾望和情況，所發出的最後反應。」

恰如卡文無法將她的統計資料和個人動機連在一起，達伯令也不願意進一步去討論他提出來的邏輯。達伯令雖然證實了，官方的統計資料，並不足以解釋自殺的病因，但是達伯令不願深入討論他提出來的證明。然而，達伯令對他依賴甚深的計量法的用處，卻提出了一套很周全的看法。達伯令強調，統計學方法是建立自殺病因研究模式的唯一可行之道。他解釋，每一個人的心理狀況都不相同，因此在自殺病因的研究上，文化因素比心理因素重要。因為假如自殺的肇因是個人因素，以及會使個人因素變得更為惡化的社會及文化因素的話，那麼控制社會及文化因素，遠比控制個人因素容易得多。

達伯令雖然不願深入探討他導引出來的論題，但是他的研究的確證實了十九世紀以來，社會改革者的論點，那就是，「缺乏穩定性和安全感的現代化生活，使得數以千計的人，陷入了絕望和自我毀滅的深淵。」和卡文一樣，達伯令也認為，「社會秩序，基本上是一個很重要的因素，因為經濟和社會現象的失調，會使得自殺事件大增。」達伯令指出，失業、貧困等社會狀況，會提高自殺率，而唯一可以解決自殺問題的有效辦法是，改善那些會導致人們自我毀滅的社會現象。達伯令堅持，只要根除失業、休閒設施不足、疾病、貧民住宅、收入分配不均等問題，自殺率一定會下降。然而，不論達伯令複雜微妙的計量方法有多麼大的用途，達伯令畢竟沒有得到他所尋找的答案。

其他想用統計學方法，為社會因素與心理因素之間搭建橋樑的人，也並不怎麼成功。例如，安德魯・亨利(Andrew F. Henry)和詹姆士・休特(James F. Short)在一九五四年出版的《自殺與謀殺》一書中，將經濟波動情況與自殺率、謀殺率之間的關係，作了一番比較。經過一系列複雜微妙的計量程序後，他們指出，當挫折感升高時（亦即經濟走下坡時），自殺與謀殺等侵略性行為會隨之增加。當挫折感下降時，暴力事件會隨之減少。至於挫折感究竟會導致自殺還是謀殺行為，則全視當事人所處團體的「偏好」而定。然而亨利和休特所使用的方法，以及他們所仰賴的官方自殺和謀殺統計資料，並沒有顯示，因經濟不景氣而增加的自殺與謀殺事件中的主角，的確是在經濟波動的直接影響下，才採取自殺或謀殺行動的。此外，挫折感/侵略性行為這個模式，乃是建立在一個無法證實的機械性心理學假設上，亦即，挫折感會自動轉變成侵略性行為。

社會學家並不願意承認，用自殺行為統計資料去評估個人對社會危機的反應，其實一點也不準確。就像我前面所說的那樣，其他企圖連接個人動機和社會動力的研究，也具有類似的問題。那些強調「經濟大恐慌」等經濟波動，使得自殺事件大增的學者專家們，根本無法解釋，為什麼有些人承受了比自殺的人更嚴重的經濟打擊，卻沒有自殺。同樣的道理，以重病患為例，為什麼患了絕症的人，很少自殺呢？傑克・道格拉斯(Jack D. Douglas)為此特別針對這個現象，呼籲他的同僚，不要忽視德克漢早期的警告——社會現象對個人行為的影響，因人而異。

道格拉斯曾經在一九六七年出版的《自殺行為的社會意義》一書中指出，那些只依賴官方統計資料的社會學家，姑且不論他們是故意的，還是無心的，總之他們總是把自己的研究，鎖定在一個假設上，那就是，社會現象對每一個人的意義都一樣；也就是說，「抱負、失敗等定義，對所有的美國人而言，基本上是一樣的，這表示，不同社會階層的人，對抱負、失敗或自殺等事情的看法，沒有差別。」

以美國社會學家對統計學方法的投入程度而言，他們當然拒絕接受道格拉斯的建議。英國社會學家史提夫・泰勒(Steve Taylor)曾經指出，「雖然道格拉斯的《自殺行為的社會意義》一書，獲得不少佳評，但是這本書對社會學界的自殺行為研究，其實並沒有造成什麼影響。首先，這本書出版之後，許多自殺行為方面的研究工作，連提都不提道格拉斯的名字；其次，那些提到道格拉斯名字的人，根本不願討論他的觀點。」

直到一九六〇年代末期時，美國許多自殺行為學家才紛紛表示，用聯邦政府編纂的自殺資料（人口動態統計）去評估自殺事件，並不精準。雖然如此，他們仍然十分抗拒道格拉斯所提，用統計學方法去研究自殺行為的肇因，並不恰當的觀點。事實上，阮諾・馬里斯(Ronald Maris)等美國社會學家，甚至將道格拉斯的建議解釋為，「應該採用不同的資料來源去解釋自殺行為」，其實道格拉斯根本反對用統計學方法去研究自殺行為。

其實早在道格拉斯發表《自殺行為的社會意義》之前，某些自殺行為學家已經開始質疑，人口動態統計資料究竟是不是研究自殺率的正確指標。一九五〇年代中期時，加州大學洛杉磯分校(UCLA)社會學教授艾德文・盧奈德門(Edwin S. Shneidman)以及諾門・法勃羅(Norman Farberow)就曾經建議過，與其查閱官方資料，還不如直接看驗屍報告，因為官方資料乃是根據驗屍報告編纂而成的。盧奈德門、法勃羅，以及精神病學家羅勃・里特門(Robert E. Litman)，後來發展出一套，把驗屍報告改寫成盧奈德門稱之為「心理解剖」報告的辦法。盧奈德門和他的社會學同僚，對如何防範自殺所具有的興趣，遠比對廣泛社會學理論所具有的興趣濃厚。他們不但在洛杉磯成立了美國第一所自殺防範中心，而且還組織了「美國自殺行為學協會」，這個協會的功能是，把自殺防範方面的資料散發給醫學界的專家。

在盧奈德門的提倡下，某些社會學家開始相信，驗屍報告裡的資料，不但可以顯示自殺行為的社會肇因與自殺者的心理狀態之間，具有何種關聯性，同時還可以解決道格拉斯等人對統計學方法的質疑。馬里斯對這個趨勢表現得最野心勃勃，他在一九八一年發表了《自殺之路：自我毀滅行為調查報告》一書。馬里斯曾經擔任過「美國自殺行為學協會」的主席，以及該協會雜誌《自殺與威脅人身安全之行為》的編輯，許多自殺行為學家，將他視為自殺行為學界的權威人士。而他在《自殺之路》裡所闡述的研究方法和結論，已經成為現代美國社會學家研究自殺行為的典範。

從研究方法和涵蓋面的角度來看，《自殺之路》可以說是探討美國人自殺行為的眾多著作中，最詳細也最複雜的一本著作。馬里斯用他一九六九年發表的《都市自殺行為中的社會力量》一書作骨架，外加一三四九份伊利諾州庫克郡從一九六六年到一九六八年的驗屍報告，寫成了《自殺之路》。馬里斯並且選擇了五一七位自殺白人的家屬進行訪談。其中二六六位完成了訪談。馬里斯又把這些資料，和一組馬里蘭州巴提摩郡一九六九年至一九七〇年的自然死亡資料，以及一組自殺未遂者的資料，作了一番比較。

秉承美國社會學界的一貫傳統，馬里斯的研究目標也是「探查自殺行為有無特定的預警指標」。在檢視了「一系列和自殺有關的特徵及預警指標後」，馬里斯提出了一個包括經濟、社會及心理因素在內的多變數分析理論。根據馬里斯的分析，導致一個人自殺的原因是，「他不能或不願意接受，他所面對的生活狀態。」馬里斯將這種狀態稱之為「自殺情境」。馬里斯指出，「煩惱、疾病、失敗、缺乏個人及社會支持、痛苦、絕望等經驗愈多的人，自殺傾向也愈高。」然而馬里斯強調，所謂「自殺情境」並非僅是指「艱難的生活狀況」而已，它「還包括了其他的東西」。真正導致一個人自殺的原因是，當這些艱難的狀況碰到下列這些因素的時候：想不出自殺之外的解決辦法；認為用自殺去解決真正的問題或者想像中的問題，是可行以及可以接受的辦法；對生命掙扎的不適應——不論在生理、心理、或社會方面；對困難的承受力太弱；有毒癮或酒癮；老化；人際關係很差。

馬里斯的「自殺情境」說，有長處也有短處。一方面，馬里斯研究了一大堆變數以及各變數之間的交互關係後表示，由各個專家所提出來的許多理論，實在有重新檢討的必要。另一方面，由於馬里斯提出來的自殺因素，範圍實在太廣泛了，因此他似乎在建議，任何一種生活經驗，都是構成「自殺情境」的主要變數。這顯然和他的主要論點——真正的自殺典型有一定的特徵，他們的生活及死亡軌跡，並不難猜測——不太符合。

從馬里斯自己的解釋裡，我們可以看出他的研究方法，其實也具有一些他批評早期研究工作所具有的限制性。舉例來說，馬里斯決定將自殺黑人排除在研究範圍之外，他的理由是：「由於經費上的限制，我們只能訪問五百位自殺者的家屬。因此，我們很遺憾的決定，我們將排除所有自殺黑人的家屬，只針對自殺白人的家屬，進行訪談工作。眾所周知，白人的自殺率最高，尤其是年紀較大的男性白人。」但是，從以下幾個角度來看，這個決定並不正確。第一，最近的研究工作顯示，打從一九六〇年代開始，黑人的自殺率，就一直在穩定的上升。第二，馬里斯以前質疑過人口動態統計資料的可靠性。然而，馬里斯所謂的「白人自殺率最高」的結論，卻是根據這些他所質疑的資料而來的。排除黑人無異於承認，他以前懷疑的資料，現在他又贊成了。最後，假如黑人的自殺率真的比白人低的話，那麼指出其中的原因，應該是十分重要的事情。

馬里斯所使用的比較資料也有問題。他用伊利諾州庫克郡的自殺資料作研究對象，但是他卻用馬里蘭州巴提摩郡的資料作對照標準(controls)。此外，他的自殺死亡、自然死亡，以及自殺未遂資料，乃是從不同的年份去取樣。馬里斯對這些決定的解釋是：「我們認為，庫克郡和巴提摩郡的自殺死亡、自殺未遂，以及自然死亡資料，可能沒有太大的差別，我們也認為，作一些比較，比不作好，所以我們選擇用巴提摩郡的自殺未遂以及自然死亡資料作樣本。……在經費的限制下，我們也別無選擇。」由於許多其他的研究早已發現，自殺事件因年份和區域而有所不同，因此事先把這些因素排除掉，乃是頗不尋常的事情。

假如你相信統計學理論上的假說的話，那麼上面的評述，並不是那麼重要。反正只要增加研究經費和研究助理，馬里斯以及其他研究人員，便可以盡情的收集各種統計資料，作為研究之用。然而，從某些實際存在的問題上，我們可以瞭解，統計社會學研究工作的缺失，並不是只靠增加一些變數，玩弄一下數字，便可以解決的。因為它真正的問題在於，統計例證表格的功效這個假說，能不能成立的問題。不論《自殺之路》，或是其他的自殺行為統計學研究工作，都無法解決道格拉斯二十多年前提出來的質疑。那就是，自殺行為統計學乃是建立在每一位自殺者對外在因素，都具有相同反應的假說上。也就是說，這些書的作者均幻想，社會、經濟、政治事件，對他們表格中的每一個人，都具有相同的意義。

然而，社會學上的研究方法，雖然有其限制性，但是它也具有兩項不可忽視的貢獻。第一，整體而言，在自殺行為的研究上，社會學家提出來的結論，比其他自殺行為專家提出來的結論，要來得開明。第二，目前只有社會學在致力探查，個人行為與社會現象之間的關連性。

第二節　心理分析理論

佛洛伊德的超心理學理論，和他的分析理論可謂並駕齊驅。在《圖騰與禁忌》（一九一三年）、《超越享樂主義的範疇》（一九二〇年）、《文明及其未臻圓滿之處》（一九三〇年）、以及《摩西和一神論》（一九三九年）四本著作裡，佛洛伊德用德克漢式的口吻指出，文化因素在神經病症的肇因裡，扮演了一定的角色。例如，在《超越享樂主義的範疇》一書中，佛洛伊德對他早先在《哀慟情結與憂鬱情結》一書裡所提的論點——文化因素與自殺行為有關，作了更深入的討論。佛洛伊德指出，每當強大的外界力量，喚醒個體記憶庫中，受抑制的兒時幻想時，個體都會產生一股焦躁感。為了控制這股焦躁感，個體會強迫自己用夢境或其他的行為模式，「去重覆……那些已經被遺忘，或者受到抑制的記憶。」佛洛伊德發現，憂鬱症和上述的經歷，常常結伴同行。佛洛伊德並且指出，很多人都知道，併發性器官疾病，可以使沮喪情結暫時停止，也就是說，生理病症，可以紓解這些焦躁情緒。而這些策略的目的，是為了恢復生理機能的平衡。當所有的嚐試都宣告失敗之後，個體會用自我毀滅的方式，去紓解早年在外界壓力下被迫放棄某些東西而產生的壓抑情緒。簡言之，佛洛伊德推論，只有在日後的文化因素影響下，兒時的幻想，才會具有心理意義。

雖然臨床心理分析家聲稱，他們在診斷和治療病人的時候，的確會考慮文化和社會因素，但是事實上，很少人將佛洛伊德的超心理學理論，當作一回事。其實在日常的治療過程中，要矯正導致病人精神異常的社會因素，就算不是一件不可能的事情，也可以說是一件萬分困難的事情。這使得心理分析研究，只能一味強調個人的失調現象和內在衝突，而避免去談文化動力的影響。在臨床治療法的影響下，心理分析理論將自殺病因的研究焦點，放在自殺事件上，而其中最典型的研究方式是，調查一下自殺者的生平，然後重新詮釋某些事件的意義，再把這些事件當成悲劇的前兆。

佛洛伊德曾經警告過他的門人，不要將理論與實際混為一談。一九〇四年的時候，他曾經在論述裡指出，心理分析治療法的目標，「永遠是幫助病人復原，使病人恢復積極過日子的能力，並且重新擁有快樂。」佛洛伊德在一九〇九年發表的論著裡再度表示，「明白治療法的局限性，可以加強我們改革社會的決心，以使男女眾生，不致再墮入無助的境地。」史學家羅梭・傑可比(Russell Jacoby)曾經說過，心理分析理論和心理分析治療法的目標，在推論上是互相對立的。

直到一九三〇年代時，美國的心理分析家才真正的接納《哀慟情結與憂鬱情結》（一九一七年）一書裡，關於自殺行為的臨床觀察。打從一九三三年開始，葛雷格立・基耳布爾格(Gregory Zilboorg)和卡爾・梅寧爵(Karl Menninger)，便不斷地在專業期刊和演講中，為自殺行為心理分析理論大力辯護以及詳加解釋，他們認為，這個領域飽受社會學的蠶食。雖然他們的論點，是一九三〇年代以來的心理分析家以及《哀慟情結與憂鬱情結》一書裡，早就詳盡闡述過的論點，但是基耳布爾格和梅寧爵的研究工作，仍然被視為自殺病因心理分析理論的基礎。

葛雷格立・基耳布爾格（一八九〇年至一九五一年）出生於蘇聯，一歲時，隨父母移民美國。他主修精神病學，一九二〇年代時，曾遠赴柏林接受佛洛伊德派核心人物漢斯・沙克斯(Hans Sachs)的心理分析。一九三〇年代時，基耳布爾格這位《心理分析學季刊》的創辦人之一，終於成為紐約心理分析學界的領導人物。

三十多歲的時候，基耳布爾格發表了一連串探討自殺行為的論文，他因此成為心理分析學界抨擊社會學方法和論點的主要人物。基耳布爾格以達伯令一九三三年發表的《做還是不做》一書為例，抨擊「自殺行為統計學研究，幾乎一無是處」。因為「統計資料，將人的差異性去掉了，而過分偏重統計學方法的結果是，我們對自殺心理的瞭解，還不如以前的人清楚」。此外，基耳布爾格也指出，「自殺行為統計資料，乃是根據人口動態統計資料編輯而成的，而人口動態統計資料其實並不完整，因為它只包括那些被驗屍官等人鑑定為自殺死亡的人。」雖然基耳布爾格曾經表示過，社會學和心理學方針，「應該互補，而非互斥」，但是由於他否定統計學方法的效力，因此實際上，他等於是否定了美國社會學家的自殺行為研究工作。基耳布爾格在論著中指出，「平心而論，不論從整體或部份的角度觀之，與自殺病因及自殺行為研究嚴重脫節的統計學方法，對問題的誤導多過對問題的闡析。」

基耳布爾格也抨擊佛洛伊德的超心理學理論，他以《超越享樂主義的範疇》一書為例指出，看了這本書以後，人們對自殺問題的理解，「不是變得更糊塗，便是和以前一樣迷惑。」基耳布爾格認為，臨床治療只能為心理學提供一些實際經驗。他根據自己的臨床經驗指出，「真正具有自殺傾向的人，是那些把自己和某位已經過世的人，視為一體的人，而這個結合過程，通常發生在病人的幼兒期或青春期，也就是當那位隱形人謝世的時候。」假如一個人在幼年時，經歷過「喪父、喪母或喪失手足的事情，而他或她那時又正值戀母情結或思春期的高峰的話，這種人日後一旦遇到心理（神經）問題時，很可能會萌生自殺的念頭」。

基耳布爾格認為，導致自殺行為的真正因素，並不是失親事件本身，而是日後的沮喪症等心理創傷。諷刺的是，基耳布爾格可能沒有意識到，他的論調其實和他所批評的社會學論調有點類似，只不過，基耳布爾格認為，引發自殺行為的第二重創傷是沮喪症等心理創傷，而社會學家則認為，引發自殺行為的第二重創傷是失業等社會創傷。此外，由於並非每一位具有幼年失親經驗的沮喪症患者都會自殺，因此基耳布爾格的理論，有點自說自話的嫌疑。假如具有幼年失親經驗的人沒有自殺的話，依照基耳布爾格的理論來看，這表示他們日後所承受的心理創傷並不嚴重。雖然基耳布爾格堅持，心理分析理論和社會分析理論彼此可以相容，但是從社會意義的角度來看，基耳布爾格的模式，並不比他所批評的社會學模式強多少。

和基耳布爾格一樣，卡爾·梅寧爵也曾經在維也納接受過佛洛伊德一位門生，魯斯·麥克·布魯恩斯威克(Ruth Mack Brunswick)的心理分析。卡爾的父親查理士·梅寧爵，是堪薩斯州投匹卡市著名的梅寧爵診所的創辦人，此外，一八九三年出生的卡爾，是哈佛醫學院的畢業生。大學畢業後，卡爾回到投匹卡市父親開辦的診所裡工作，他並且在堪薩斯大學醫學院擔任臨床精神病學教授。一九四二年的時候，梅寧爵被選為「美國精神分析協會」的主席。

一九三八年時，梅寧爵把他早年所寫的，有關自殺行為的論文加以編輯整理後，出版了著名的《對抗自己的人》一書。和基耳布爾格一樣，梅寧爵也抨擊社會學上的自殺行為研究，他指出，「社會學……致力於大規模的改造，它對個人的心理研究沒有興趣。此外，由於它不重視個人內在心靈的檢驗工作，因此社會學家不易瞭解集體行為的某些層面。」梅寧爵也以佛洛依德的《哀慟情結與憂鬱情結》一書為例，外加一些他挑選出來的臨床病例為輔，去闡述自己的想法。他以「變態心理學」上的嬰兒口腔期變態摯愛行為為例指出，一個決心自殺的人，一定會先產生殺人、被殺，以及死亡的念頭。梅寧爵承認，社會動態、家庭模式，以及社區風氣等外在因素，絕對會使自殺肇因變得更複雜，但是他堅持，這些外在影響，只會使原本就「發展不完全的性格，變得更為扭曲」。梅寧爵認為，自殺的肇因並不是埋藏在特定的社會事件裡，而是埋藏在個體心中不斷在蔓延的自我毀滅傾向裡，而這種傾向遠在自殺事件發生前，就已經存在了。

雖然梅寧爵同意社會學家所說，孤僻的人比活躍的人自殺傾向高，但是他並不同意他們所說的理由。卡文、達伯令、馬里斯等社會學家認為，孤僻是導致自殺的原因，但是梅寧爵卻認為，一個人之所以會選擇孤僻，其原因和一個人為什麼會選擇自殺是一樣的，那就是，這些人患了精神方面的疾病。然而，安東尼・吉登斯(Anthony Giddens)卻指出，其實這兩種說法，都忽略了下列的論點：「在什麼樣的情況下，個體的不合群心態，才會『轉變』成自殺心態？」

在《哀慟情結與憂鬱情結》一書裡，佛洛伊德指出，憂鬱症患者的精神，會受到自我以及心目中「另一個人」的交相煎熬。佛洛伊德把這位隱形人稱之為「對象」。梅勒妮・可蘭 (Melanie Klein) 及其門人，尤其是唐諾・溫尼卡特 (Donald Winnicott) 和強・鮑比 (John Bowlby)，根據佛洛伊德的理論，發展出著名的「對象關係理論」。直到一九六〇年代的時候，「對象關係理論」才從英國分析學界移植到美國，沒多久，它便成為美國心理分析學界的寵兒。由於這個理論強調虛幻對象在自殺病因裡的角色，因此它和基耳布爾格及梅寧爵的自殺理論，彼此是相通的。「對象關係理論」基本上並未改變以往的爭議路線，它只不過使得爭議內容，變得更為精簡罷了。

然而在近代的心理分析研究工作裡，可以說找不出任何一部足以展現對象關係理論全貌的代表作。我只能從下列幾位學者的著作中，拼湊出大概的風貌，這些學者包括：鮑比 (Bowlby, 一九六〇年)、克特・艾斯勒 (Kurt R. Eissler, 一九五五年)、羅勃・雷・李福頓 (Robert Ray Lifton, 一九七九年)、瑪格莉特・馬勒 (Margaret Mahler, 一九七四年)、喬治・

波拉克（George H. Pollock，一九六二年及一九七八年），以及瑪莎・渥分斯汀（Martha Wolfenstein，一九六六年及一九七六年）。

正統派佛洛伊德理論主張，人們對自己最親愛的人，往往具有兩極性的感情。佛洛伊德指出，當一個人的父母、子女或配偶過世的時候，他不但會產生強烈的失落感，而且還會感到憤怒和內咎，這是因為個體曾經在有意或無意間期望過，自己所愛的人離開或死掉。而哀悼的過程，可以使活著的人意識到死者已矣，可以協助他們發洩心中的怒氣，也可以使他們明白自己和死者的親密關係。

和佛洛伊德一樣，對象關係理論家也發現，許多沮喪症患者的表現，和哀慟中的人差不多。而且一般而言，大部份的沮喪症患者，都在病發前不久，經歷過「喪失對象」的打擊，比方說：失戀、失業等。通常，沮喪症患者會用絕食、自殺威脅等行為，去迫使拋棄自己的人回來看看，這件事情造成的傷害有多大。用這種計謀去喚回拋棄自己的人，可以使沮喪的人成功地表達出心中對拋棄者的敵意。簡言之，和哀慟中的人一樣，沮喪症患者也採用很複雜的策略，去應付失落感和被棄感。

波拉克把上述的道理加以延伸後指出，由於具有自殺傾向的人，早年大多經歷過很嚴重的失落打擊，而且他們的失落感，往往沒有得到充分的發洩，因此這些人通常比一般人更脆弱。波拉克表示，任何可以察覺出的失落經驗，例如：離婚、被遺棄、殘肢等等，都算是一種「對象失落」經驗，而幼年失親，是其中最典型的例子。

渥分斯汀和鮑比指出，幼年失親的人，往往不能盡情的發洩心中的哀慟情緒，因為一般人為了不讓孩子受到死亡的驚嚇，通常會把孩子帶開來，不讓他們參加哀悼過程。其實，小孩子和大人一樣，也會對自己親愛的人，產生愛恨交織的情感。事實上，小孩子反而不會像大人那樣，隱藏自己矛盾的感情，他們通常會有意的期望，自己的兄弟姐妹，甚至父母，消失不見。小孩子會對親人說：「我恨不得你死掉！」這種話，一點也不稀奇。由於大部份的小孩子十分相信願望的力量，因此假如他們詛咒的人真的死掉、拋棄了他，或者離婚的話，他們會覺得是他們造成這種後果的。相信願望的力量，加上年幼無知，使得小孩子的內咎感，往往比大人嚴重。假如小孩子又不能參加哀悼儀式的話，這種內咎感會變得更深刻。他們的立即反應很可能是壓抑自己不愉快的童年經驗，但是如果他們日後遭遇其他的對象失落打擊的話，他們通常會變得更脆弱。

某些哀慟情緒發洩不完全的人，會用不斷讓自己陷入對象失落情境的方式，去處理壓抑在內心深處的早期失落感。不幸的是，這種處理方式有它的問題。因為他們真正想喚回的對象，不是那些剛離開他們的人，而是那些早已過世的親人，由於他們對親人的哀慟情緒，從未得到充分的宣洩，因此他們心中的罪惡感和敵意，不但從未消失，而且還愈來愈強烈，久而久之，這股強烈的罪惡感和敵意，會逐漸演變成自殺傾向。

根據李福頓的說法，自殺行為也是一種，企圖永遠活在他人記憶裡的極端作法。自殺行為可能是孩子所作的最後威脅，以便讓他人瞧瞧，「如果我不在的話，你們會有多想念我。」對哀慟情緒發洩不完全的人而言，自殺意念表示，這些人有意把自己變成「愛的失落對象」。他們幻想自己死後，也會成為他人的「失落對象」。因此，他們對拋棄者所具有的愛恨情結，得以有一個完整的循環過程。

由於並非所有哀慟情緒發洩不完全的人，日後都會自殺或者產生自殺傾向，因此這方面的心理分析家大多贊同，凡是具有失親或被遺棄經驗的人，或多或少會產生某種程度的發洩不完全哀慟情結。但是如果哀慟情結的發洩程度，不足以撫平個體對死者或棄者所具有的複雜感情的話，個體日後出現自我懲罰行為的傾向，會比較大。在許多情況下，有些人會用不斷讓自己涉身險境的方法，去表達內心的發洩不完全哀慟情結。和沮喪症患者一樣，哀慟情緒發洩不完全的人，也會經常故意涉身險境。而這種過份的涉險心態——有時甚至包括自殺企圖在內——乃是為了測驗自己的自我毀滅意念，其最終目的，是為了消除心中的罪惡感——一種迴避自殺的作法。

發洩不完全哀慟情結理論(Incomplete Mourning)，非常重視（有些人可能認為過份重視）個人意義，它幾乎完全不重視社會意義。因為發洩不完全哀慟情結的構成概念，永遠因人而異。也就是說，發洩不完全哀慟情結的內容，全看失落對象對個體具有何種意義而定。問題是，不論哀慟情緒對個體的心靈具有何種影響，它和社會及文化因素，絕對脫不了關係。因此，對象關係理論似乎有一個缺點，那就是，在探討文化或歷史變數對哀慟情緒的意義這個課題上，它並沒有提供任何的社會理論。

這個理論最需要的是，一個整合性的研討方向。赫伯特・韓汀(Herbert Hendin)是少數幾位抨擊對象關係行為模式的學者，他曾經在一九六四年出版的《自殺與斯堪地那維亞》一書裡表示，丹麥、挪威、瑞典等國的自殺率之所以會不同，很可能是因為這些國家「對死亡的看法和態度不太一樣」之故。然而這套在二十多年前發表的理論，現在早就不受重視了。最近韓汀還呼籲過，目前最需要的是，一套「可以幫助人們理解，在心理、文化及社會因素的交互影響下，為什麼背景完全不同的美國人會自殺的心理社會理論。」韓汀指出，「心理社會理論的架構，必須將心理及社會因素，連接在一起。」因為任何一套自殺行為理論，都必須討論下列的事實：「自殺動機因文化期望而異，包括一個人對這些文化期望的接受程度，以及一個人實現這些期望的能力在內。」

除了韓汀的評論之外，還有人批評對象關係理論不夠科學，因為它和大部份的心理分析理論一樣，具有無法證明真偽的問題。換句話說，也就是沒有辦法測驗其理論的正確性。此外，它的範圍也實在是太廣泛了，幾乎幼年期的任何一個事件，都可以當成發洩不完全哀慟情結的證據。反之，又有許多具有幼年期對象失落經驗的人沒有自殺。而任何一套企圖把失落經驗和自殺行為連在一起的理論，都必須解釋這個現象。

除了這些疑點之外，神經生物學上的研究成果，使得心理分析學上的自殺行為理論，面臨了更沈重的挑戰。腦塑性方面的研究顯示，從出生到兩歲，是神經系統發展最迅速的時期。事實上，神經系統的樹狀突起和軸突，會不斷加長、加枝，直到青春期才停止。因此，人的記憶系統在幼兒期的時候，根本還未發展完全。這表示，幼兒的頭腦尚未發展到可以記錄幼兒期事情的地步。因此，幼兒期的對象失落經驗，很可能根本就不在記憶庫裡，更別說壓抑它們了。

一九七〇年代和一九八〇年代時，在神經生物學和生化學的影響下，精神病學界的走向，漸漸從心理分析理論轉變成心理藥理學。而這個變化，為自殺行為的研究工作，導引出另一套理論，這套理論是繼心理分析理論和社會學理論之後的第三套理論。

第三節 心理藥理學

從人體器官的角度去解釋精神異常的假說，可以一直追溯到最早期的憂鬱症病原醫學理論。從前面的敘述我們可以知道，艾塞克・雷和強・葛雷等十九世紀精神病學家認為，身體上的疾病，是某些自殺行為的肇因。

十九世紀末二十世紀初，最具有影響力的身體學派人物，當推德國精神病學家艾密耳・克雷波林，我在序文裡，曾經介紹過他的自殺行為觀。一八九〇年代末期時，克雷波林的理論在美國大放異彩，這主要歸功於美國神經學家艾道夫・梅爾(Adolf Meyer)的鼓吹，一八九六年的時候，梅爾曾經造訪過克雷波林座落在海德堡的診所。可是一九〇〇年代末期時，同樣是在梅爾的倡導下，美國的精神病學家，又紛紛對克雷波林臨床概念的實用性，以及許多支持佛洛伊德心理分析理論的過氣精神病唯物理論，提出了質疑。

雖然直到一九六〇年代時，才有比較確鑿的證據顯示，沮喪症和器官方面的疾病有關，但是相當多的神經學家和精神病學家，其實一直非常支持克雷波林的信念——自殺和遺傳以及人體器官上的疾病有關。近年來，克雷波林的理論，再度受到美國神經精神病學家的重視，而擁護該理論最力的一位人士甚至表示，克雷波林的理論，「為精神病學在現代生物學上的革命性發展，奠下了基礎。」

艾力阿特・瓦倫斯汀 (Elliot Valenstein) 在一九八六年的時候，曾經發表過一本令人印象非常深刻的著作《極端、激烈的治療法》，他在著作裡指出，「雖然神經學家根本沒有辦法治療情況嚴重的精神病患，但是他們不願接受，任何會敗壞他們是『研究實際生理現象的科學家』這個形象的看法。」由於神經學家對精神病唯物觀非常投入，因此在一九二〇年代到一九六〇年代之間，神經精神病學家發展出一系列，如今回顧起來，十分怪異的理論和干擾治療法。瓦倫斯汀指出，世界上沒有任何一個國家像美國那樣熱烈的接納這些「既極端又激烈的治療法」。

其中最急進的治療法，首推亨利・卡登(Henry Cotton)所倡導的「局灶性感染理論」(Focal Infection Theory)，卡登是紐澤西州立醫院的醫學主任，他曾經跟隨克雷波林在慕尼黑作過一段時間的研究。卡登認為，「人體不同部位因細菌感染而產生的毒素，會進入腦部，造成精神異常的現象。」瓦倫斯汀在著作裡指出，打從一九一九年開始，卡登執行過一系列的外科手術，其中包括割除扁桃腺、瘻，拿掉補過的牙齒，以及切除子宮、割除結腸等大型干擾性手術。雖然卡登的理論，受到某些心理分析家的攻擊；但是整體而言，卡登的研討方向，可謂得到非心理分析派精神病學家的全盤支持❻。一九二〇年代時，有許多臨床精神病學家採用卡登的治療法。

一九三〇年代時，維也納醫生曼佛烈德・佳西哇・沙柯(Manfred-Joshua Sakel)的理論，成為治療沮喪症的新方法。有一次，沙柯不小心給一位精神病患服用了過量的胰島素，這位病人在痙攣之後，陷入了昏迷。當病人甦醒之後，他的精神分裂狀況居然有相當的改善。沙柯因此認為，痙攣可以引發癲癇，而癲癇則是精神分裂症的相反面（這是錯誤的看法）。沙柯的理論是，誘發性癲癇，可以扭轉精神分裂症。痙攣治療法就這樣誕生了。一九三〇年代和一九四〇年代時，沙柯的工作被翻譯成英文，而他所倡導的治療程序，則被美國的病院派精神病學家廣為使用。

在此同時，匈牙利神經學家裘瑟夫・拉迪思拉斯・方・梅都那(Joseph Ladislas von Meduna)則引進了一種類似樟腦的藥——強心劑，他宣稱這種藥可以更有效的誘發痙攣。然而事實上，誘發性痙攣治療法對沮喪症患者的療效，其實比對精神分裂症患者的療效更佳。而電擊療法也迅速成為美國境內，痙攣治療法的另一種可行方式。到了一九四〇年代時，電擊—痙攣治療法已經成為美國境內使用最廣泛（濫用情況也最嚴重）的一種沮喪症干擾治療法了❼。雖然電擊—痙攣治療法一直極具爭議性，但是它似乎有捲土重來的跡象，因為支持它的業者愈來愈多。

盛行於一九三〇年代到一九六〇年代的瓦倫斯汀精神外科分析理論，雖然超越了本書的討論範圍，但是它再一次證明了，那些相信生理疾病會導致精神病的神經精神病學家，的確曾經使用過，現在看起來非常荒唐、危險的干擾治療法。可是如果以那個時候人類對腦部和疾病的瞭解程度來看的話，這些程序又似乎游走在科學的邊緣。因此，我們必須提醒自己，今天人類對腦部的化學作用，亦知之甚少，相形之下，應不難理解當時的情況。的確，和早年卡登、沙柯等人的解釋，以及一九四〇年代和一九五〇年代的精神外科分析理論比較起來，神經生物學近年來的發現，似乎進步太多了。從本書的重點——探討自殺行為——的角度來看，卡登和沙柯理論中的許多假說，依然深受神經精神病學界的重視，尤其是器官病變會導致沮喪症和自殺傾向的假說。

從一九五〇年代初葉開始，神經病理學上的發現便顯示，某些特定的行為，尤其是暴力傾向和沮喪情緒，和腦中一種叫做神經傳導的化學傳訊物質的失調或異常現象有關。其中一種叫做複合胺(serotonin)的神經傳導物質，很可能和自殺行為有關。

研究人員剛發現複合胺的時候原以為，複合胺和精神分裂症等精神病有關。二十多年後，在更精確的化學分析以及其他資料的佐證下，研究人員才推翻了以前的看法，轉而指稱，複合胺其實和沮喪症有關。研究人員發現，當複合胺以及另外一種神經傳導物質——副腎上腺素(norepinephrine)的含量增加的時候，許多沮喪症患者的病情，有減輕的跡象。這其實是一九五〇年代早期的一樁意外發現。由於服用壓掃癆捷片(isoniazid)治療肺結核的病人，有情緒亢奮的現象，因此，研究人員推斷，壓掃癆捷片可能可以提高沮喪症患者的情緒。但是研究人員決定用艾普洛奈兒基德(iproniazid)進行實驗，因為它和壓掃癆捷片很類似，但是副作用比較低。

結果研究人員發現，艾普洛奈兒基德是一種單一胺基氧化酵素（MAO）抑制劑。當腦中的神經元（或神經單位）受到刺激的時候，它的軸突通常會釋放一種化學物質到胞突接合處的空隙或裂縫中去，也就是兩個神經元之間的空間（見圖3.1，3.2）。然後下一個神經元的接受體，會拾起這個化學物質，經過同樣的程序，傳給下一個神經元，如此反覆為之，在神經通路上傳遞訊息。而一定量的神經化學物質，會留在胞突接合處的空隙裡，它們或被分解為非活化的成份，或被原來釋放它們的神經元收回後，再被一種叫做單一胺基氧化酵素的酶所分解。單一胺基氧化酵素會將多餘的複合胺（serotonin）轉化成 5–HIAA（5–hydroxyindoleacetic acid; 5–氫氧基靛基質乙酸），而這個化學物質最後會循環到腦脊髓液(CSF)裡去。艾普洛奈兒基德等單一胺基氧化酵素抑制劑，可以抑制單一胺基氧化酵素，使它們無法把多餘的複合胺，

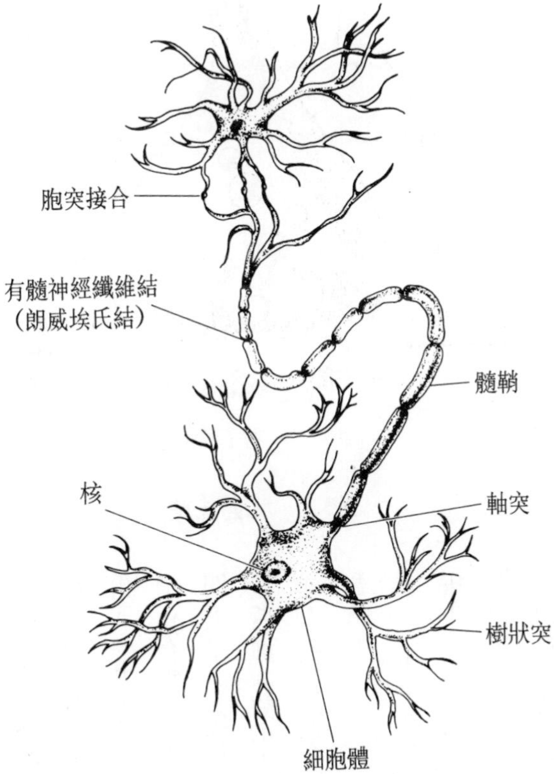

圖3.1　神經線連接兩個神經單位圖

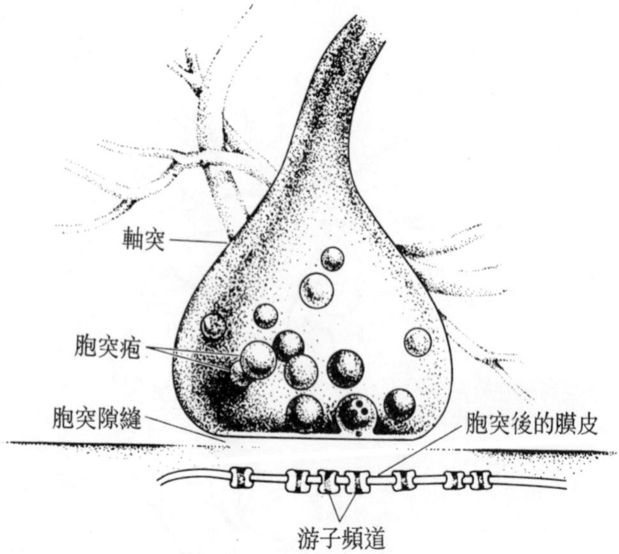

圖3.2　胞突隙縫

分解成5-HIAA。如此一來，腦複合胺的含量便會提高，因為被神經元收回的複合胺，將不會被酶分解掉，而可留待下一次神經傳遞時使用。一九五〇年代時，一種叫做三環化合物的第二波抗沮喪症藥物問世了，這種藥物的副作用比MAO抑制劑小，它用抑制回收的方式，去增加複合胺和副腎上腺素的含量。

一九七六年的時候，斯多哥摩爾市卡洛林斯卡學院的瑪莉·艾斯伯格(Marie Asberg)等人宣佈，他們在沮喪症和低含量腦複合胺之間，找到了一個可以證明的關聯性。幾乎是同一時間，荷蘭猶垂曲州立大學的赫門．凡．普瑞格(Herman van Praag)等人，也發表了類似的結果，事實上，早在十五年前，普瑞格已經在他的博士論文裡，提過這個發現。然而繼他們之後，有關沮喪症和複合胺之間確切關係的研究結果，非但不一致，而且還互相抵觸。

由於抗沮喪症藥物可以增加複合胺和副腎上腺素的濃度，因此精神藥理學家據此推斷，沮喪症的病原是化學因素，而非心理社會因素。這是為什麼臨床治療泰半用藥物干擾法去治療病人，因為增加腦中這些神經傳導物質的含量，似乎可以減輕，或者控制住病人的沮喪病情。研究人員除了認為，腦中的複合胺和副腎上腺素含量，和沮喪症有關之外，他們並且認為，這兩種神經傳導物質——尤其是複合胺，也和自殺行為有關。

一九八一年七月，馬利蘭州巴賽斯達市國立精神病院一個研究小組，以及卡洛林斯卡學院一位研究人員宣稱，他們已經從「人體脊髓液裡，分離出一種『自殺因子』，而且這個自殺因子可以用一個非常簡單的實驗測量出來。」❽這個由美國和瑞典的研究人員共同組成的研究小組，由李爾．崔斯克門(Lil Traskman)負責領導（他曾經研究過艾斯伯格的工作），該小組的研究報告發表在《一般性精神病學檔案》裡。這些研究人員發現，「有暴力傾向的人和有自殺傾向的人」，其腦中的複合胺含量「特別低」。

崔斯克門等人的貢獻是，他們找出了低複合胺濃度和暴力行為以及自殺行為之間的明確關係，這似乎化解了一些早期研究工作的矛盾狀況。此外，崔斯克門等人的發現，也似乎為具有自殺傾向的沮喪症患者，再次肯定了化學干擾治療法的療效。往後的研究工作，陸續肯定了崔斯克門等人的發現。一九八五年九月，在「紐約科學會」舉辦的一次會議上，亞伯特・愛因斯坦醫學院的一個研究小組指出，他們發現，「複合胺含量過低，似乎是具有自殺傾向的沮喪症患者的生理標記。」

雖然這些研究工作的複雜度，令人印象十分深刻，但是沮喪症、自殺行為與複合胺濃度的關係，其實僅是一種假設。低複合胺濃度和沮喪症、自殺行為間的因果關係，仍有待證實。此外，科學調查程序愈複雜，科學家似乎愈不重視導致這些行為的文化及心理因素。假如把這些因素考慮進去不致影響科學研究結果的話，那當然沒有問題，可惜事情並非如此。從傳染病學的角度觀之，自殺行為的生化學研究方向，也有其局限性。我以崔斯克門的研究工作為例，來說明這些限制。

這類研究工作的第一個限制或缺點是，大體而言，它的抽樣實例太少了。和其他類似的研究工作比較起來，崔斯克門抽查八十五個實例，已經算是相當多了。事實上，隨便翻翻《一般性精神病學檔案》便可知道，很多研究報告的抽樣數目，和它的作者人數，幾乎差不多。因此，只根據那麼有限的抽樣實例便驟下結論，似乎不太妥當。

一般而言，使用槍械自殺的人，其「成功率」最高，但是自殺行為的生物化學研究工作，卻絕少將使用槍械自殺的人，列為取樣對象。比方說，崔斯克門的抽樣實例裡，就沒有任何使用槍械自殺的人，而這種自殺方式，通常被視為最暴力，也最易致命的自殺方式。此外，資料顯示，美國境內自殺成功的案例裡，幾乎有一半是訴諸槍械。

這些研究工作，事實上，也未將酗酒的人包括在內，原因是酒精會直接影響神經傳導系統的功能。然而從傳染病學的角度來看，酗酒的人，其自殺率比不酗酒的人要高出十倍。此外，中毒化驗顯示，有相當多自殺的人，在自殺前曾經服用過，或者仍在服用鎮定劑以及（或者）抗沮喪症的藥物，但是研究人員亦未將這類人列為取樣對象。雖然從實驗的角度來說，為了研究特定神經傳導物質的濃度，排除這些對象，似乎情有可原，但是從傳染病學的角度來看，這些研究工作的基礎，其實並不穩固。

在自殺成功的案例裡，大約只有百分之三十的自殺者是女性。但是在崔斯克門的抽樣實例裡，女性的抽樣比例卻占了百分之六十三・三，當然，由於女性的企圖自殺比例，比男性高二・三倍，因此女性比男性更容易成為精神病研究人員的研究對象。此外，雖然某些人指出，若要更清楚的瞭解自殺病原，只集中火力研究自殺成功的人，似乎太狹隘了些，但是由於崔斯克門的研究目標，是找出那一種人最有心「完成」自殺行為，因此這項研究工作的抽樣實例，應該受到更嚴格的控制，才能正確的反映出，自殺成功者的性別分佈。研究結論雖然指出，性別差異對自殺病原並無特定的影響，因為「有暴力傾向和無暴力傾向的女性企圖自殺者，其腦脊髓液中的5-HIAA含量不相同」，但是這對問題的解決，可以說於事無補。

這些研究工作也忽略了另外一個非常重要的問題：只調查企圖自殺的人，而非真正自殺的人，是否可以歸納出自殺行為的本質？最近的社會學研究才呼籲研究人員，不要只觀察企圖自殺的人便對自殺行為驟下結論。阮諾・馬里斯曾經指出，「我必須強調，真正完成自殺行為的人，和『僅』是企圖自殺的人之間，有相當大的差別。」[9]馬里斯發現，自殺「成功」的人當中，有百分之七十五的人，從未企圖自殺過。

雖然我們可以理解，某些類型的病人，並不適合作研究工作的抽樣實例，但是研究人員在下結論的時候，應該把這些缺失考慮進去。連非常粗略的傳染病學研究都顯示出，有關神經傳導物質和自殺行為之間關係的研究報告，常有誤導的現象，因為他們的調查對象，是形式不一的自殺「成功」者。

生物化學研究方向的第二個缺失是，缺乏文化觀。生物化學研究人員似乎沒有察覺，自殺行為的肇因，因人而異。此外，他們也忽略了，文化因素與自殺行為之間的交互作用。絕大部份的社會學研究顯示，自殺行為的分佈模式，其實並非無跡可尋。比方說，大部份的調查指出，過去一百年來，自殺成功的女性人數，一直在增加。如果根據生物化學上的邏輯來看的話，女性自殺模式之所以會改變，一定是因為過去一百年來，女性腦中的神經化學物質改變了。假如此事為真的話，並沒有任何生物學上的證據支持這種邏輯。

此外，自殺率也因人種而有所差別；亦即，某些文化和族裔的自殺率，總是比其他族裔高些。打從十九世紀初葉開始，德國人和丹麥人的自殺率一直領先他國，而愛爾蘭人和義大利人的自殺率則一直殿後。另外，自殺率和遷棲及移民也有關係。美國境內歐洲移民的自殺率，較其母國的全國自殺率高。因此，德國人、丹麥人和奧地利人，不論在新、舊世界的自殺率都是最高，而愛爾蘭人和義大利人的自殺率，則一直都比較低。那麼，難道愛爾蘭人和義大利人的腦複合胺濃度，比德國人和丹麥人高嗎？難道移民這件事，會使得德裔和丹麥裔移民某些特定神經傳導物質的濃度降低嗎？

第四節　結論

構成近年來心理藥理學基礎的詭辯學說，使得精神病學界對社會學研究方向的態度，大為好轉。生物化學研究方向的成果，為不贊同心理分析理論的精神病學家，提供了更多對抗心理分析理論的武器。這種現象在心理分析精神病學界所造成的衝擊，和一個世紀前，細菌學對精神治療法所造成的衝擊，可以說十分類似。而這個衝擊所造成的結果是，美國精神病的一般性治療法，愈來愈注重藥物干擾法，愈來愈偏離心理治療法。

傳統心理分析家和社會學家，會對心理藥理學上的說法產生何種反應，實在不難想像。他們指出，生物化學上的研究，只不過是道出了一件十分顯而易見的事實，那就是，生理問題也會導致自殺行為，而心理分析學及社會學的現有理論，其實早就對這個論點提出過充分的解釋。他們堅持，神經傳導物質的異常現象會造成自殺行為的論調，根本是倒因為果的說法。然而，這些批評雖然有它的道理，但是這其中其實也包含了幾分不足為外人道也的恐懼心理，亦即，一般咸認，生物化學上的說法較為可信，社會學和心理分析理論較不可信。其實一向以來，各家各派對自殺病因解釋的互相抗拒，可以說一半是出自學說上的互相矛盾，另一半則是出自專業恐懼和嫉妒。問題是，互相忽略對方的論點，對任何一方的研究都沒有幫助。

學術專門化的走向，對自殺行為的綜合研究方向，既是一種障礙，也是一個必要的步驟。一方面，從自殺肇因的解釋裡，我們不但可以理解詮釋者對自殺病因的看法，我們並且可以透視詮釋者所抱持的價值觀。然而由於自殺行為研究，常被學者專家當成辯解學說的工具，因此我們更不易理解，自殺行為的真正肇因。比方說，德克漢《自殺》一書的目標，雖說是為自殺行為提供解釋，其實他也是在為社會學奠定學術地位。和社會學一樣，精神病學在自殺肇因的研究上，也有畫地自限的問題。另一方面，學者專家們各自為政的研究方式，更使我們體認到，建立綜合性研討方式的重要性。

打從十九世紀末期以來，社會學家、心理分析家和神經精神病學家，均把自殺行為視為一種疾病。然而，他們對自殺這類行為性「疾病」的肇因，卻各有各的看法。社會學家認為，自殺是一種社會病；心理分析家認為，自殺行為是由內在精神衝突所導致的；神經精神病學家則堅稱，自殺行為是由生理疾病造成的。雖然每一個學門，都不時會出現一些專家，否定他們在畫地自限，並且強調他們的確把其他領域的論點，考慮進去了，但是專業領域的一貫作風，使得綜合性的研討方向，很難浮現。問題是，如果不用綜合方式去探索這個問題的話，我們對這個問題的理解程度，將不會比一世紀以前，德克漢、佛洛伊德和克雷波林等人深入。

注釋：

❶在接下來的章節裡，我用「神經精神病學家」(neuropsychiatrist)這個稱謂，去稱呼非心理分析派精神病學家，這些人認為，大部份的精神病，是由器官功能失常所導致的。我用「精神藥理學家」(psychopharmacologist)這個稱謂，去稱呼那些把藥物干擾當成主要治療法的神經精神病學家。

❷流行病學為醫學和社會學的自殺行為研究，提供了一座難得的橋樑。十九世紀末二十世紀初，原本把焦點集中在流行性傳染病上的流行病學，突然將德克漢派的社會學研究方法，溶入其疾病醫學模式裡，此後流行病學的研究方向，便離公共健康愈來愈遠了。公共健康研究所，用統計學方法去訓練學生，而流行病學家的研究方向則是，調查任意一種疾病的發生頻率和分佈狀況，或者，調查會影響該疾病分佈的狀況及因素。流行病學家先分析不同族群的長期自殺率，然後據此去判斷，那一個變數，或那一組變數——例如：年齡、性別、婚姻狀況、宗教、就業狀況——和自殺的關係最密切。一旦找出「自殺危機最高」的族群後，流行病學家便把所收集的資料，呈給有關單位，以便它們設計一些計劃，去防範及控制自殺事件。

❸美國沒有任何關於自殺行為的官方定義。此外，美國各州也沒有統一的自殺資料收集系統。以加州為例，各郡對自殺的定義非但不一，而且收集資料的方式也不相同。一篇評論美國西部十一州，一九一位驗屍

官所開具的自殺檢定報告指出，各州涉及自殺定義的法令，「不論在背景、專業資料來源、運作方式，以及對驗屍官和驗屍單位的管理條例上，均有相當大的出入。」該報告表示，「其差異可謂大到，令人懷疑自殺率的可靠性及可比較性。」法蘭克林・尼爾森(Franklyn L. Nelson)，諾曼・法伯若(Norman L. Farberow)，道格拉斯・麥克金能(Douglas R. Mackinnon)，〈西部十一州自殺檢定書：對自殺率可靠性的質疑〉，《自殺與威脅生命的行為》8（一九七八年夏季）：75, 82。

❹奧立佛・安德森(Olive Anderson)針對十九世紀的英格蘭和威爾斯所作的自殺行為研究調查，是一個例外。安德森發現，住在鄉村裡的年輕男女，其自殺率，比住在工業化都市裡的同鄉高。安德森強調，我懷疑，「批評現代化工業社會充斥異常現象和利己主義的傳統社會學理論，以及批評地方社會混亂無秩序而且有許多生態問題的新潮社會學理論，是否正確」。奧立佛・安德森，〈在維多利亞時代的英國，自殺率是否會因工業化而上升？〉，《過去與現在》86（一九八〇年二月）：149–173; 165–166。另外，見安德森所著《維多利亞時代和愛德華時代的英國自殺事件》54, 83–91, 101–103。然而，就算真的有資料支持鄉村的自殺率比都市高的現象，可是如果據此便推翻異常現象、利己主義和自殺行為之間的關連性的話，也並不妥當。近年來，許多研究顯示，工業化對日常生活的確有直接影響，包括鄉村地區在內（或可說鄉村受到的影響尤大）。因為都市的成長，需借重鄉村提供勞力和資源，因此工業化對鄉村生活的破壞性，更甚於都市生活。邁可・雷西 (Michael Lesy) 在《威斯康辛死亡之旅》（紐約：萬神廟書局，一九七三年）一書中，證實了這種說法，他指出，一八九〇年代發生的經濟大恐慌，使得威斯康辛州郊區的暴力事件

和自殺行為大增。

❺在《都市中的暴力現象》（一九七九年）一書中，羅傑・連(Roger Lane)對芝加哥大學社會學家所提出的假設——自殺率的增加程度，可以作為社會分裂現象的指標——提出了質疑。連指出，十九世紀的費城，在都市化的過程中，自殺率的成長幅度在比率上超過了謀殺率。連對這種現象的解釋是，謀殺者是公然向社會秩序挑戰，而自殺者把這股暴力衝動藏在內心，他們把社會規範加以主觀化。連的結論是，十九世紀末期都市自殺事件上升的現象，可以作為調整社會現象的指標，因為自殺事件可以顯示出，人們對社會所具有的憤怒情緒。連認為，都市裡的自殺事件和社會分裂現象，並沒有關係，但是他同意芝加哥學院所說，都市化是自殺率上升的導因。羅傑・連，《都市裡的暴力死亡：十九世紀費城的自殺、意外事故和謀殺事件》（麻州劍橋市：哈佛大學出版社，一九七九年）33–34, 115–134。路易士・柴佛里耳(Louis Chevalier)在《十九世紀上半期巴黎市的勞動階級和危險階級》（法蘭克・傑李那克譯，倫敦：羅特里居以及凱根・保羅，一九七三年，280–292）一書裡，簡述過類似的觀念。

❻一九三三年時，《美國水星雜誌》稱卡登為「美國精神病學權威之一」。

❼在一九三九年的一次訪談中，沙柯被問及何謂痙攣治療法?他答稱，他不知道這種治療法的確實功能，也不知道它為什麼有效，但是這種方法的確有效。

❽一九八一年七月十一日，《洛杉磯時報》在第一版刊登了如下的新聞，「最新的實驗，可以從沮喪症患者和其他精神病患者身上，分離出真正的自殺因子，……這可幫助醫生決定，那些病人需延長住院期，那

些病人需服用藥物，以改變體內『自殺因子』的含量。」

❾馬里斯指出，自殺成功的人所寫的遺書，和企圖自殺的人所寫的書信，在內容上有明顯的差異，因此他呼籲，不要只從企圖自殺者的角度，去瞭解自殺成功者的心態。

第二部份

自殺行為的心理文化生物學導向

第四章 官方統計資料及其文化意義

所有的自殺行為理論，都以解釋為什麼有些人會自殺，有些人不會為其目標。雖然社會學家、心理分析學家，以及神經精神病學家對這個問題的答案，各有一套說辭，但是他們誰也不服氣誰的說法。某些學派的假說和研究方法，甚至互相抵觸。而各專業領域交相競爭的現象，更是自殺肇因研究工作上最大的障礙。這並不是表示，德克漢、佛洛伊德和克雷波林作錯了什麼，而是說他們（以及他們的門人）過於固執己見。其實社會學、心理分析學和神經生物學上的解釋，彼此並不衝突。因此，融合各派理論的心理文化生物學，實可為自殺肇因上最基本的一些問題，提供答案。

本書前半部介紹的是自殺肇因理論的分裂歷史；本書後半部則是四篇相關的論文，這四篇論文所探討的內容是，如何解決各個學派間的理論衝突。由於我的解說過程非常複雜，因此我先闡述，如何用自殺行為心理文化理論，去解決社會學和心理分析學之間的分裂現象。

接著我再闡述，如何用自殺行為心理文化理論，去整合生化學和神經生物學上的自殺行為理論。

造成德克漢及佛洛伊德理論分裂的原因是，他們的後人對統計學應不應該成為闡釋自殺肇因的工具，有很深的歧見。大部份的社會學家認為，官方的自殺行為統計資料很準確，只要分析方法夠嚴謹精確，就一定可以找出和自殺肇因有關的線索。而基耳布爾格和梅寧爵以降的心理分析家，則向來瞧不起統計學方法，他們認為統計學方法根本無法表現自殺者的內在心理衝突。

在自殺行為的研究領域裡，社會學模式似乎是大獲勝利。在美國，只要是概括性的自殺行為理論，幾乎一律建立在官方的統計資料上。這些由地方政府、州政府，以及聯邦政府發表的統計資料，是根據自殺「成功」者的驗屍報告編纂而成的，過去十年來，美國的大眾傳播媒體一再指出，美國社會正在吹青少年自殺風。而近代青少年（根據傳染病學上的定義，青少年是指十五歲到二十四歲的青年人）自殺風氣過盛的說法，可以說全部建築在官方的統計資料上，近二十年的官方統計資料顯示，青少年的自殺率和自殺比例增加了許多。

學者專家們認為這些統計資料很可靠，因此開始著手研究青少年自殺風氣過盛的原因。他們一致認為，這一代的美國青少年，比上一代美國人更情緒化。亞特蘭大兒童精神病學家昆丁・史密斯(Quentin Smith)指出：「愈來愈多的兒童和年輕人覺得，難以適應今天的獨立生活方式，他們時常會陷入沮喪的深淵，甚至會因為一時想不開而走上不歸路。」加州大學聖地牙哥醫學院青春期醫科部主任瑪琍安・費利士(Marianne Felice)也指出：「生活愈來愈不容易，對青少年而言尤其如此，各種壓力紛至沓來，有些壓力在以往的美國社會裡，根本就不存在。」哈佛大學公共健康研究所的伊娃・迪肯(Eva Deykin)博士解釋：「青少年自殺率上升的現象，和離婚率大幅上揚以及流動性大增的事情有關。」迪肯等人並且發現，生活在複雜、矛盾的二十世紀末期的美國青少年，對如何替自己定位的問題，感到很迷惑。

然而，這些論調所依據的資料到底準不準確？只依據自殺成功的統計資料去建立自殺肇因理論，究竟合不合理？徹底評估「男人的自殺率比女人高」這個結果非常一致的統計資料後，我們不難發現統計方法其實有利也有弊，這項評估並且可以協助我們更客觀的透視，時下美國青少年自殺風氣過盛的說法，是否正確。更重要的是，這方面的評估調查，還可以促使我們重新思考，根據自殺成功者的歷史去推斷自殺動機，是否恰當的問題。

第一節　性別與自殺行為

十九世紀初葉之後的調查報告顯示，在西歐國家和美國，每四位自殺成功的人裡面有三位是男性。美國第一批全國死亡率資料，乃是一八五〇年，在聯邦政府進行人口普查時搜集的，並於一八五五年正式發表。然而早在全國自殺行為統計資料發表，甚至編纂前，某些專家已經根據美國地方政府、州政府，以及各級歐洲公家機關所提供的可靠資料，證實了男性的自殺率比女性高。雖然近代的統計資料一再顯示，男性的自殺人數超過女性，但是近百年來的統計資料也顯示，男、女自殺人數的差距，愈來愈小。

以聖地牙哥郡為例，過去一百年來的男性自殺率，甚至比聯邦人口普查資料裡的數據還高（見圖4.1，表4.1）。一八八〇年時，在聖地牙哥郡自殺成功的案例裡，有百分之十二・八是女性，而當時女性約佔總人口數的百分之五十。和全美的趨勢一樣，聖地牙哥郡的女性自殺率，也是每十年約成長百分之十。因此一九七〇年時，在聖地牙哥郡自殺成功的案件裡，女性約佔百分之三十七・六（見表4.1）❶。

表4.1　聖地牙哥郡男、女自殺率，1880–1972

年　份	男　性	女　性	人　數
1880–1900	87.2%	12.8%	148
1911–1925	85.0%	15.0%	484
1938–1942	75.4%	24.6%	207
1948–1952	74.4%	25.6%	262
1967–1972	62.4%	37.6%	1,294

資料來源：聖地牙哥郡，驗屍報告，1870–1980，聖地牙哥郡驗屍單位；阿尼塔・繆爾(Anita M.Muhl)，〈美國最嚴重的自殺問題：研究聖地牙哥郡五百多樁自殺事件〉，《心理分析評論》第十四期（1927年）：320；奧伯瑞・溫德玲(Aubrey Wendling)，〈聖地牙哥市的自殺事件，1938–1942，1948–1952〉。

羅傑・連(Roger Lane)針對費城所作的研究調查，顯示出類似的趨勢（見圖4.2）。一八七〇年代時，費城的白人女性自殺比例是，每十萬人中有二人自殺。一百年之後，這個比例升高為每十萬人中有十・八人自殺，成長率高達百分之五百四十。調查加拿大亞伯達省自殺行為的研究人員，也得到類似的結果。

雖然男、女自殺人數的差距愈來愈小，但是官方統計資料顯示，男性的自殺率仍遠超過女性。事實上，沒有任何一份調查美國和歐洲各地自殺行為的研究報告曾經顯示過，女性的自殺率高於男性。

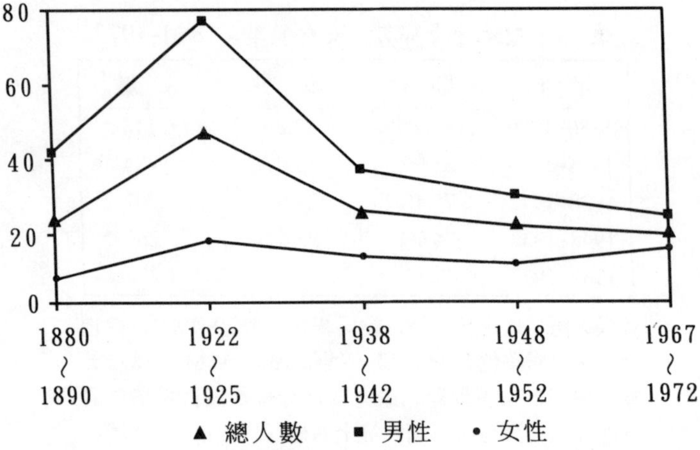

圖4.1 聖地牙哥郡男、女自殺比例圖，1880–1972
（每十萬人中的自殺人數）

資料來源：見表4.1。

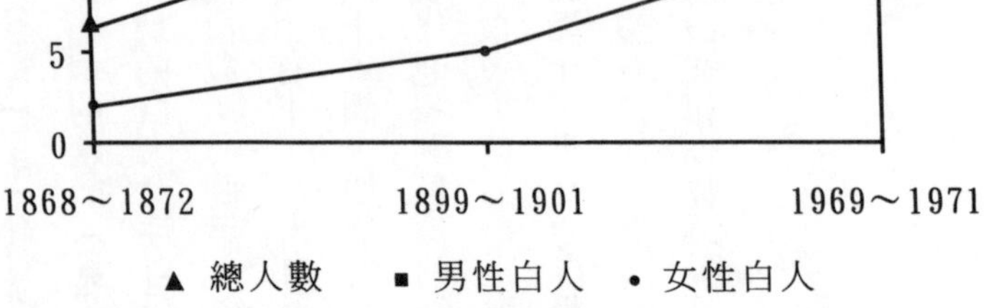

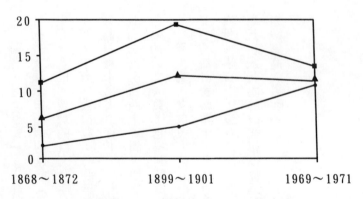

圖4.2 費城男、女自殺比例圖，1868–1971
（每十萬人中的自殺人數）

資料來源：羅傑・連，《都市裡的暴力死亡事件：費城的自殺、意外死亡和謀殺事件》（麻州劍橋：哈佛大學出版社，1979），p.29。

解釋

打從十九世紀初葉開始，評論家便一再強調，男、女自殺率不相同的原因是，兩性的自殺動機不同。一八四六年的〈共和黨評論〉指出，「對男人來說，真正的或想像的陽萎，很容易導致自殺；對女人來說，我們總是懷疑，她們自殺的原因是，她們害怕別人會發現她們的醜事。」這篇論文不但流傳甚廣，而且還被好幾份雜誌轉載過，其中包括一八五四年的《民主黨評論》，和一八五九年的《哈波新月刊》。

一八六一年的時候，《紐約時報》報導，「從性別的角度來看，自殺女性僅佔自殺總人數的四分之一，……雖然上一次的人口普查資料顯示，紐約地區的女性人數比男性人數略多一些。」和歐洲的統計資料比較起來，美國女性的自殺率更低，《紐約時報》解釋，這是因為「美國比較流行離婚，自殺的女性當中，有一大部份是因為家庭不愉快才自殺的」。「此外，大家都知道，遇到不幸的事情時，女人的勇氣和耐性往往比男人大，女人比較不容易陷入絕望和罪惡的深淵。」

十九世紀中葉時，芭芭拉・威爾特(Barbara Welter)曾經描述過女性自殺行為的特質和病因：「女人得面對她自己、她先生、鄰居和社會的評價。恭順、貞潔、溫柔、善理家務的女人形象，使得一般人認為，墮落的女人猶如『墮落的天使』，是不能見容於天國的。」當時的定期刊物也報導，失去貞潔會導致女人發瘋或自殺。威爾特指出，這些價值觀使得失去童貞的女性，寧願死掉。

美國的虛幻小說，加強了上述的說法。在那沙尼奧・郝松(Nathaniel Hawthorne)的《快活谷的浪漫史》（一八五二年）中，西拉斯・佛斯特終於明白，傑諾比亞已經被她的情人河林斯渥思一腳踢開了：

「他大叫：『你說她投水自盡了？』西拉斯震驚的問：『這個女人為什麼要這麼作？』

『為什麼呢？她有很多活下去的理由，她什麼都不缺，就缺一個丈夫……。』」

在十九世紀的虛幻小說裡，有不少女性走上不歸路。傑諾比亞是一個例子，另外還有佛勞伯特(Flaubert)所著《鮑伐利夫人》（一八五七年）中的艾瑪；托爾斯泰(Tolstoi)所著《安娜・卡洛尼娜》（一八七五年）中的安娜；華頓(Wharton)所著《歡樂之屋》（一九〇五年）中的莉莉・巴特等，這些女人都是為了同一個理由自殺的：被畸戀的情人甩掉後，陷入了傷心絕望的深淵，而「自殺」是唯一可以保有尊嚴的解決辦法❷。

當然，這只是小說中的情節，但是十九世紀的美國報紙，卻報導過非常類似的情節。十九世紀時，美國大眾傳播媒體所報導的自殺情節與自殺背景，在今天的美國社會裡，只有小雜誌才會刊登。以下是一八九〇年一月上旬，全美報紙頭版裡的一則女性自殺新聞：

「一月一日，紐約市，畫壇才女蓋伯烈耳・奧柏鮑爾，今天在她座落於東八十一街二一〇號的公寓裡，舉槍自盡。她弟弟和她住在一起，她們兩位和家族裡其他的成員不和。蓋柏烈耳最近獲悉，她的手套製造業富商男友威廉・布里耳，準備迎娶另一位女士，在傷心絕望之下，她結束了自己的生命。布里耳今天沒有露面。」

從以上的敘述可以看出來，十九世紀的人認為，女性的自殺率，反映的是女人的情緒化行為，男性的自殺率，則是全國經濟和社會狀況的陰晴表。十九世紀的自殺行為專家，引用聯邦人口普查資料指出，女性的自殺行為和妻子、母親的社會角色有關。亞伯特・羅茲曾經針對兩性自殺率的差異，作過以下的解釋：「女人的自殺方式比較不暴力。遇事的時候，女人只要痛哭一場就沒事了，可是男人通常不會這麼作。此外，真的面對自殺抉擇的時候，女人比較容易臨陣退縮。」羅茲強調，女人的自殺動機和男人不同，他指出：「精神層面的影響，比較容易導致女人自殺，例如：失戀、外遇、被拋棄、嫉妒、家庭糾紛，以及遇事時感情較脆弱等等。」❸導致男人自殺的因素，「通常比較具體，例如：貧困、事業不順、虧本、不得志、酗酒、逃避法律責任等等。」

一八八一年的時候，在一篇叫作〈自殺狂〉的熱門論文裡，威廉・耐頓(William Knighton)

指出，女性的自殺率之所以比男性低，一方面是基於宗教節制，二方面是由於女人心中的希望之泉較為充沛之故。耐頓指出，「女人的生命力比男人強韌。」

每一次報導女性自殺率上升的時候，報導裡所敘述的原因，總是和男人脫不了關係。一八九七年的時候，羅勃・瑞福茲(Robert N. Reeves)曾經指出：「根據觀察，女人的生活方式愈來愈像男人，這種現象所導致的結果是，以前只有男人才會覺得不可思議的不正常狀況，現在女人也深切的體會到了。」這個轉變造成了女性自殺率的上升，因為在以前，女人所從事的工作，相對而言，騷擾性較小，因此會刺激女人自殺的因素也比較少。可是當女人在藝術界、文學界、財經界，甚至政治界愈爬愈高之後，她們也不可避免的得付出相當的代價。福瑞茲指出，導致女人自殺的原因，並非只有失戀、被拋棄、嫉妒等感情因素，導致男人自殺的那些具體因素，也會導致女人自殺。

二十世紀的專家，對兩性自殺率差異的解釋，和十九世紀的小說及報紙裡所描述的原因差不多。權威著作《自殺：在社會學和統計學上的研究》（一九六三年）一書的作者路易士・都柏林(Louis Dublin)認為，「自殺行為……可以視之為一種男性行為。」都柏林指出，導致女人自殺的原因是「不適應」。都柏林強調，「就學及就業婦女的自殺率顯著增加，……這和經濟發展與社交獨立，很有關係。」依照他的理論來看，解決這個問題的方法是，為了鞏固女人的精神健康，女人應該避免就學和就業等男性活動。都柏林的結論是，「人類非常幸運，正在生育和養育下一代的人，是最不可能自殺的人。」

著名的英國自殺行為學家彼得・森斯伯利(Peter Saisbury)，對兩性自殺率相異的看法是：「假如我們從生理和社會的角度，去比較男人和女人的話，我想女人比較嚴謹，女人的生理和社會功能也比較諧調。」男人受到的社會約束比較少，社會通常「鼓勵」男人培養獨立性和「進取心」。由於男人「得養家，因此生活上的不穩定和變化，對男人的壓力比較大」。也就是說，由於男人的社會角色比較艱苦，因此男人的自殺傾向比女人高。這個論調等於再一次強調，家庭主婦比背上扛著沈重社會負擔的男人快樂些，而且女人比較能夠適應家庭主婦的角色；事實上，森斯伯利認為，導致女人自殺的原因是，她們想作男人的事！

由著名的「美國公共健康協會」發行的《精神病與自殺行為》（一九七二年）一書，雖然引用了許多森斯伯利的分析，但是作者仍不免質疑，為什麼兩性的自殺率會相差那麼大，「因為女人其實也承受了某些男人所承受的壓力」，比方說，社交上的孤立、失業、失去社會地位等。理察・戴維斯(Richard Davis)在一九八一年出版的《婦女勞動力和自殺行為》一書中，肯定了以往學者專家的說法，戴維斯指出，「加入勞動市場的女性愈多，女人的自殺率愈高。」

因此，解釋女性的自殺率為什麼比男性低的理論，大多認為，導致男人自殺的原因是，男性的社會角色和家庭責任，使得男人承受了極大的壓力，而導致女人自殺的原因則是，女人想脫離原來的角色和地位。根據這項分析，女人之所以會在被男人拋棄後選擇自殺，乃是因為她們無法再履行妻子和母親的社會角色。

凱薩琳・強森(Kathryn Johnson)一九七九年發表的《重訪德克漢》一書，是唯一沒有將女性的低自殺率，歸因於女性所承受的壓力比較小的一本著作。強森同意，和男性比較起來，女性的「自殺問題」比較不嚴重。強森指出，自古以來，男、女一向從不同的角度，去參與德克漢所謂的「集合人生」，強森同意，兩性的社會角色不同。但是，強森發現，「已婚職業婦女的自殺率，比家庭主婦低。」她指出，自殺率最高的女性族群是那些被困在家裡的女人。

然而由於自古以來，絕大多數的女人都背負著照顧家庭的「社會本份」，因此根據強森的理論，女人的自殺率應該比較高才對。此外，假如強森的理論沒錯的話，女人的社會和經濟障礙降低後，女人的自殺率應該跟著下降才對。可是事實並非如此。

從另一個角度來說，我很瞭解為什麼強森不願意用男性至上主義的論調，去解釋兩性在自殺率上的差異。簡言之，根據過去二十多年所累積的「女性角色」研究，去假設女人不論在「先天上」或是「生理上」，都比男人樂天安命的假說，有點荒唐。而從這個假說導引出來的必然推論——導致女性自殺率上升的原因是，她們放棄了傳統角色之故，因此解決女性自殺率上升的辦法是，讓女性回歸「天職」——應可促使所有的研究人員，用更謹慎的態度去檢視資料。

自殺未遂與自殺成功

解釋女性的自殺率為什麼比較低的理論，受到官方自殺行為統計資料相當大的影響。問題是，官方的自殺行為統計資料，只涵蓋自殺「成功」的人。當然，研究人員比較喜歡用可以測量、可以比較、經過分類的統計資料。但是研究人員在陳述自殺肇因的時候，往往忽略了自殺未遂的人。

雖然我們永遠無法知道，自殺未遂的人到底有多少，但是大部份的專家認為，自殺未遂者是自殺成功者的六至八倍。自殺未遂的女性，比自殺未遂的男性多二・三倍。而自殺成功的男性，則比自殺成功的女性多二・三倍。如果我們把自殺未遂的人數和自殺成功的人數加在一起的話，那麼兩性自殺率的差異，就不見了。

某些研究人員的確注意到自殺未遂的人未被列入統計資料的問題，於是他們找出一番說辭，去彌補這個漏洞。這些人指出，自殺未遂的人和自殺成功的人，有很大的差別。例如，阮諾德・馬里斯(Ronald Maris)指出，自殺未遂的人和自殺成功的人，意圖不同，自殺未遂的人期望被發現，然後被救活，但是自殺成功的人，比較不會把自己放在一個可能會受到阻擾的情境裡自殺。馬里斯表示，基於這個差別，研究人員應該分開研究自殺成功的人和自殺未遂的人。

然而，雖然許多案例符合馬里斯的說法，但是官方自殺行為統計資料，並不能顯示出自殺者的自殺意圖。我們無法從官方自殺行為統計資料裡，分辨出有多少人達到了他們真正的意圖。比方說，許多人打定主意要自殺，可是在因緣巧合之下，他們沒有成功。由於官方統計資料只記錄自殺成功的人，因此自殺未遂不算是自殺事件[4]。

安娜・布魯斯特的自殺未遂經歷，可以說明官方統計資料的局限性。一八九八年一月，在聖地牙哥市執教的三十二歲單身教師安娜・布魯斯特，到「商務旅館」開了一個房間，在房間裡，她用手槍抵著自己的太陽穴開了一槍，她認為自己死定了，但是結果並非如此：

「布魯斯特小姐在房間裡對自己開了一槍之後，立刻用一塊手帕摀住自己的右太陽穴……然後她撥了一通電話給柏賽耳太太，布魯斯特小姐指著桌上的遺囑說：『我把該交待的事情都寫在上面了，我對自己開了一槍。』布魯斯特小姐接著說：『我對生命感到很厭倦，我想結束它。這是唯一的理由。』」

對馬里斯之類的專家來說，布魯斯特的遺囑是屬於決意尋死的人所留的遺言。布魯斯特小姐在遺囑裡指出：「我希望你們把我的遺體直接送到殯儀館去，不要送到我住的地方去。最低開銷，一切從簡。我不要追悼儀式，也不要葬禮。」負責檢查她的兩位醫師都表示，「子彈埋在腦子裡……看起來她復原的機會不大。」然而，布魯斯特小姐卻沒死成，她的自殺未遂經歷也未被列入官方統計資料。還有一些人用很笨拙、很複雜的方式自殺，結果死了，但是驗屍報告和死亡證明書，卻未將這種案例列為自殺死亡，因為不論死者生前設計了多少計謀去陷自己於死地，但是他們最後致死的原因，並不是自殺。比方說，有些人故意服下過量的藥自殺，可是後來致死的原因是肺炎等疾病。這種狀況對女性自殺行為的研究很重要，因為服毒或服藥自殺的女性，比男性多二倍。

一八九九年一月一日，三十四歲的克萊拉·達得利企圖「服用過量的嗎啡」自殺，她是一位「名聲很壞」的小企業家。根據報上的報導，達得利「以前自殺過好幾次，幾個月前，她企圖吸毒氣自殺，那次她差一點死掉，好在她的房門及時爆開，那次醫生費了很大的力氣，才把她救活」。《聖地牙哥聯合報》指出，雖然達得利在這次的自殺企圖中失去了知覺，但是醫生認為她會甦醒。五天後，達得利死於肺炎。達得利的驗屍報告和死亡證明書上，都註明達得利的死因是肺炎。在官方記錄裡，達得利和許許多多其他的人一樣，未被列為自殺死亡。

布魯斯特和達得利的例子可以說明，官方的自殺行為統計資料並不準確，而女性的自殺行為統計資料尤其如此，因為自殺未遂的女性比男性多，但是女性被救活後，死於自殺企圖所引發之病症的人數則比男性多。

此外，官方統計資料也無法顯示，蓄意自殺和非蓄意自殺的差別。誰能說只有明顯的蓄意行為才算自殺？多可絲・安投是一位六十二歲的寡婦，死前二個月她才從伊利諾搬到加州和兒子同住，一八九五年四月二十一日，星期六晚上九點鐘，安投「誤服番木鼈鹼(strychnine；譯者注：有機鹽的一種，是一種神經興奮劑)，並於二十分鐘後，在極度的痛苦中過世。退休後，她有服用安眠藥入睡的習慣，可是這次她把架子上的番木鼈鹼當成安眠藥服下」。該郡驗屍官裁決，死者死於「番木鼈鹼中毒；死者因誤服番木鼈鹼而致死」。驗屍官係根據死者從醫的兒子所提供的證詞，作出以上裁決的。當然，根據有限的資料，我們很難推斷安投是不是真的拿錯了藥。無論如何，一位才死了丈夫，剛搬到加州這個陌生地方，又患有失眠症的老婦人，的確屬於高自殺率的族群。

多可絲・安投的例子，可以顯示出官方自殺行為統計資料的另一個問題，這個問題對女性自殺行為的研究，影響尤大。以安投的例子來說，驗屍官是根據安投的兒子，一位醫生的證詞，去推斷安投是自殺死亡還是意外死亡的。而死者的孩子，尤其是從醫的孩子，一般都極不願意承認，他們的父母是自殺死亡的。

最後，許多自殺事件，尤其是女性的自殺事件，根本未被列入記錄[5]。驗屍官、醫生，以及其他負責檢定死因的人，早就先入為主的認為，女人的自殺動機和男人不一樣。這種先入為主的觀念，對官方統計資料的收集工作，也有很大的影響。

傑克·道格拉斯(Jack Douglas)發現，由於「在西方社會裡，人們對女性自殺行為和男性自殺行為的看法不太一樣，因此一般人不太願意報告女性的自殺行為。」大體而言，家庭之外的社會因素，比方說：失業，通常被看成男人的自殺因素，而家庭問題則經常被當成女人的自殺因素。道格拉斯指出，女人如果自殺的話，「她的丈夫通常會隱瞞真象，反之，女人比較不會隱瞞丈夫的自殺行為。」

以上的內容主要是在說明，用官方統計資料去研究自殺動機，並不準確。就算官方統計資料非常準確的記錄下所有自殺成功的事件，它們仍然不能為自殺行為提供全面性的概念。因此，我們等於是在一個死胡同裡打轉，我們根據一些假設去判斷個體的行為算不算自殺行為，我們也根據相同的假設去解釋兩性的自殺率為什麼不相同。諷刺的是，漏掉許多女性自殺事件的官方統計資料，卻被專家當成解釋女人為什麼比男人更能適應自身社會角色的證據[6]。

足以致命的自殺方式

假如男人的自殺率真的比女人高的話，這很可能是因為男人選擇的自殺方式，比較容易致命的緣故❼。在美國這表示，自殺成功的男性，大多是舉槍自殺，而這個趨勢可謂自古皆然。

第一位有系統的研究美國境內自殺事件的人士E. K.杭特指出，他發現女人的自殺方式比男人溫和。杭特在一八四三年的報告裡指出，百分之六十七．五自殺「成功」的男性，採取高度致命的自殺方式——舉槍、割喉和上吊。只有百分之三十六．六自殺「成功」的女性，採取這些方式，而且其中沒有任何一位女性使用槍枝，杭特據此推論，女人對「槍械」有一種恐懼感。

《美國精神病學雜誌》在一八四八年紐約州自殺事件分析報告裡指出，「女人很少舉槍自殺。上吊、投水和服毒是女人最常使用的自殺方式。」根據羅茲(Rhodes)一八七六年的研究報告，「男人所使用的自殺方式，比較暴力，女人所使用的自殺方式，比較平和」。羅茲發現，「女人最喜歡的自殺方式是投水和服毒，男人最喜歡的自殺方式是割喉、上吊和舉槍自殺。」

表4.2　聖地牙哥郡不同自殺方式的男、女自殺率，1880–1972

	舉槍		服毒*		上吊		其他	
	男	女	女	女	女	女	女	女
1880–1900	50.0	29.4	19.5	47.1	10.9	0	19.6	23.5
1911–1925	48.0	26.0	27.0	57.5	9.0	12.3	17.0	4.4
1938–1942	46.8	23.5	5.1	37.7	12.3	9.8	35.9	29.4
1948–1952	44.6	25.4	13.8	31.3	15.9	13.4	25.7	29.9
1967–1972	55.1	19.1	19.6	59.2	8.8	6.8	16.5	14.9

資料來源：聖地牙哥郡，驗屍報告，1870–1980，聖地牙哥郡驗屍單位；阿尼塔・繆爾，〈美國最嚴重的自殺問題：研究聖地牙哥郡五百多樁自殺事件〉，《心理分析評論》第 14 期（一九二七年）：320；歐柏立・溫得玲(Aubrey Wendling)，〈聖地牙哥市的自殺事件，1938–1942,1948–1952〉。

＊不包括吸一氧化碳窒息死亡的人，但包括吸其他毒氣自殺的人。

一百年之後，艾倫・馬克斯(Alan Marks)和湯瑪士・艾柏那希(Thomas Abernathy)仍然發現，「企圖自殺和自殺成功的女性，最常採用服藥自殺的方式，而自殺成功的男性，則最常採用舉槍自殺的方式。」以聖地牙哥郡為例，過去一百年來，在自殺成功的男性裡面，大約有一半是舉槍自殺的（見表4.2）。全美統計資料反映出相同的模式。

女性的自殺方式通常比較平和，服毒是女性最常採用的自殺方式。比方說，杭特在一八四三年發表的研究報告裡指出，在自殺成功的女性當中，有百分之六十三的女性是服毒自盡的。以聖地牙哥郡為例，舉槍自殺的女性比率雖然偏高，但是

表4.3　聖地牙哥郡舉槍自殺的男、女比例，
1880–1972（每十萬人中的自殺人數）

	舉槍		其他	
	男	女	男	女
1880–1900	21.3	1.9	42.5	6.7
1911–1925	32.6	3.1	67.3	12.0
1938–1942	17.3	3.0	36.5	12.6
1948–1952	13.4	2.8	29.8	10.7
1967–1972	13.1	2.7	23.8	14.4

資料來源：聖地牙哥郡，驗屍報告，1870–1980，聖地牙哥郡驗屍單位；阿尼塔・繆爾，〈美國最嚴重的自殺問題：研究聖地牙哥郡五百多樁自殺事件〉，《心理分析評論》第14期（一九二七年）：320；歐柏立・溫得玲，〈聖地牙哥市的自殺事件，1938–1942，1948–1952〉。

和服毒自殺的女性比率比較起來，仍遠遠落後。雖然如此，全美研究資料顯示，「舉槍自殺的女性，愈來愈多。」

百分比的統計方法，有時會造成誤導的現象。比較具有說服力的統計方法，是計算每十萬人當中，有多少自殺成功的人，有多少舉槍自殺成功的人，然後把兩者作一個比較。把聖地牙哥郡的百分比統計資料，轉換成上述的統計資料後，結果令人非常震驚。表4.3顯示，過去一個世紀以來，不但舉槍自殺的男人和女人增加了，而且自殺成功的人數也增加了。當然，在下結論之前，應該先等其他領域從事過類似的研究後，再比較一下，他們是不是也發現了同樣的現象。

大部份的心理分析家堅持，自殺方式大

體可以顯示出，自殺者的意圖和妄想。一般而言，選擇「比較平和」的自殺方式的人，下意識裡很可能希望，有人能在最後關頭阻止他，或救活他[8]。羅勃・傑・李福頓和金・貝曲勒(Jean Baechler)等人指出，所有自殺的人（包括自殺成功的人和企圖自殺的人在內）都會幻想，別人對他的自殺行為，會產生什麼樣的反應。李福頓將這種心態稱之為「對未來的一種探索」，貝曲勒則認為，自殺是個體探索及解決存在問題的一種行為模式或策略。

此外，我們也不應忽略另外一個要點，那就是，自殺的人所選擇的自殺方式（或妄想內容），和他們所處的現實環境，息息相關。赫伯特・韓汀曾經指出，自殺者所採取的自殺方式，和他們的文化背景有很大的關係。以紐約市為例，在自殺成功的黑人當中，有百分之五十的人選擇跳樓自殺。韓汀在著作中指出：「哈林區有許多人住在這種建築物裡面，因此這種建築物對居民的有意識和無意識生命，造成了相當強烈的影響，它們並因此成為黑人自殺悲劇中的佈景。」

韓汀建議，應該用類似的分析方法去研究，槍和自殺成功的女性之間，具有什麼樣的關連性。由於自古以來，女人比較容易弄到毒藥，比較不容易弄到槍，因此服毒自殺的女人比較多，這和她們所處的物質環境以及她們的妄想內容有關[9]。韓汀認為，「美國文化對槍枝的接受程度，會影響舉槍自殺事件的發生頻率。」這是為什麼舉槍自殺的男人比女人多，因為美國社會對男人玩槍的接受程度，比對女人玩槍的接受程度高。但是美國南方不屬此列。馬克斯和艾柏那希發現，在美國南方，「槍械幾乎是家庭必備品，連父母都會教孩子怎麼樣使用槍械」，因此在美國南方，「不論男人或女人的舉槍自殺頻率，都比其他地區高許多。」

歐洲各國舉槍自殺的人數遠比美國少，在歐洲，舉槍自殺成功的男性，大約是女性的二至三倍。此外，在歐洲的每一個轄區裡，男人所採取的自殺方式，均比女人所採取的自殺方式更容易致命；喜歡玩槍的男性也遠超過喜歡玩槍的女性。即使在丹麥這個禁止擁有槍械的國家裡，仍有百分之十五的自殺成功男性，是舉槍自殺的，只有百分之一的自殺成功女性，是舉槍自殺的。

真正的差別

從上述的內容我們可以知道，人們通常把經濟和社會狀況，當成男性的自殺因素，把家庭和個人問題，當成女性的自殺因素。專家更據此推斷，男性的自殺率，是測量社會和經濟景氣的陰晴表，至於女性的自殺企圖，則通常因為涉及當事人隱私，因此一般都密而不宣。雖然把自殺成功的人和企圖自殺的人分開處理，是一件被大家認可的事情，但是我們不一定要同意那些，用女性的低自殺成功率，去捍衛男、女傳統角色的專家見解。

雖然官方的自殺行為統計資料，的確有未盡完美之處，但是我們若因此推斷，男、女的自殺行為並無分別的話，也是不智之舉。因為男、女的確有別。女性的歷史教導我們，既定角色很難掙脫自己的社會屬性。自古以來，男人和女人也對兩性的社會角色和兩性的特定價值觀，抱持著主觀性的看法，如果有人認為，這個主觀意識對自殺行為毫無影響的話，也未免太荒唐了。在這些前提之下，自殺行為專家對女性行為所作的假設，就難免會反映出社會的現實面。而愈來愈多的女人對這些既定規範提出質疑的事實，很可能不但沒有減弱，反而加強了隨著挑戰傳統的行動一起出現的矛盾心理和罪惡感。脫離傳統角色和女性的自殺成功行為有關的說法，值得爭議。但是女性的自殺未遂行為，則很可能和個人所理解的社會價值有關。

道格拉斯指出，許多男人基於某種苦衷，故意隱瞞妻子的自殺行為，但是女人比較不會隱瞞丈夫的自殺行為，因此官方的自殺行為統計資料並不準確。根據道格拉斯的看法，這是因為妻子的自殺行為，往往被看成對丈夫的一種批判，可是丈夫的自殺行為，則往往被看成對社會的一種批判。道格拉斯完全忽略了，男人和女人對這些價值觀，具有很強烈的主觀意識，而兩性的行為，是根據這個主觀意識發展而成的。

中世紀的人認為，人類的身體並不屬於自己，而是屬於上帝或是他（她）的主人，因此人類無權自殺。而女人則和奴隸一樣，一向被視之為無權處置自己身體的族群（目前的墮胎爭議中的論調）。在自殺的意念出現之前，自殺的人首先得具備「自我」的意識。由於女性角色具有「無我」的色彩，因此在這種主觀意識的影響下，女人比男人更難作出自殺的決定。卡洛・吉利根(Carol Gilligan)發現，只要一談到「自我」的觀念，女人便會「產生一種非常明確的道德觀……，女人認為自己有照顧家人和避免自己受傷的義務。傷害自己的女人，會被看成自私、不道德、對家人漠不關心的女人，而一個克盡職守的女人，一定會好好照顧家人」。因此，阻止母親和妻子們自殺的最大力量是，她們認為自己有照顧丈夫和兒女的責任。母親擔心孩子無母，比父親擔心孩子無父，更具有約束力。

女人的自殺未遂行為，通常被看成設法引人重視自己苦悶心情的一種計謀。而女性的「主內」角色（包括那些外出工作的女性在內），則使得和女性的自殺未遂行為有關的爭議，一直繞著家庭問題打轉。此外，在某種程度上，女人被教導，她們的真正價值可以縮減成只是她們的身體，女人並且學會了利用自己的身體去達到目的。因此，拿自己的身體去作要脅（威脅要自殺或者企圖自殺），是女人處理某種失落感的有力策略。

男性的自殺未遂行為，則會被譏笑為懦弱（見圖4.3，4.4）。不但專家認為事業不順和身敗名裂會導致男人自殺，在某些情況下，人們甚至默許，且不說期待吧，男人會產生這種反

奴德活夠了想上吊自殺。
此計不成。
撞做花崗岩的紙牆自殺。
腦袋穿牆而過，從阿肯薩斯州來的尖特揮刀欲砍。
驚險逃過。準備把腦袋炸開花。
此計又失敗了——未中目標。

尖特被吵的不得安寧。
拿塊肥皂割喉自殺。

圖4.3，圖4.4　奴德的自殺企圖

資料來源：《哈波新月刊》18（一八五九年二月），429–430。

幸虧靴子黑來送靴子。
奴德衝到樓下——出門去也。
他到藥店向櫃上的小男孩說：「給我一瓶脫鴉片酊，用來殺老鼠。」
小男孩走開後，奴德瘋狂的拿起一瓶東西，仰脖灌下。
喝下那瓶東西後，奴德的精神為之一振，他不但沒死，而且重生了。
喝下「迪普斯醫生去污劑」後，奴德得救了！他拾回了昔日風采。
向醫生呈遞證明該藥為「仙丹」的證明書。
此後，每當沮喪時，奴德便喝一瓶「迪普斯醫生」，然後對著自己的銀板照片開一槍。

圖4.4

應。而女人在吸收了某種程度的男性價值後，我們可以預期，女性的自殺成功率會開始上升，而統計資料也的確反映出這個趨勢。

當然，男、女在自殺未遂行為和自殺成功行為上的差異並不是天生的。許多男人用自殺威脅去操縱他們身邊的人，很多女人（很可能比官方統計資料裡的數目多許多）也因為自認別無它途，而產生自殺的念頭。

第二節　青少年自殺風潮

兩性的自殺行為分析，為美國現代青少年自殺問題，提供了一套研究的脈絡。和兩性自殺行為的研究工作一樣，歷史宏觀也為青少年自殺行為的研究工作，提供了相當有用的視野。

打從清教徒時代開始，每一代的觀察家都宣稱，青少年的自殺風氣太盛，和現代的分析家一樣，每一代的觀察家也都一成不變的將自殺率的升高，歸咎於當代的生活壓力。自從一六九九年，卡登・馬捨耳發佈美國第一波青少年自殺風潮的警報後，美國青少年的自殺風潮可謂一波接一波的出現。馬捨耳將紐英崙地區的青少年自殺問題，歸咎於父母權威的日漸式微。十九世紀初葉的時候，紐約的山繆・米勒牧師，曾經發表過兩篇流傳甚廣的訓誡，他在訓誡裡指出，「年輕人很容易犯下自殺的罪行，在這塊土地上以及我們這個城市裡，年輕人的自殺率之高，已經到了該拉警報的地步了。」米勒認為，造成這種現象的原因是，道德價值的崩潰，而造成道德價值崩潰的原因則是，人類愈來愈自私了。米勒解釋，當一個社會寧願為「個人感受」犧牲一切的時候，這個社會無可避免的會出現自殺的問題。強調「個人感受」的社會風氣，和強調仁愛的社會風氣，兩者是背道而行的，而前者的行動方針，是依照下列這個可惡的準則樹立的，那就是，隨心所欲的追求個人快樂，比追求整體社會快樂更有價值。

到了十九世紀中葉的時候，為自殺行為敲警鐘的，已經不是牧師，而是醫生和大眾傳播媒體了。一八五九年的時候，《紐約時報》曾經警告，「許多年輕人畏縮、蒼白、不成熟的臉龐上，明白的顯示出，他們夜間生活放蕩而且染有惡習……這等於是在我們的社會裡，預先埋下了許多自殺的種子。」二十多年後，紐約地區一位十分受人敬重的醫生，也將另外一波所謂的青少年自殺風潮，歸咎於「都市生活對年輕人所造成的壞影響，這些年輕人的四周，充斥著敗德的事情以及伴隨文明而來的惡習」。他指出，對那些居住在大都市裡的年輕人而言，「培育一顆罪惡的種子，比培育一顆善良的種子，要容易的多。」

當然，以前人的見解並不足以證明，現代青少年自殺風氣過盛的說法不正確，我們也不應該利用這些見解，去淡化青少年的自殺問題。自殺畢竟是現代青少年的第三大死因（僅次於意外死亡和謀殺）。這主要是因為以往導致青少年死亡的許多原因，現在已經不存在了。很多兒童疾病已經被徹底根除，而死於肺結核和癌症的青少年也大量減少，這使得意外死亡、謀殺和自殺，躍升為現代青少年的三大死因。

現代青少年自殺率巨幅上升的說法，其實有點誤導，因為青少年自殺率的估算基數非常低，因此只要增加幾個人，百分比就會提高甚多。另一方面，自殺族群中最大宗的族群（見圖4.5）——成年男子的自殺率成長幅度，雖然比青少年低很多，但是它的實際人數成長幅度，卻遠超過青少年。馬里斯的伊利諾州庫克郡一九五九年到一九七九年自殺行為調查報告指出，該郡二十歲以下的青少年自殺率，只增加了百分之二。

比例和百分比不一樣，比例是比較準確的自殺事件指標，但是我曾經在前面提過，比例引用的是官方統計資料，而官方統計資料有值得商榷的地方。以比例的方式來看，一九五五年的青少年自殺比例是，每十萬人當中，有四・二人自殺，一九八二年的青少年自殺比例是，每十萬人當中，有十二・五人自殺。而現在的青少年自殺比例（每十萬人當中有十二人自殺），和六十五歲至七十四歲的男性白人等高自殺風險的族群比較起來，其實一點也不高，六十五歲至七十四歲男性白人的自殺比例是，每十萬人當中，有三十五人自殺（見圖4.5）[10]。

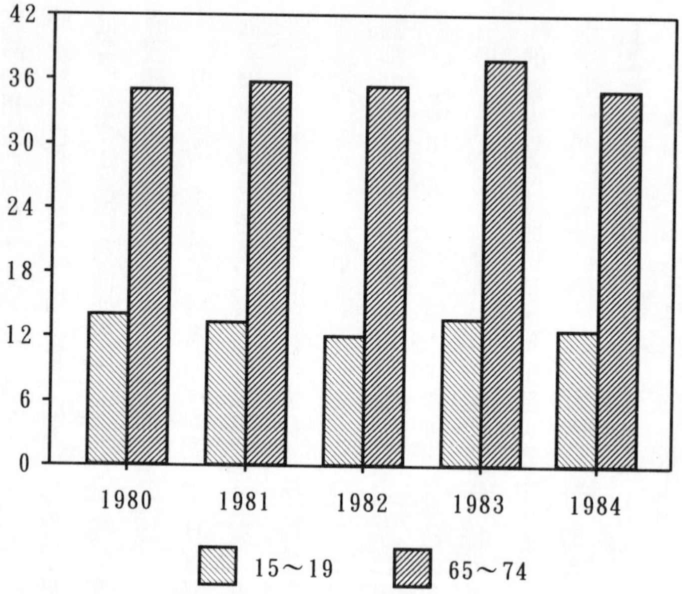

圖4.5　加州青少年和老年人自殺率比較圖，1980–1984
（男性，每十萬人中的自殺人數）

資料來源：加州衛生部，〈加州的自殺事件1980–1984〉，馬丁・葛林(Martin Green)編輯(沙克里門多市；衛生部，1986)，p.20。

過去二十年來，青少年的自殺比例一直比全美總自殺比例（每十萬人當中有十三・三人自殺）低，這個趨勢應該是不會錯的。然而，大部份的評論家似乎並未察覺，這套統計資料顯示，一九〇〇年到一九〇八年之間，青少年的自殺比例，非常穩定的從每十萬人當中有八人自殺，躍升為每十萬人當中有十三・九人自殺，一九二四年的時候，青少年的自殺比例，又降為每十萬人當中有六人自殺，一九二四年到一九六〇年之間，這個比例一直沒有出現太大的變化。芝加哥大學的保羅·河林爵 (Paul C. Holinger) 對這段時期的青少年自殺比例波動作了一番研究後表示，「每當青春期的人口率大幅上升的時候，青少年的自殺比例就會跟著上升。」河林爵指出，導致這個現象的原因，並非青少年在價值觀上受到了某些挫折，而是因為競爭變得更為激烈之故，競爭——包括課業、運動和工作上的競爭在內——使得某些表現不夠優異的青少年，興起了自殺的念頭。

一九八六年十一月，美國「國立疾病控制中心」在一份初步報告裡指出，由於自殺行為專家對官方統計資料解讀錯誤，因此美國青少年自殺風氣過盛的報導，並不正確。「國立疾病控制中心」解釋，這是因為一九八四年的統計資料，出現了一個「十分花俏」的變化，這個變化導致自殺行為專家作出青少年自殺率上升的錯誤結論，事實上，美國的青少年自殺率一直在下降。「國立疾病控制中心」發現，打從一九七七年的高峰之後，美國十五歲到二十四歲的青少年自殺率，一直在下降。「國立疾病控制中心」指出，一九八四年出現的上升趨勢，只是一個短暫的現象，那以後，青少年的自殺率一直在穩定的下降（見圖4.6）。

美國青少年自殺風氣過盛的說法，可以一直追溯到最早期的英國殖民時代，它的出現頻率，幾乎和都市生活滋育敗德行為的警告一樣高。由於統計資料反映的是收集者的價值觀，

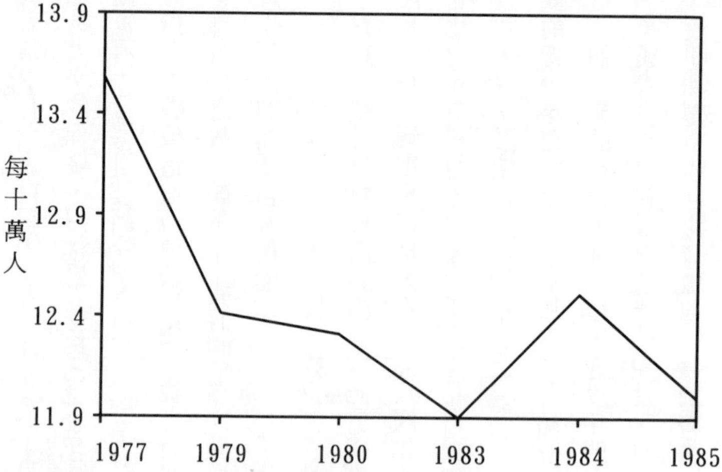

圖4.6　美國青少年自殺比例圖（15－24歲），1977–1985

資料來源：美國國立健康統計資料中心，每月人口動態統計報告，最後死亡統計資料（華盛頓特區：GPO，年度報告）。

因此歷代統計資料的比較工作，很難進行，也很不可靠。自殺行為統計資料尤其如此，因為所謂自殺風氣過盛的說法，完全建立在歷代統計資料的比較上。就算官方統計資料真的顯示出青少年的自殺率上升了，我們也必須用非常謹慎的態度，去解釋這些資料所代表的社會意義。

近代美國人之所以會認為，美國社會又興起了一波青少年自殺風潮，很可能還有一個原因。第一次世界大戰之後，心理分析理論在美國愈來愈風行，青少年的自殺行為也因此和「失職父母」扯上了關係。由於青少年的自殺行為，被視為對父母的一種批判，因此它變成社會上的一種禁忌。而許多醫生和驗屍官基於同情，很願意替希望隱藏真象的家庭，保守秘密。到了一九七〇年代初葉的時候，生物學上對精神病和自殺行為的新例證，取代了失職父母的說法。生物學上的說法，和內容含糊，但言之諍諍的社會及道德價值觀崩潰的說法，可謂等量齊觀。在生物學和社會價值觀這二股強大勢力的壓迫下，父母愈來愈覺得，他們對孩子的情緒世界，有一種無力感。這種情況，使得為人父母者，愈來愈不會為青少年的自殺行為責怪自己，或者受到他人的指責。因此，雖然美國社會目前看起來好像出現了一股青少年自殺風潮，但是其實這乃是因為以前的人，不願意承認或討論青少年自殺行為的緣故。

以上的敘述並不代表，青少年的自殺問題根本不重要。和女性的自殺行為一樣，青少年的企圖自殺率，也遠超過自殺成功率。更重要的是，研究人員發現，青少年的自殺傾向增加了許多。「美國自殺行為協會」主席詹姆士・賽耳肯(James Selkin)表示，「精神健康專家發現，具有沮喪問題和自殺傾向的青春期男、女遽增，而導致這個現象的原因包括：酗酒、吸毒、逃家、世風日下、未成年懷孕和暴力犯罪等等。」韓汀曾經在著作裡指出，「我們必須注意觀察，隱藏在謀殺行為背後的自殺動機，也必須注意觀察，隱藏在自殺行為後面的謀殺動機。」

第三節　結論

自殺是一種男性行為的論調，以及美國青少年自殺風氣過盛的說法，都是根據官方統計資料所作的推論，這些推論對自殺病因的理解，並不是非常有用。自殺行為的傳染病學推論，和它們所代表的意識形態一樣，基本上沒有什麼意義。當然，官方自殺行為統計資料的歪曲處，不僅是性別和年齡而已。兩性和青少年自殺行為方面的論點，只不過顯示出，官方自殺行為統計資料具有那些先天限制。

然而，從另一個角度來說，這些統計資料也並非全無價值，因為它們的確反映，並且突顯出社會的動態。男人的自殺成功頻率，的確比女人高。女人的企圖自殺頻率，也的確比男人高。當男、女的社會角色差距縮小之後，兩性的自殺行為也隨之起了變化。

簡言之，我們不能只研究自殺成功者的自殺行為，我們也必須研究自殺未遂者的自殺行為。假如我們希望進一步瞭解自殺病因的話，我們就必須擴充我們的視野，也就是說，我們應該把研究範圍，從只研究自殺成功者的自殺行為，擴充為研究所有的自殺行為。英國社會學家史堤夫·泰勒(Steve Taylor)堅持，「我們必須將『為什麼有些人會自殺？』的問題，擴充為『為什麼那麼多人從事有致命危險的自我傷害行為？』」對泰勒而言，「自殺」是指，「可能會致死的個體自我傷害行為，不論是蓄意的，或是潛意識的。」當然，泰勒可能把網張得太大了，但是他的論點是，只研究自殺成功者的自殺行為，會扭曲我們對兩性自殺行為的瞭解。

自殺行為研究工作的目標，幾乎清一色是解釋自殺行為的病因。自殺成功只是自殺行為的結果之一。因此，如果自殺行為的研究重點，一直局限於自殺成功者的自殺行為，而非所有的自殺行為的話，我們就會繼續陷在迷宮裡，無法解釋某些自殺行為的病因。當然，假如我們希望瞭解，為什麼在類似的情況下，有些人會自殺，有些人不會自殺，我們就必須研究自殺行為本身，而非只是其結果而已。

注釋：

❶每十萬人當中有多少人自殺的比例顯示法，比一群人中有百分之多少的人自殺的顯示法更準確。圖4.1顯示，一個世紀以來，女人的自殺率幾乎成長了一倍，從每十萬人當中有六・七人自殺，躍升為每十萬人當中有十四・四人自殺。

❷自殺的女人經常被看成輕佻、愚蠢的女人。一位作家曾經如此描述自殺的女人：「假如傑諾比亞稍微想一下，她的屍體會有多難看、多令人厭惡的話，她絕對不會作出如此輕率的決定。」L. J.比哥羅，〈自殺美學〉，《銀河》2（一八六六年十一月）:472。

❸和這個看法完全相反，奧立佛・安德森(Olive Anderson)發現，在十九世紀的英國，導致女人自殺的主要原因是「赤貧」，而不是「希望落空或是家道中衰」。奧立佛・安德森，《維多利亞時代和愛德華時代的英國》（紐約：牛津大學出版社，一九八七年），p.144。

❹雖然我採用的全是十九世紀的案例，但是不論從那個角度來看，這些例子都可以充分反映現代的情況。

❺在她先生的隱瞞之下，很少人知道第一位在美國自殺的英國人，桃樂斯・梅・布瑞福德（清教徒領袖威廉・布瑞福德(William Bradford)的妻子），其實是女人。見《普萊茅斯殖民區》一書中的威廉・布瑞福德，一六二〇年至一六四七年，山繆・艾利亞特・莫里森(Samuel Eliot Morison)著（紐約：艾佛瑞德・那夫，

一九七九年），pp.XXIX, 64。

❻由此可見，專家們已經找到證據去支持，他們對男性自殺行為所抱持的傳統看法。某些專家指出，維護女人精神健康，避免女人尋短見的辦法是，設法讓女人接受傳統價值觀，尤其是父權制的家庭觀念。諷刺的是，這套資料同時也顯示出，在「傳統價值觀」的壓力下，企圖自殺的女性遠多於男性。這套統計資料也可以用來說明，女人對自身社會角色的滿意度，不及男人對自身社會角色的滿意度。奇怪的是，沒有任何一份自殺行為研究報告，作過這樣的結論。

❼在馬里斯所著《自殺之路》一書中的第二六九頁到二七〇頁裡，馬里斯將舉槍、上吊和跳樓自殺定義為高致命性的自殺方式，將服毒、割腕、吸毒氣，以及其它方式定義為低致命性的自殺方式。然而，致命性和死亡的痛苦之間，並沒有必然的關連性。舉槍自殺的人因為是瞬間死亡，因此死前的痛苦比服用番木鼈鹼自殺的人，輕微一些。

❽西耳維亞・普萊斯(Sylvia Plath)這位詩人的自殺事件，是最著名的悲劇，她巴望別人能夠即時發現她，然後阻止她自殺，可是一連串的怪異巧合，使得她的自殺企圖，弄假成真。見A. A.艾耳伐里茲(A.A. Alvarez)的《殘忍的上帝：自殺行為研究》（紐約：隨意屋，一九七二年），pp.3–42。

❾一份最近的研究報告指出，女化學師的自殺率比一般女性的自殺率高五倍。這個發現為「當女性比較容易取得致命物時，女性的自殺成功率會隨之上升」的說法，提供了實證。馬耳空・布朗(Malcom W. Browne)，〈化學界的女性：高自殺率〉，《紐約時報》，一九八七年八月四日。

⑩馬里斯根據這個差異指出，「防範自殺行為的關鍵之一，不是探究孩子們和青少年為什麼自殺，而是探究為什麼大部份的青少年不會自殺。」雖然美國老年人的自殺危機比青少年大許多，但是馬里斯指出，「奇怪的是，似乎沒什麼人對老年人的自殺行為感興趣。」《自殺之路》，pp.42, 44–45。

第五章　兩種策略

在本書的開頭，我們曾經討論過一位十九歲的匈牙利移民，馬克斯・懷特的自殺事件。懷特的日記和遺書裡，充滿了驅之不散的深刻失落感。懷特的驗屍審訊記錄透露，懷特喪母的時候，還不滿十二歲，而懷特十三歲的時候，又被父親從祖國匈牙利，送到聖地牙哥郡和舅舅同住。雖然懷特日記裡的牢騷有部份是真的，比方說，他一直找不到工作這件事，但是許多牢騷根本是無的放矢，比方說，他懷疑和他只有點頭之交的朋友，陰謀對付他，而他妄想用自殺去報復那些，他認為故意陷他於不幸的人。

德克漢和佛洛伊德均認為，自殺的人通常具有下列的心態：心中有一股解不開的哀慟感，對自己的狀況有一種極端的無助感，擔心有人故意整他，以及報復心。他們兩位也都認為，自殺行為和失落感有關。只不過德克漢認為，這份失落感來自個體和社會、文化的脫節；而佛洛伊德則認為，這份失落感來自個體和自我的脫節。但是他們兩位都沒辦法圓滿的解釋，為什麼他們所描述的那種失落感並不一定會造成自殺。

我會在梅利威勒・路易斯和阿布拉罕・林肯的個案裡，討論這個問題。這兩個人都經驗過強烈的失落感，他們對失落感的反應，和馬克斯・懷特差不多。但是路易斯自殺了，林肯沒有。這兩個案例顯示出，自殺傾向是一種策略，也是一種自我滅亡的行為[1]。也就是說，憤怒、悲哀、無助感、涉險，甚至自殺威脅等心態和行為，乃是個體及群體處理由社會脫節和自我分裂現象所導致或加劇的失落感的一種策略。我會在下面的章節裡，討論這兩個個案。

誠如佛洛伊德所言，個體處理失落感的所有策略，都是哀慟情緒的一種反映。因此關鍵並不在於造成失落感的那件事情本身，而是在於個體用來發洩「哀慟感」的策略成不成功。路易斯和林肯的例子可以說明，這些策略的成敗，全視因緣際會和個人經驗而定，而這二樣東西，都和心理狀況與先天體質有關。

雖然路易斯和林肯，均不是「典型」的美國人，但是他們對失落感的反應，可以顯示出文化束縛對自殺行為的影響。此外，雖然這兩個個案的生活內容，均非常態，但是這非但沒有減損，而且還強化了我的論點。我之所以選擇十八世紀末期和十九世紀的個案，沒有選擇近代個案，乃是為了說明，歷史觀對自殺行為的心理文化研究工作，至為重要。雖然如此，我採用歷史個案的主要目的乃是，闡述自殺行為的肇因，而非解釋這些個案在歷史上的重要性。

第一節　梅利威勒・路易斯的自殺事件

一八〇九年十一月，全美的報紙都在報導一樁驚人的新聞，三十五歲的路易斯安納區（譯者注：直到一八一二年時，路易斯安納才正式成為美國第十八州）首長，以及「路易斯和克拉克探險隊」的英雄人物，梅利威勒・路易斯(Meriwether Lewis)，在田納西中南部地區一座簡陋的旅館裡，自殺身亡。

大約三年前，也就是一八〇六年的九月十二日，梅利威勒・路易斯、威廉・克拉克(William Clark)以及他們的「探險隊伍」，在密蘇里州聖路易市，受到英雄式的歡迎，這支成功橫越北美洲大陸的探險隊伍，沿著密蘇里河穿越洛磯山，直達哥倫比亞河和太平洋的交口，然後折回聖路易市。這個壯舉使得三十三歲的路易斯，不僅成為全國性的英雄人物，而且一躍成為共和黨裡最耀眼的明星。

路易斯被任命為路易斯安納區的首長後，在一八〇八年三月，銜命抵達聖路易市履行新職。可是不久之後他發現，領導四十一人的探險隊穿越險惡的北美洲大陸，比領導意見分歧的行政單位要簡單多了。路易斯的首長權威和名聲，在他的首席助理——地區秘書長佛瑞達利克・貝茲(Frederick Bates)的杯葛下，每況愈下。貝茲比路易斯早一個月接到任命，但是由於路易斯一直待在美國東部未上任，因此當路易斯抵達聖路易市的時候，貝茲已經管理該區一年多了。路易斯想改變貝茲的印地安政策，也想開除一些貝茲雇用的人員，這使得貝茲和路易斯的關係，變得很緊張。他們之間的對立狀況愈演愈烈，甚至到了互相決鬥的地步，幸虧當時的地區軍事首長威廉・克拉克阻止了這件事情。貝茲透過他的影響力和朋友，去製造路易斯能力不夠的形象。而路易斯的獨裁作風，也損害了他受命之初，在聖路易市和華盛頓特區所享有的聲望。由於路易斯未能成功的累積地方政治資本，因此他用帶軍隊的方式去領導政府，這更驗證了貝茲指控他「只懂帶兵，別無所長」的弱點。

陸軍部對路易斯也很不滿意。陸軍部部長威廉・尤斯提斯(William Eustis)未經聯邦政府批准，便擅自決定拒付路易斯簽署的數筆款項，原因是他認為路易斯挪用公款，作私人投機生意。更令路易斯窘困的是，為求暴富，他在聖路易市內和周圍，買了許多土地，而這些土地的稅款，幾乎是他年薪的三倍。到了一八〇九年秋天時，路易斯由於負債過重，因此開始拋售土地。當時，他的財務狀況窘困到，連四十九塊錢的醫藥費都付不出去，不得不向克拉克伸手借錢的地步；他在聖路易市的最後一個月裡，日日靠借貸度日。陸軍部的決定，把路易斯推到了破產的邊緣。

政治和財務上的危機，也影響到路易斯的私人生活。路易斯一直想把他的寡母瑪琍・麥克斯，從維吉尼亞州接到聖路易市居住，為此，他特別買了一塊地，準備為他母親和他自己蓋一棟房子，可是為了償債，他不得不把那塊地賣掉。沮喪、氣憤的路易斯，眼看自己的政治生涯和個人人格受到嚴重的打擊，於是決定親自到華盛頓去見陸軍部部長和新總統詹姆士・麥迪遜(James Madison)。一八〇九年九月四日，路易斯把委任權交給他最親近的同僚後，便離開了聖路易市。

九月十一日，在聖路易市南方的密西西比河上，這位年輕的首長，顯然是有生以來第一次寫下了他的遺囑，他把所有的不動產，贈給了他的寡母。路易斯打算走河路到紐奧良，然後走海路到美國首府。九月十五日，路易斯乘坐的船，抵達曼菲斯港附近的皮克林要塞，當地的指揮官吉耳柏特・魯梭(Gilbert C. Russell)上校發現，路易斯不但酩酊大醉，而且「神智有點錯亂」。魯梭不認為路易斯的精神狀況適合旅行，因此堅持要路易斯留在皮克林要塞休息，等復原後再繼續前進。路易斯在那裡休養了兩個星期，並且答應魯梭上校「不再喝的爛醉，也不再使用鼻煙」。

雖然路易斯的情況似乎好轉了一些，但是他突然改變計劃，決定走陸路到華盛頓。原因是他認為，如果從紐奧良出海的話，很可能會受到英軍的伏擊。九月二十九日，路易斯和詹姆士·尼利(James Neelly)結伴出發，尼利是印地安契卡索族的聯邦官員，他的目的地是那虛維爾市。和他們同行的還有路易斯的僕人強·波尼耳以及尼利的黑奴湯姆。出發後不久，路易斯便開始喝酒，由於路易斯的舉止非常怪異，因此尼利決定休息兩天再繼續前進。十月八日，路易斯一行人抵達田納西河。第二天，他們有兩匹馬跑掉了。路易斯和尼利約好，由尼利去追馬，路易斯帶兩位僕人先走，然後他們在前面第一戶白人住家見面。

路易斯、波尼耳和湯姆一行三人，在十月十日黃昏時分，抵達羅勃·格林德(Robert Grinder)開設的小客棧。格林德客棧是納茲棧道上的旅客歇腳的地方。那天，格林德先生剛好不在家，格林德太太接待路易斯等人住下，並且為他們打理了一頓晚餐。在格林德太太的印象中，路易斯在晚飯中及晚飯後，表現得魂不守舍，而且非常焦躁。飯後，路易斯回到客房，兩位僕人住在穀倉。格林德太太、她的女兒，以及她們的僕人則住在主屋。根據尼利的說法，他第二天早上抵達之後，格林德太太告訴他，凌晨三點鐘左右，她聽到首長屋裡傳出兩聲槍響，於是她立刻喚醒住在穀倉中的僕人，僕人發現路易斯「向自己的頭部開了一槍，向自己的胸口下方開了一槍」。根據報告，當時路易斯還沒有斷氣，他望著自己的僕人波尼耳說：「我終於作了，我的好僕人，給我一點水。」不多久，他便斷氣了。

一八一一年早春時分，當時正在為《美國鳥類學》編目錄的鳥類學家亞力山大・威爾森(Alexander Wilson)，在路過格林德客棧的時候，特別拜訪了格林德太太，打聽路易斯自殺時的狀況。根據威爾森的說法，那天，格林德太太對「路易斯的舉止」，擔心得睡不著覺，因此坐在路易斯房間旁邊的廚房裡，偷聽路易斯的動靜，她聽到路易斯「走過來，走過去，……大聲的自言自語了好幾個鐘頭，……像律師那樣。」然後她聽見一聲槍響，接著是重物落地的聲音，以及「啊！天哪！」這句話。緊接著，她聽到另一聲槍響，過了幾分鐘後，路易斯走到廚房外大叫：「噢！夫人，給我一點水，幫我治療傷口！」格林德的房子是木頭造的，中間沒有水泥，驚嚇的格林德太太，從木頭縫裡，看見路易斯蹣跚的走出屋子，「他蠕行了一段距離，把身子靠在樹上。」然後回到屋裡，再次走到廚房門口，等水喝。格林德太太嚇呆了，直到天亮後才叫醒僕人，僕人發現，路易斯「躺在床上」。路易斯「掀開傷處告訴僕人，子彈是由那裡進去的；他的前額被子彈炸開了一塊，腦子都露出來了，他並沒有流太多的血。」路易斯「求他們用來福槍在他頭上補一槍」。根據威爾森的說法，路易斯所說的最後一句話是：「我並非懦夫；但是我太頑強，太不容易死了！」

雖然魯梭上校不是目擊證人，但是他要求庭上讓他敘述他打聽到的情節。魯梭上校描述的內容，和格林德太太不太一樣，但是他們兩人所敘述的結果，是一致的。魯梭上校聽說，大家回房安歇後，路易斯裝上子彈，朝自己的前額開了一槍。不久之後，他又朝自己的胸部開了一槍，子彈穿過身體，從下脊椎骨附近出來。然後他蹣跚的走到格林德太太的門口討水喝，可是「由於先生不在家，槍聲使她害怕得不敢出聲」。直到天亮後，路易斯的僕人才發現「路易斯坐在床上……猛用剃刀在自己身上，從頭到腳亂割一通」。路易斯死前告訴僕人，他要殺了自己，他「不會讓自己的敵人，享受殺死他的榮耀和快樂」。

究竟是什麼原因促使路易斯自殺的?我在前面敘述過，十九世紀初期的美國人大多認為，自殺行為和精神病，或者嚴重的情緒失調現象有關。那個年代的美國人並且認為，自殺行為和其他疾病一樣，也是由先天體質和後天環境交互造成的。

湯瑪士・傑佛遜(Thomas Jefferson)從小看著路易斯長大，他認為導致路易斯自殺的原因是，「他遺傳自父親的一種沮喪性格」。傑佛遜認為，都市生活的壓力，使他這種性格變得更為惡化。傑佛遜指出，每次路易斯搬到都市住的時候，都會表現得非常沮喪。他一八〇八年遷往聖路易市之後，也是如此。傑佛遜指出，「路易斯很小的時候，便患了臆想症，他在華盛頓的時候，和我住在一起，我好幾次都察覺出，他的思想很沮喪。西部探險途中的辛勞，使他的沮喪症暫時停止了;但是長期坐著工作，卻使他的沮喪問題，變得比以前更嚴重。」

路易斯的探險伙伴威廉・克拉克聽到路易斯的自殺新聞後表示，「噢!我早就害怕他的心理負擔遲早會吞沒他。」路易斯的朋友，藝術家查理斯・威耳森・皮耳(Charles Wilson Peale)在寫給兒子的信裡指出，路易斯自殺的原因是，「他的健康狀況一向很差，他有點精神錯亂，此外，公家以某些開銷不明為由，拒付他所開列的一些公務支票，這些羞辱使得他非常絕望。」路易斯的敵人，也就是那位大家公認把路易斯逼走的路易斯安納區秘書長佛瑞達利克・貝茲，也把路易斯的自殺，歸咎於精神病。貝茲指出，「路易斯首長動身去華盛頓的時候，已經精神失常了。」貝茲堅持，「導致路易斯政治生涯流產和自殺的根源是精神錯亂。」

美國的大眾傳播媒體，肯定了這些解釋。《全國通訊》指出，雖然路易斯在財務和政治上，遭到相當沈重的打擊，但是該報並不認為，「這些事件本身，會造成這麼淒慘的結果。」該報指出，路易斯的自殺行為和他日益惡化的健康有關：「自從最近在納雀隻得了那場病後，路易斯首長一直非常虛弱，他的精神變得有點錯亂。」美國各地的報紙和《全國通訊》一樣，反映的是當時最普遍的觀念，那就是，自殺行為和疾病有關，因此各報並未譴責路易斯的自殺行為。《那虛維爾大公報》指出，路易斯在自殺前，已經患了六個多禮拜的瘋病。《密蘇里公報》亦指出，「路易斯近來頻受高燒的折磨，這使得他喪失了理智；我們認為，這是造成這件悲劇的原因！」

梅利威勒・路易斯的生平

梅利威勒・路易斯生於一七七四年八月十四日，他的老家位於維吉尼亞州阿爾伯馬耳郡的蚱蜢丘，這個地方在沙勒斯維爾市西邊大約七里遠的地方。他是家裡的長子和第二個孩子，他的父親是威廉・路易斯（一七四八年生），他的母親是露西・梅利威勒（一七五二年生）。他的姊姊叫珍，生於一七七〇年，他的弟弟叫魯賓，生於一七七七年。梅利威勒還不滿兩歲，他的父親便因加入維吉尼亞革命戰役而離開了家，根據記載，他父親直到一七七九年十月底或十一月初時，才返回家門。

小孩子對離家的父母親，往往會產生一種很矛盾的心理。一方面，他們會因為自認被拋棄了而感到很憤怒，另一方面，他們會以為父母之所以會離開家，乃是因為他們作過什麼事或者許過什麼願的緣故，因此心裡又會感到很自責。而小孩子之所以會產生這種兩極的心態，部份原因是，他們分不清真實和虛幻的差別。小孩子很可能會把自己的父親，看成一起分享母親愛心和時間的競爭者。在有意識和無意識之間，他們很可能曾經期望過，自己的對手能夠消失不見。當然，小孩子也希望，那個對手永遠不要消失。可是當父親真的離開時，小孩子很可能會以為，都是他的願望造成這件事情的。為了逃避深刻的罪惡感，小孩子不但會把這些情緒表現出來，而且還會開始責怪離家的父母，不該拋下他。

假如披上戰袍的父親從戰場上回家後，又破壞了小孩子心目中的英雄形象的話，對小孩子的心靈而言，無異是雪上加霜。當然，這些狀況其實非常普通，沒什麼病態的地方，大部份的小孩子都會想辦法適應這些狀況的。可是假如離家的父母不回來的話，小孩子的內心衝突，很可能會變得非常激烈。對路易斯而言，這份創痛更深刻，因為這種情況發生過兩次，而且每一次都對他造成了永久性的創傷。一七七九年十一月，梅利威勒還不到五歲的時候，剛從戰場上回來的父親，因肺炎去世。一七七九年十一月十四日，他被埋葬在妻子家位於馬草田的墓園裡。我們只能猜想，梅利威勒對這些事情，會產生什麼樣的反應。然而不難想像，離家三年才回來的父親，和梅利威勒心目中的理想形象，一定有段差距，而他內心的矛盾情緒和競爭心態，也一定復活了。是以，對梅利威勒而言，他父親的死，既實現了他下意識的期望，又對具有這種期望的他，施予了最後一次的遺棄和懲罰。

此外，由於梅利威勒父親去世的時候，仍是戰時，因此梅利威勒很可能沒有機會全程參與父親的葬禮。一七八〇年五月，梅利威勒的父親去世還不到六個月，梅利威勒的母親便嫁給了強・馬克斯(John Marks)上校。對一個五歲半的孩子來說，他對繼父的感覺一定非常矛盾。梅利威勒生父過世的時候，仍是現役軍人的身份，馬克斯上校則因為健康欠佳，在一七八一年的時候，被革命軍強迫退休。退休後，他立刻把他的新家庭，從維吉尼亞州遷到喬治亞州寬河旁邊，一塊投機性的投資土地上。因此，梅利威勒不僅被迫離開了自己的家園，同時也被迫離開了父親的埋葬地。往後幾年，梅利威勒又多了二個弟妹，強・哈斯丁・馬克斯以及瑪琍・馬克斯，這必然使得梅利威勒和繼父之間的不穩定關係，變得更為複雜。總而言之，一七八五年的時候，十一歲的梅利威勒被父母送回維吉尼亞州，和尼可拉斯・梅利威勒以及威廉・梅利威勒兩位舅舅同住。而梅利威勒是否會因此認為被自己的母親拋棄或背叛了，就不得而知了。一七九一年的時候，馬克斯上校去世了，梅利威勒又變成了一個無父的孤兒。馬克斯上校過世之後，梅利威勒的母親搬回了維吉尼亞州，梅利威勒也因此變成了一家之主。是故，十七歲的時候，他已經失去過兩位父親，也取代了兩位父親在家庭裡的地位。在往後的歲月裡，他和母親的關係一直非常親密，事實上，梅利威勒・路易斯的傳記指出，他終身未婚的原因是，他一直沒有遇到他認為可以和他母親媲美的女性。

路易斯的生平顯示出，上述的事情對他造成了極大的困擾。每一個人都會發展一套方法，去處理生命中的壓力和矛盾感。雖然從表面上來看，路易斯的那一套方法，沒什麼不尋常的地方，但是這一套方法所構成的生活內容，卻和自殺的人以及有自殺傾向的人所擁有的生活背景，非常類似，那就是，在建立長期性的人際關係上一再失敗，喜歡從事高危險性的活動，以及自我懲罰的意念非常強烈。

和自殺行為一樣，這些行為模式也是內在衝突的一些表徵，它們是「精神病」的症狀，更是個體克制心理衝突的方式。為了永久性掃除心中的罪惡感，哀慟情緒發洩不完全的人(incomplete mourner)，會一再重覆這些行為模式。

年輕的路易斯，不斷的在尋找夢中情人，他的韻事來得快，去得也快，而且艷史很多。可是每一次，他都會製造一個理由或情境，去終止他的羅曼史。唐諾・傑克森(Donald Jackson)曾經指出，「路易斯的擇偶態度既冥頑不靈又徒勞無益。」雖然路易斯從未結過婚，但是他似乎經常在結婚邊緣徘徊。二十歲的時候，路易斯是「威士基叛亂事件」中的士官長，他曾經從匹茲堡寫信告訴他母親，他會「帶一位謀反的女士回家，……她會掛上路易斯太太的頭銜」。結果這件事情並沒有發生。在擔任傑佛遜私人秘書，以及起程探險前的幾個月裡，路易斯曾經追求過幾位女士，可是後來他決定迎娶他的表妹瑪琍亞・伍德。他甚至用表妹的名字，為密蘇里河的北岔口命名，可是探險結束後，他的熱情也隨之消失了，不久後，瑪琍亞就嫁人了。路易斯後來又和一位叫「C小姐」的神秘女士，墜入了愛河，根據路易斯的描述，這位小姐既有錢又漂亮。在克拉克宣佈他和茱莉・漢考克小姐的訂婚消息後，路易斯也表示，他終於決定迎娶「C小姐」了，可是當路易斯在漢考克家遇到樂蒂提亞・布列根里奇之後，他又告訴他的弟弟魯賓，他真正想娶的人是樂蒂提亞。這次的羅曼史和以前一樣，也是無疾而終。

根據對象關係理論(Object relations theory)的說法，路易斯對建立親密關係異常謹慎的原因是，他怕自己會再一次被摯愛的對象拋棄，就像他父親當年拋棄他那樣。在下意識裡，路易斯把他對愛情那種曖昧不明的心態，和他發洩不完全的哀傷心態，結合在一起，一八〇七年，當路易斯再度失戀後，他在信中寫到，「現在的我，是一位純然的愛情鰥夫。」終其一生，路易斯一直用心目中的完美女性形象，去逃避婚姻，以藉此避免將來被摯愛的對象拋棄❷。

此外，路易斯在人際關係的維繫上，也有極大的困難，包括他和傑佛遜以及好友阿莫斯·史都德的關係在內。他一生中只有一次沒有墜入這個行為模式，那就是在探險途中，也就是當他性格衝突的第二個誘導劑——冒險犯難，支配他整個生活的時候。指責路易斯無法和女人維持長久關係的貝克利司(Bakeless)，曾經用以下的語句，描述路易斯用探險去逃避愛情的心態：「和孤寂的荒野、印地安人、鮮明的危險、洛磯山裡的奇遇、在滾滾江河裡操舟的驚險、追捕灰色大熊的情形、陽光下閃閃發亮的刀葉、身後團員規則的步履聲、光亮的黃銅器和喇叭的召集聲，以及『舉槍』口令後火辣辣的槍聲比起來，女人算什麼？」

的確，路易斯的朋友和傳記，無一不說，他是一位極喜歡冒險的人。打從孩提時代開始，路易斯就不時會作出一些玩命的事情。在傑佛遜記憶中，路易斯八歲的時候，「便常常在深夜裡，一個人跑出去……打獵。」傑佛遜表示，他那個時候就注意到，路易斯會很衝動的去從事很危險的事情，傑佛遜指出：「沒有任何事情可以阻止他跳進雪堆和冰凍的河流裡，去拿他想要的東西。」路易斯的傳記裡，記載了許多他小時候的神勇事蹟。路易斯的一位同學指出，青少年時代的路易斯，是一位「對小事很執著，很好鬥，對目標極堅定，很冷靜，而且勇氣十足」的人。這位同學並且指出，路易斯的性格非常刻板，「幾乎沒什麼彈性，和柏那帕耳迪（譯者注：指拿破崙）非常相似。」

這些性格在路易斯的早期軍旅生涯中，也表現的一覽無遺，一七九五年的時候，他曾經非常魯莽的向一位上司軍官，提出決鬥的挑戰。他這種不但不迴避危險，甚至有意涉險的性格，也跟隨他到了華盛頓。當時的司法部部長勒威・林肯(Levi Licoln)，有鑑於路易斯的衝動魯莽性格，還特別勸告傑佛遜修改探險規章，他表示：「以我對路易斯上校的瞭解，在艱難的情況下，他很可能會執意前進，如果事情發展得不夠順利的話，他又退縮得太快。」因此林肯建議，把規章中「具有某種致命危險」的字眼，改成「只要具有致命的危險」，另外再加上「便絕不可涉險，保持高度的警覺和注意，以確保適度的安全」。路易斯在橫越北美洲大陸的探險旅途中，展現出異常的勇氣和過度的冒險精神。沒有人懷疑過克拉克的英勇，但是「路易斯所作的事情，卻是一些幾乎不可能倖免的危險事情」。

喜歡玩命，是自殺性格的另一項特質。而路易斯過度的，以及一再為之的冒險行為，其實是一種企圖掃除心中自殺意念的反覆性嚐試。這是為什麼他在極度危險的情境中，反而最不覺得困擾。

第三個策略，同時也是路易斯個案中最後的一個策略，是自我懲罰。自殺當然是自哀自憐的人所採取的最極端的一種自我懲罰方式，但是路易斯也採取了一些，比較緩慢的自我懲罰方式，比方說，酗酒。資料顯示，路易斯二十歲的時候，已經有酗酒的問題，他曾經因為喝得爛醉，「有損軍官形象」，而被送上軍事法庭，但是最後被判無罪。近代的資料顯示，路易斯的確是一個酒鬼。傑佛遜便曾指出，「路易斯經常受臆想症的折磨。他的豪飲習慣和內心的痛苦，可能使他的問題變得更嚴重。」吉耳柏特・魯梭認為，「導致路易斯英年早逝的原因，很可能是他那不加節制的豪飲習慣。」路易斯向魯梭坦承，他很依賴酒精，他也曾經向魯梭保證，他要改變自己。可是他在抵達格林德休息站之前以及離開之後，依舊是豪飲如常。只有在探險途中，他未依賴酒精度日。

在擔任路易斯安納區首長的期間，路易斯的行為舉止——包括他懷疑有人陰謀破壞他的名聲、撤他的職在內——也和他內心深處的自我懲罰心態有關[3]。曾經有一位觀察家形容路易斯的火爆脾氣，「像一個大嬰兒，他認為議院裡的每一個人，都應該順著他。」

從心理學的角度來看，路易斯的自殺行為，不僅是一種達成死亡的手段，同時也是一種嚴重的自我懲罰，甚至自我處決的行為。路易斯自殺的方式顯示，他有意用比「敵人」更嚴酷的手法去懲罰自己，因為他認為，他的敵人會從親手懲罰他的過程中，得到快樂和光榮。接下來，讓我們探討一下，編織路易斯心理狀態的最後一團線。

我們不能忽略，路易斯和他母親的關係，以及他對母親的感情，對他所造成的影響。幼時想取代父親地位的矛盾想法成真了，青春期的時候，繼父的辭世也使得幻想成為事實，路易斯一下子變成一家之主。雖然路易斯一直找不到理想的對象，但是結婚一直是他生命裡的主要目標和信件裡的主題。直到他生命的最後一天為止，路易斯一直非常依賴他的母親。雖然這些都不是不尋常，或者病態的事情，但是他和他母親的關係，實乃是他生命中一連串失敗策略的導因。

路易斯在聖路易市的窘境，使得他不可能將母親接來同住，這使得路易斯變得更加消沈。他計劃去華盛頓挽救自己前程的時候，順道去探望了他的母親。他帶走了他所有的財物，這表示他無意再回到西部。即將和母親、傑佛遜、麥迪遜總統，以及陸軍部部長尤斯提斯（父親形象？）見面的事情，很可能令路易斯感到非常困擾。他們會不會因為他失敗了而看不起他？他們會用什麼樣的眼光看他？總而言之，在他離開聖路易市數天後備妥的遺囑裡，他把他的不動產全部贈給了他的母親。那以後，他曾經兩度自殺未遂。他不停的喝酒，而且突然改變計劃，走危險性較高的陸路。最後，他終於成功的結束了自己的生命；然而在死前，他曾經要求另外一位母親般的人物幫助他，只是這位女士實在太害怕了，以致根本不敢吭聲。

不同的社會，不同的時代，會用不同的方法，處理死亡、哀悼和自殺行為；可是由於每一個社會和每一種狀況，都只允許特定的成員參加哀悼儀式，因此我們可以預期，某些人或者某些社會，會用其他方式處理早期受到壓抑的失落感。由於在十八世紀末期和十九世紀初期的美國社會裡，失去父母和兄弟姊妹的人，比現在多，因此路易斯那個年代的人，對失去親人這件事情的感覺，很可能和我們不太一樣。事實上，近年的研究工作指出，在殖民時代早期，兒童通常和整個社區的人，一起參加哀悼過程和葬禮。這是為什麼路易斯的反應，對我們所探討的問題，非常有用。他對失落感的反應，似乎和他那個時代的人不太一樣，這表示，構成他行為模式的因素是，社會因素以及生理及心理因素。「革命戰爭」所造成的戰時環境，使得路易斯無法充分的宣洩喪父的哀痛。母親改嫁以及遷居到喬治亞州這二件事情，更加重了他的哀痛感。雖然路易斯一直具有沮喪和酗酒的問題，但是「路易斯和克拉克探險之旅」，卻為路易斯提供了一個處理發洩不完全哀慟情結的成功法門。

具有發洩不完全哀慟情結的人如果發現自己所使用的策略，無法平撫內心的痛苦，或者當他們找不到策略去平撫內心痛苦的時候，自殺往往會成為他們所採取的最後一種手段。梅利威勒・路易斯的生平故事顯示出，他很可能具有發洩不完全哀慟情結，而剖析他的死因，可以幫助我們進一步瞭解他的生平。無可否認，路易斯的自殺行為，只能為自殺行為的文化、歷史、生理及心理因素，提供一個片面的圖畫。在下一章裡，我會詳細闡述發洩不完全哀慟情結的歷史背景。接下來，我想借用下面這個個案，再深入的探討一下失落情結和自殺行為之間的關係。

第二節　阿布拉罕・林肯的策略

所有的失落經驗，都會勾起一些個人策略和社會界定的儀式，梅利威勒・路易斯的個案，便是一個例子。如果這些處理哀慟感的策略不奏效的話，很可能會導致自殺。然而自殺並不全然是為了抗拒生命。羅勃特・傑・李福頓(Robert Jay Lifton)指出，自殺也是一種企圖活在他人腦海裡的策略。現在讓我們從這個角度，去剖析林肯早年的歲月。

我的理論是，林肯著名的沮喪性行為的主要目標是，避免讓自己作出自我毀滅的行為❹。而林肯一八四二年以前的行為，的確符合這個模式。林肯一八四一年的自殺企圖，雖然是一種極端的作法，但是從某一個層面來說，他也成功的排除了由早年失親經驗所導致的罪惡感、憤怒感和害怕被遺棄的恐懼感。

林肯一八〇九年出生於肯塔基州，這正是梅利威勒・路易斯自殺身亡的那一年。在阿布拉罕・林肯(Abraham Lincoln)二歲到三歲的時候，他剛出生不久的小弟弟湯瑪斯死了。湯瑪斯被埋葬在林肯家居住的小木屋旁邊。一八一六年，林肯七歲的時候，他和爸爸湯瑪斯，媽媽南茜・杭克斯(Nancy Hanks)，以及九歲的姊姊莎拉，搬到了印地安那州史賓塞郡的鴿子溪。不久之後，南茜的舅舅湯瑪斯・史拜羅(Thomas Sparrow)，他的太太伊莉莎白，以及南茜十九歲的私生表弟丹尼斯・杭克斯(Dennis Hanks)，也搬了過來。湯瑪斯・林肯一家人，住在一棟只有一間臥房的小木屋裡，而史拜羅夫婦和年輕的杭克斯，則住在附近一棟更簡陋的小木屋裡。

一八一八年九月，湯瑪斯・史拜羅和他的太太伊莉莎白，雙雙染上普魯斯熱病(brucellosis)，這是一種經由牛奶傳染的疾病❺，一個星期之內，他們兩位都死了。在舅舅、舅媽病危的時候，三十五歲的南茜・杭克斯・林肯發覺，她自己也染上了這種疾病。死前，她把九歲的阿布拉罕以及十一歲的莎拉叫到床前，她告訴兒子：「我即將離開，阿布拉罕，而且我再也不會回來了。我知道你會作個好孩子，好好照顧你的姊姊和爸爸。」一八一八年十月五日，南茜・林肯撒手人寰，離她舅舅湯瑪斯・史拜羅去世的時間，才一個星期。阿布拉罕在那棟只有一個臥房的木屋裡，看著自己的母親漸漸死於「牛奶病」，他也在同樣一棟屋子裡，幫自己的父親，為母親趕製簡陋的棺材。然後父子兩人，合力把南茜的棺材，拖到木屋南邊一千五百呎的地方埋葬，一位鄰居為南茜舉行了非常簡單的下葬儀式。

往後數年對湯瑪斯・林肯和他的子女而言，頗為蕭瑟。莎拉接管了母親的職務，直到一年後，她父親迎娶肯塔基州伊莉莎白鎮的一位寡婦莎拉・布盧・強斯頓(Sarah Bush Johnston)後才停止。婚後，莎拉帶著三個孩子，十二歲的伊莉莎白，十歲的強，以及八歲的馬提耳達，搬到了原本就很擁擠的小木屋。

林肯和繼母的感情一直很好，事實上，比他和他父親的感情還好。查理斯・史特勞基兒(Charles B. Strozier)指出，「林肯從未說過湯瑪斯任何好話，這和他常常公開表達他對南茜和莎拉的深情，真是完全兩樣。」林肯曾經在一八四八年寫給親戚的信裡，簡短的描述過自己的父親：「我父親六歲的時候就成了孤兒，他很窮，而且生活在一個新的國度裡，因此基本上，他沒有受過任何教育；我想這是為什麼……我對他沒什麼可說的。」所有的證據都顯示，林肯對他父親的印象，和威廉・荷頓(William H. Herndon)對湯瑪斯・林肯的印象很類似，荷頓描述湯瑪斯，「非常懶惰，欲振乏力」，荷頓並且認為，湯瑪斯的這些表現，和他的性無能有關。就連一八五一年湯瑪斯臨終時，林肯都不願意去看他最後一面，林肯在寫給弟弟強・強斯頓的信裡表示：「告訴他，我去見他不會減少他的痛苦，也不會使他快樂一些。」林肯甚至曾經幻想過，湯瑪斯・林肯不是他真正的父親，而他的母親南茜・杭克斯，是某位具有貴族氣息的維吉尼亞耕植業者的私生女。

林肯的母親過世後，林肯把他對母親的愛，全部轉移到姊姊莎拉身上。一八二八年一月，二十一歲的莎拉死於難產，這對十九歲的林肯而言，真是天大的打擊，根據記載，林肯「坐在門口，煙囪仍冒著煙，他把臉埋在手裡。眼淚從他多骨的手指間，緩緩滴下，他削瘦的骨架，隨著他的嗚咽，輕輕的顫動」。某位相關人士指出，莎拉死後那幾年，林肯「時而俏皮，時而悲傷，時而沈思」。路易斯・華倫(Louis Warren)指出，莎拉的死，「不但在林肯的心靈和思想上，烙下了永恆的創傷，而且還使他陷入了憂鬱和沮喪的深淵。」

當湯瑪斯・林肯獲悉伊利諾州中部機會較多之後，他立刻帶著家人，在一八三〇年到一八三一年的那個冬天，搬到迪克土爾市(Decature)西邊十哩處定居。不到一年，林肯一家人又搬到伊利諾州的柯耳斯郡(Coles)，這一次，二十二歲的阿布拉罕・林肯決定離開家，前往珊加門河沿岸的新沙倫市，擔任一家雜貨店的店員。不到六個月的時間，林肯便搖身成為不太成功的共和黨州議員候選人了。競選期間，林肯曾經擔任過「黑鷹戰役」裡的自衛隊隊長。於一八三三年的時候，他受命出任郵政局長；他在社區裡非常受敬重，他並且和威廉・貝利(William F. Berry)共同擁有一家雜貨店。一八三四年的時候，這家雜貨店倒閉了，但是二十五歲的阿布拉罕・林肯卻在凡戴里阿市(Vandalia)當選州議員。一八三二年的時候，林肯曾經非常坦率的指出，他躋身政界的主要動機是：「人們說，每一個人都有獨特的野心。不管是真是假，至少我有一個非常大的野心，我希望能夠得到國人真正的尊敬，而且我希望我的表現，真正值得國人尊敬。至於我的野心能夠得到多大的滿足，目前仍是未知數。」林肯在相當短的時間內，便達到了這個目標。

然而選戰的勝利，無法消除林肯心中時而復發的沮喪感（林肯稱之為憂鬱感）。一八三五年的時候，林肯的摯友安・拉利居(Ann Rutledge)不幸過世，這喚回了林肯心中的失親痛苦。林肯一到新沙倫市，便認識了安，他並且住進了安父親開設的客棧裡。我們無法證實荷頓所說，林肯和安訂過婚的事情。但是根據記載，這個時期的林肯，非常害怕遭到女人的拒絕，因此，他之所以和訂過婚的安交往，很可能是因為他認為，這樣他才能和安作朋友，而沒有海誓山盟的危險。雖然後來安和未婚夫強・麥克耐馬(John MacNamar)解除了婚約，可是以當時林肯內心衝突的情況來看，他應該不會向安求婚。然而毫無疑問，安的去世對林肯而言，是一個相當大的打擊。羅勃・布魯斯(Robert V. Bruce)指出，林肯對安・拉利居的去世，之所以會表現得極度悲傷，「很可能是因為安的死因和他母親的死因差不多，這使得林肯壓抑許久的失親創痛，不但再度爆發，而且變得更為嚴重。」

林肯最在乎的女人都死了。從這個角度來看，我們不難理解，為什麼林肯對瑪琍・歐文斯(Mary Owens)的求婚過程，有點近乎怪異，這一切都發生在一八三六年，安死後一年多以後。瑪琍・歐文斯住在肯塔基州，一八三三年她到新沙倫市探望姊姊班尼特・艾貝兒(Bennett Abell)太太的時候，認識了林肯。三年後，艾貝兒太太告訴林肯，如果林肯有意娶她妹妹的話，她就把妹妹從肯塔基州接過來住。林肯同意了，可是瑪琍到了之後，林肯的行動和言語，根本不像求婚，任何一位年輕小姐，都不可能接受林肯的求婚方式。

一八三六年十二月，州議會的議期即將開始，於是林肯動身前往凡戴里阿市參加一連串的州議會。而他寫給瑪琍・歐文斯的信，可謂充滿了曖昧不明的訊息。雖然他們之間仍有婚約，但是他倆的交往情況，卻似乎朝著解除婚約的方向在發展。比方說，林肯在一封十二月份發出的信裡表示，「許多我無法說明的事情，使得我的情緒非常低落，我真不願意待在這裡。」他告訴瑪琍，「打從我離開妳之後，就沒有快活過。」可是他非但沒有採取下一步行動，而且還打了退堂鼓，林肯接著在信裡表示，「這封信既枯燥無味又愚蠢，我真沒臉寄出去，可是以我目前的感受，我實在寫不出更好的信來。」

議期結束後，林肯非但沒有返回新沙倫市，而且還轉往春田市定居。五月份，他在寄給瑪琍的信中寫到，「我常常思考，我們所談的，妳搬到春田市來住的事情。我覺得妳對這個地方不會滿意的。」林肯用了很大的篇幅告訴瑪琍，如果她來找他的話，她會碰到那些不愉快的生活狀況。林肯表示，「我的看法是，妳最好不要來。」可是林肯也表示，如果瑪琍仍堅持接受他早先的求婚的話，他「絕對會依約娶她的」。

假如至此瑪琍・歐文斯仍有一點意思要嫁給林肯的話，林肯八月份寫給瑪琍的信，也會讓瑪琍斷了那個念頭。林肯在信中寫到，「在目前這個特殊的時刻裡，我最想作的一件事情是，正確的處理我們之間的事，假如我知道任由妳去，是一個正確的決定的話，我會這麼作的。」林肯表示，下一步該怎麼作，完全由瑪琍決定：「為了使事情單純一點，我現在告訴妳，妳可以拋開這件事情，永遠不再想我（如果妳曾經想過的話），即使妳不回我的信，我也不會抱怨半句的。」誰都無法想像，瑪琍・歐文斯怎麼可能接受林肯這種「求婚」方式。當然，我們很難相信，像林肯這樣的政治家和雄辯家，真會期望歐文斯要求他實踐諾言。林肯信中的最後一句話，非常清楚明確：「如果妳認為不回信是最好的處理方式的話——再見了——祝妳有一個綿長、快樂的人生。」

無論如何，這些信件可以反映出林肯心中的痛苦。林肯有意娶瑪琍・歐文斯為妻，可是他心中又真的認為，自己不可能使任何一個女人快樂。這明確的顯示出，在下意識裡，林肯深恐以前的經驗會再度發生；他害怕瑪琍・歐文斯也會像其他他所深愛的女人一樣，離他而去。日後，林肯曾經語帶幽默的和別人敘述過他和歐文斯之間的關係；然而幽默，尤其是林肯式的幽默裡，往往隱藏著很深刻的矛盾感和受傷感。一八三八年的時候，林肯曾經告訴伊莉薩・布朗寧(Eliza Browning)，「我看到她的時候，總會情不自禁的想到我的母親」，其實林肯所表露的，主要是他內在的衝突，而非他對瑪琍的譏諷。

一再失去摯愛的人，對林肯來說，絕對是相當沈重的打擊。害怕再度失去摯愛之人的感覺，對林肯來說，也一定相當尖銳——尤其是女人。因為林肯那種不願投入感情的作風，早已超越十九世紀拓荒時代，男性慣有的靦腆了。一八四一年一月，當時尚不滿三十二歲的林肯，罹患了長達六個月的嚴重沮喪症，這段期間，林肯曾經企圖結束自己的生命。

對付沮喪症的方法

林肯曾經表示，他的憂鬱性行為讓他覺得很沒有面子。林肯的表現促使他的朋友，「移開了他房間裡以及他出沒地方的所有刀子、手槍和剃刀等物品」，因為他的朋友怕他「會自殺」。林肯的朋友描述林肯的行徑「像個瘋子」，「精神錯亂」，「時而像兩隻貓，時而像隻鴨子」。林肯則描述自己是「世界上最悲慘的活人。假如把我的感受平均分給地球上每一個家庭的話，這世界上不會有一張快樂的臉孔」。林肯曾經寫信告訴一位朋友，他再也活不下去了：「我無法再這樣過下去，要不然是死，要不然得想辦法改善狀況。」大部份的學者同意史特勞基兒所說，「林肯一生飽受沮喪症的折磨，而這段時期是他沮喪症最嚴重的時期。」

事情的導火線是，林肯即將經歷另一次失落打擊。林肯自殺前，發生了二件對林肯而言，十分重要的事情。一八四一年一月一日，和林肯分睡同一張床達四年之久的摯友加虛瓦・史匹德(Joshua Speed)，賣掉了他的店舖，準備起程到肯塔基州去結婚。同一天裡，林肯解除了他和瑪琍・塔德(Mary Todd)的婚約。

一位深入研究這個事件的學者指出，林肯的自殺行徑，幾乎全因解除婚約而起：「林肯日後的說法，清楚顯示出……，繼之發生的情緒大混亂，使得林肯非常痛苦，它使得林肯變得優柔寡斷和不穩定，也使得林肯意識到，他傷害了別人，……而對方的受傷感和羞辱感，並不比他輕微。」其他的學者則認為，史匹德即將離開這件事，才是導致林肯焦躁的主要原因。史匹德對林肯非常擔心（他顯然知道他是造成林肯焦躁的原因之一），因此他特別把遷往肯塔基州的計劃，延後了將近六個月。那年春末，史匹德的父親過世了，這使得史匹德不得不離開春田市。由於史匹德認為，林肯的「情緒脆弱到不適合一個人獨處的地步」，因此史匹德決定帶林肯一起前往肯塔基州，接下來的數個月，林肯一直和史匹德，以及史匹德的家人住在一起。夏末時，史匹德陪林肯返回春田市，直到一八四一年十二月時，史匹德才離開春田市。

一八四二年二月，加盧瓦・史匹德延後計劃將近一年後，終於和芬妮・黑寧(Fanny Henning)完婚。婚禮前，林肯和史匹德通過許多信，林肯在信裡明確表達過，他對愛情和死亡之間的關係，感到非常焦慮。史匹德透露，他對芬妮的健康狀況，甚至性命，非常擔憂。而林肯則在回信中寫到：「史匹德，假如你不愛她的話，你應該冷靜的斷絕結婚的念頭。」林肯接著寫到：「對你來說，這可能已經不是一個問題了，……但是你一定要原諒我。你知道我曾經經歷過類似的痛苦。」在史匹德向林肯保證，婚姻生活並不是那麼可悲之後，林肯和瑪琍・塔德復合了，並且在一八四二年十一月四日結為夫婦。那年林肯三十三歲。

雖然林肯一生中，經驗過許多令他沮喪或憂鬱的事情，但是情況從不像一八四一年那麼糟。假如有一位醫生，在一八四一年頭幾個月裡，碰到林肯的話，他很可能會認為，林肯的自殺威脅，以及史匹德認為林肯有自殺傾向的判斷，是很認真、很嚴重的事情。而林肯一八四一年以前的生活背景，為他這種行為模式提供了強有力的證據。

林肯最親近的幾個人——他母親、他姊姊，以及安．拉利居——先後撒手人寰，離他而去。他唯一的弟弟，也在他二、三歲的時候死了，也許這是為什麼，林肯不願意對他的父親投下太多的感情。林肯所經歷的這些事情，使得他很擔心，凡和他親近的人（尤其是女人），都會一個個棄他而去。他對瑪琍．歐文斯的態度，為這種矛盾的情結，提供了一幅真實的畫面。當他的密友加盧瓦．史匹德決定離開春田市（和林肯），前往肯塔基州迎娶芬妮．黑寧的時候，認為自己又被史匹德拋棄的林肯，在憶及自己早期的經驗後，很可能會在慌亂中生出與其再被瑪琍．塔德拋棄，不如他先拋棄瑪琍．塔德的心態。

一八四一年，在林肯企圖自殺的那段期間，林肯曾經告訴史匹德，「他沒有作過任何值得世人記憶的事情。」自殺行為可能是一種報復性的行為，就像小孩子威脅要逃家，以便讓那些傷害他的人，嚐嚐想念他的滋味一樣。簡言之，自殺行為也是一種企圖活在他人記憶中的行為，這就好比失落對象一直活在自殺者的心目中一樣。自殺的人會幻想，他死後也會被別人永遠記得。阿布拉罕．林肯的自殺威脅，便是屬於這種類型。

史匹德對林肯發出的求救訊號，給予了高度的關懷，這對林肯而言，具有非常重要的治療效果。雖然林肯一再陷入沮喪的深淵，但是林肯畢竟沒有再提過自殺的事。和梅利威勒．

路易斯一樣，林肯也深受失親之痛的困擾，林肯也使用一些策略，去減輕他發洩不完全的哀慟情結。但是和路易斯不同的地方是，林肯的策略比較成功，雖然如此，死亡和垂死的掙扎，依然時時糾纏著林肯的生活。林肯一生飽受失親之痛的折磨，他似乎不停地在搜尋有效的方法，去解除心中的罪惡感、憤怒，以及焦躁感。某些作家描寫林肯對死亡極為迷戀，這或許是因為林肯有意向早期的失親之痛妥協的緣故吧！

林肯還有一個地方和路易斯不同，那就是，林肯可以公開或私下的表達，他內心的失親痛苦。林肯和十九世紀許多學者一樣，反對死後生命的說法。羅勃・布魯斯(Robert Burce)曾經據此表示，這是為什麼林肯「對死亡具有一種很浪漫的情懷」，林肯認為，葬禮的重心是遺族而非逝者。對死亡抱持這種想法的人，比較注重只限家人參加的私人葬禮，比較不注重公開的追悼儀式。而像林肯家那種離群索居的拓荒家庭，在與世隔絕的地理環境影響下，往往會對死亡產生更強烈的浪漫情懷。在「死亡對身後人的意義比較大」這種觀念的影響下，私人葬禮只會使得失落感、憤怒和罪惡感，變得更強烈。

我們可以從林肯一直非常憂慮他所親近的人都會死掉的心態裡，揣摩出林肯對死亡所抱持的浪漫情懷。一八四二年，林肯在寫給史匹德的信裡寫到，「眼看自己摯愛的人撒手人寰，真是一件萬分痛苦的事情；可是我們得作好心理準備，等待這些事情的發生。」此外，林肯也認為，自己離死亡不遠。有二首關於死亡的「浪漫」詩，可以顯示林肯的這種心境。一首詩是威廉・那克斯(William Knox)的作品，那克斯是蘇格蘭人，一八二五年去世的時候，才三十三歲，另一首詩的作者是林肯自己。

一八四四年十月，林肯造訪了母親和姊姊的墓地。十五年來，這是林肯首度訪問他「母親和姊姊埋骨……的社區」。林肯指出，這次的訪問活動，使他憶起一首「十五年前讀過的詩」，直到他成為總統後，他才知道那首詩的名稱和作者。那克斯在〈終須一死〉這首詩裡，把生命描述成「一閃即逝的流星、瞬間飄越的浮雲、眨眼即過的閃電、一拍即碎的浪花」。一八四六年的時候，林肯寫信告訴「昆西獨立黨」的編輯，「我願意用我所擁有的一切，甚至負一點債都可以，去交換如此出色的文才。」林肯並且在信裡附了一份該詩的複本。大部份的學者同意布魯斯所提，這首詩「佔據了林肯成年期的整個思想」，它對林肯的影響「甚為深遠」的看法。林肯第一次接觸這首詩，是一八三一年，他二十二歲的時候。那以後，他又從報上剪下這首詩，放在口袋裡隨時閱讀，直到他會背誦為止。一八五〇年的時候，林肯曾經在查雀里・泰勒(Zachary Taylor)總統的追悼頌辭裡，引用過那克斯的詩文。一八五〇年代時，林肯曾經數度在親戚和律師界同仁面前，引用這段詩文。一位人士指出，林肯經常「坐在火爐前……他那悲傷的眼神，真是我一生中所見過最憂鬱的眼眸」。林肯身邊的人記得，每當這種時刻來臨的時候，林肯都會吟頌那克斯的〈終須一死〉。林肯在臨終的時候表示，這首詩「一直陪伴著我；事實上，我可以說，它經常縈繞在我的腦海裡，每當我從焦躁感中解脫出來的時候，我都會想到它」。

這首詩之所以能夠緊緊扣住林肯的心扉，不只是因為它對短暫生命所作的描述而已。這首詩最令林肯感動的地方是，它對一位去世年輕女性的描述，和林肯的個人經驗——母親、姊姊、未婚妻相繼去世——非常吻合：

年輕姑娘的臉龐、雙眉和眼眸裡，
閃爍著美麗和幸福的光芒，她曾經奏過許多次凱歌吧，
那些愛過她，讚美過她的人，
對逝去的她，有著同樣的記憶。

這首詩對死亡以及拒絕將希望寄託在死後世界的浪漫描述，也讓林肯非常著迷。然而，我們並不確定，林肯是不是真的同意詩中所說，生命的目標只是「等待死亡」：

人之死，猶如花草，
有的凋謝，有的來；
人之生，則是不斷的在重覆，
一個個早已訴說過的故事。

林肯喜愛那克斯的詩，並不代表林肯同意詩中的感傷。林肯背誦這首詩的原因，很可能是因為林肯想為他的失親痛苦，尋找另一層意義。雖然這首詩的主題是，提醒世人面對「人人都欲逃避的死亡」，但是林肯的生平顯示，林肯對「我們心中所想之事，……以及我們所依戀的生命」，並沒有完全放棄。

至於林肯所寫的〈我又見到了兒時故鄉〉這首詩，則是林肯在造訪墓園時，因憶及那克斯的〈終須一死〉，有感而發寫成的。〈我又見到了兒時故鄉〉寫於一八四四年到一八四六年，這首詩和那克斯詩中的頭、尾兩句詩——「噢！人類的靈魂有什麼值得驕傲的？」在含意上不太一樣。雖然墓園之行，勾起了林肯心中許多悲傷的記憶，但是林肯發現，「在眾多的記憶中，也有令人快樂的記憶。」假如死後沒有生命的話，「記憶」很可能是死後生命的一種形式：

噢！記憶！
一個介於人世和天堂之間的世界，
在那裡，腐朽的事情和逝去的愛人，
都成了夢中的影子。

記憶和野心

一八四一年，在林肯陷入沮喪深淵的期間，他曾經告訴史匹德，他的願望是「留名青史，使他的名字深印在國人心中，只要人們一想到他的名字，便會想到他對國家的貢獻。」林肯告訴史匹德，「那是他生平的願望」。假如天堂並不存在的話，那麼死後唯一的世界，以及生命的意義，乃是身後人的記憶。一個人如果想在死後重生的話，就必須在生前締造值得紀念的豐功偉業。近幾年為林肯立傳的幾位傳記作家一致指出，林肯是一位野心勃勃的人。布魯斯等傳記作家表示，林肯熾熱的野心以及林肯對死亡的恐懼感，彼此有不可分割的關係，他們指出：「林肯認為，死後完全滅絕，是一件令他無法忍受的事情。」布魯斯發現，「林肯因此生出繼續活在他人記憶裡的想法。林肯用永遠活在他人記憶中的觀念，去麻痺自己的絕望感。」杜懷特・安德森(Dwight Anderson)認為，「林肯的野心，源自於他對死亡的畏懼感。……而野心是通往永生的不二法門。」林肯的目標是「贏得永生……永遠活在後世的記憶裡。」

雖然這些傳記作家對林肯野心的評價，各不相同，但是他們都同意史特勞基兒所說，「林肯野心背後的驅策力，是他對父親愚鈍性格所具有的自卑感。」林肯曾經幻想，湯瑪斯・林肯不是他的生父，他承襲的是母親來自維吉尼亞州上流階級的血統，這和兒童期十分普遍的叛逆與多愁善感心態，其實十分相似。奧圖・潤克(Otto Rank)指出，這種妄念乃是一種勾劃自己英雄形象的空想：

> 把某對或某位出生高貴的人，幻想成自己的父母親，或者只是父親，然後在出身高貴的新父母身上，加入他們對出身低微之生父生母的真實記憶……，這整件事情，……只不過是兒童用來表達他們對逝去的快樂時光，甚為渴望的一種方式，那時候，父親仍是他們心目中最強壯、最偉大的人，母親仍是他們心目中最親愛、最美麗的人。

林肯九歲的時候，猛然意識到自己的父親湯瑪斯，其實根本無法保護他不受到失親的傷害，以後的一些事情也顯示出，林肯很可能發現，這些兒時幻想，可以使他得到某種程度的慰藉。

安德森指出，這種心態逐漸演變成一種，使幻想成真的欲望，林肯不但要成為自己的父親，而且還要用「獨立宣言」去取代建國之父的「美國憲法」以便成為美國的國父。安德森引用鄂尼斯特・貝克耳(Ernest Becker)的觀點指出，林肯猶如一個「一心想征服死亡的孩子，他要作他自己的父親，他要作自己生命的創造者和扶養者」。其實，我們大可不必像安德森那樣，從那麼虛無縹渺的角度去推論，林肯發洩不完全的哀慟情結，使得林肯認為，永生的不二法門是名聲而非信心。與其把林肯留名青史的野心，看成早年經驗的一種病態反應，我們不妨把這種野心，看成一種解決問題的治療法。

在林肯的欲望裡，夾雜著貝克耳所說的，因抗拒死亡而產生的「英雄」願望。貝克耳認為，這種期盼自己能夠成為英雄人物的願望，源自於害怕自己死後會被人遺忘的恐懼。而對這件事情最感焦慮的人，往往是那些曾經被遺棄過的人。具有英雄思想和自殺傾向的人，大多有一種希望被別人永遠記得的妄想。這兩種人都希望超越死亡。而世上最英勇的行為，莫過於為社會福祉，犧牲自己的生命，亦即德克漢所說的「利他式的自殺行為」❻。

感謝那場災難和陰謀，林肯終於達到了活在他人記憶裡的願望。林肯死前非常明白，他已經成為一位英勇、自創風格的一國之父了。一八六〇年代和林肯走的很近的人均表示，林肯對死亡似乎有種偏好，某些人甚至指出，林肯似乎有意迎向死亡；另外還有一些人指出，林肯一再以身試險。假如這些分析屬實的話，我們可以推斷，林肯處理早期失落經驗的策略裡，一直具有自殺的影子。特殊的歷史狀況，使得林肯得以在國際舞臺上處理他的沮喪症。林肯和其他具有發洩不完全哀慟情結的人不同的地方是，林肯的策略使他得以跳出幻想，並將自己的自我滅亡念頭，轉變成受社會肯定的行為。

第三節　結論

從阿布拉罕・林肯的生平事蹟，我們可以瞭解，具有嚴重早期失親經驗的人，並不一定都會自殺。換句話說，失親的痛苦雖然經常會導致自殺，但是某些人自殺的目的，並不一定是為了自我毀滅，對這些人而言，自殺是一種處理罪惡感、憤怒感和報復心理的策略，它的目的是為了使生命繼續延續下去[7]。只有當各種策略都失敗的時候，完整或者「成功」的自殺行為才會發生。

梅利威勒・路易斯以及阿布拉罕・林肯的自我毀滅行為，可以反映出美國人自殺行為的心理文化病因。他們兩位所採取的策略，雖然都是典型的自殺行為，但是這些策略的具體形式，卻視個人狀況以及他們所處的大環境而定，而他們所處的大環境，在歷史上是十八世紀末期和十九世紀初期的美國社會。是故，路易斯和林肯所承受的失親痛苦，並不一定會促使他們走上自殺的道路；失親的痛苦只不過使得他們不得不去搜尋一些，對付這些痛苦的策略，而這些策略的成功機率，泰半得仰賴自己根本無法控制的力量。

注釋：

❶根據本書前面的討論，我將自殺傾向(suicidal behavior)定義為，在有意或無意的情況下，所採取的一些有致命危險的行為或策略。

❷強・貝克利斯(John Bakeless)根據這些失敗的戀史指出，「梅利威勒・路易斯不喜歡女人，這個性情孤僻，而且非常情緒化的男人，最喜愛的是到荒山峻嶺去探險。」貝克利斯並且表示，「再說，那個女人比得上他那優雅、迷人、慧黠、精神異常飽滿的母親呢？」貝克利斯，《路易斯和克拉克》，pp.385–386；迪倫，《路易斯》，pp.284–286。

❸路易斯在擔任傑佛遜秘書的時候，經常發生情緒失控的現象。見羅尼・阿布阮斯(Rochonne Abrams)的〈梅利威勒・路易斯：在傑佛遜身邊的兩年〉，《密蘇里歷史社會公報》第三十六期（一九七九年十月）：13。

❹我想在此強調一下，我在撰寫這部份內容的時候，抱持著非常謹慎的態度。我只是借用阿布拉罕・林肯的這個生活面，去解釋早期的失親經驗和後來的沮喪問題，並不一定會導致自殺。這部份的探討，和林肯為什麼會當選總統，以及內戰發生的原因，不可混為一談。

❺普魯斯症，或浪熱，是一種絕症，肯塔基州西部以及印地安那州南部的拓荒移民，對這個疾病可謂耳熟能詳，而且甚為畏懼。它的症狀包括「頭昏、反胃、嘔吐、肚子痛、口乾舌燥，以及非常難聞的口臭」。

一個星期之內，患者便會出現呼吸不規則，脈搏不正常，體溫下降的症狀，然後會變得非常「虛弱……接著會陷入半昏迷或昏迷狀態」。見衛斯里・史賓克的《普魯斯症的特性》（明尼那布勒斯：明尼蘇達大學出版社，一九五六年），pp.145–170；B. M.辛姆的《普魯斯症：人、家畜和野生動物的感染情況》（紐約：史普林格—佛耳雷格，一九八二年）。

❻林肯其實經常懷疑自己的精神狀態健不健全，他很擔憂自己會變成瘋子，但是他並不希望別人知道他這種心態。在〈我又見到了兒時故鄉〉這首詩裡，林肯除了表達了他對去世親人的懷念外，他還表達了另一種心態：「有一件比死亡更恐怖的事情籠罩著我，那就是，成為一個喪失理智的人。」這首詩還提到一位林肯兒時的玩伴馬修・兼特呂(Metthew Gentry)，「他在十九歲的時候，忽然發了瘋，」他想殺掉他的父母和他自己。一八四四年林肯訪問故里時，他發現「馬修仍然處在一個非常扭曲的狀態裡……我忘不了我對這件事情的印象」。林肯認為，像馬修・兼特呂這樣的瘋子，雖然沒有死，但是他們是被遺忘的人：「噢！死亡！你這令人畏懼的王子，你使世人生活在恐懼中；你為何要粉碎別人以往的幸福，使他徘徊在這裡呢？」見〈阿布拉罕・林肯致安德魯・強斯頓書〉，一八四六年九月六日，《收集工作》，1:384–386。

❼當然，佛洛伊德曾經指出，所有精神病患的行為，都有「過度果決」的傾向，因此非意識性的自我毀滅意念，以及為求適應或者為求操縱的策略，都可能會導致自殺。

第六章　自殺行為的心理文化意義

加州這塊充滿希望的土地，讓馬克斯・懷特大失所望。馬克斯・懷特並未在「這塊自由的土地」上，實現自我提升和致富的夢想，反之，環繞著他的乃是失業和寂寞的夢魘，他的希望破滅了，他詛咒每一位他認為陷他於不幸的人。他後悔離開了他的祖國匈牙利，他覺得他根本不應該投胎到這個世界上來。不論懷特的悲鳴是否言過其實，總之他認為自己不值得再活下去了。當地一份報紙形容懷特是一位「絕望的受害人」。

懷特不僅是絕望的受害人，他並且是一八九三年經濟大恐慌時代的一個社會統計數字。一八九三年的經濟大恐慌，是美國史上最嚴重的一次經濟危機，而解釋經濟大恐慌發生的原因和影響，對美國的理論家而言，可謂是一項考驗。懷特自殺一個月之後，史學家佛瑞達律克・傑克森・騰訥(Frederick Jackson Turner)發表了截至目前為止，最具權威的一種說法，他認為這個脫序現象的肇因是美國拓荒時代的結束。騰訥在一八九三年發表的《拓荒論》裡，引用一八九〇年的聯邦人口普查資料指出，西部的廉價土地，是美國宣洩過剩遷移族的「安全活門」。

騰訥的推論之一是，一八八〇年代蜂擁至美國西部的遷移族，在極度失望的情況下，有些人轉而投入政治及社會暴動，有些人選擇了自殺。而當時美國報紙上，幾乎整頁都是這類新聞的事實，則為騰訥的推論，提供了確鑿的證據。勞工階級不穩定的現象，已經持續了五年。一八九二年的社論主筆更一再警告，美國社會即將爆發一場社會革命，美國將因此掀起一股自殺風潮。一八九〇年代的《聖地牙哥聯合報》，和美國各地的報紙一樣，也是滿佈全國各地的自殺新聞。一八九三年二月的《聖地牙哥聯合報》指出：「日復一日，這種罪行不斷的在報上重演。」該報並且表示：「自殺新聞已經頻繁到，根本引不起人們注意的地步了。」對聖地牙哥市而言，這個說法尤其真切[1]。因為加州的自殺率高居全美之冠，而聖地牙哥市一八九一年到一八九五年的官方自殺率，則是每十萬人當中有二十八．六人自殺，這個比例僅次於舊金山市，為加州自殺率第二高的都市（表6.1）。

一八九三年的經濟大恐慌，使得過去二年來，因財務危機而導致的自殺風潮，變得更嚴重。詹姆士．狄勒(James A. Dillar)的自殺事件，便是一個典型的例子，狄勒自殺的時候才四十五歲，他是一位房地產商，也是一位公證官(notary)。一八九二年三月十八日，狄勒「把槍

表6.1 美國各大都市的自殺比例，1891–1895

都市名稱	每十萬人中的自殺比例
費城	10.2
波士頓	13.1[a]
芝加哥	16.8[a]
紐約	19.8[a]
加州（州）	22.9[a]
聖地牙哥	28.6
舊金山	41.3[a]

資料來源：聯邦人口普查資料，第十一次人口普查，一八九〇年，4: pt.1, cvi–cvii；第十二次人口普查，一九〇〇年，3: pt.1，表十九，285–555；一九〇〇年人口普查，4: pt.2，表七，115–226；聖地牙哥郡驗屍室；連，《都市的暴力死亡》，p.12。各國自殺比例，1891–1895年，見（表6.4）。

a代表1890–1990年的自殺比例。

口含在嘴裡」，炸開了自己的腦袋。狄勒一八八六年從堪薩斯州的威靈頓市，遷居到聖地牙哥市，那時聖地牙哥市的房地產業，可謂一片蓬勃。他帶著太太和三個孩子，以及「一大筆現金」，來到聖地牙哥市。狄勒和千千萬萬的投機者一樣，也夢想靠土地的快速升值，頓成巨富。由於聖地牙哥市有十分優良的天然港口，因此許多人謠傳，聖地牙哥市會成為美國西南方的鐵路終站，甚至有人臆測，聖地牙哥市會成為美國東岸和東方國家的貿易轉運站。這些謠傳和臆測，使得聖地牙哥市在驟然間，從一個原本只有幾千人居住的小村落，搖身一變，成為擁有三萬五千居民的大都市。

和許許多多其他的人一樣，狄勒也把他所有的積蓄，投資在房地產上，和許許多多的投機者一樣，狄勒也把買來的房地產抵押出去，以便買進更多的房地產。結果洛杉磯脫穎而出，成為美國西南方的遠東貿易轉運站。狄勒的財務一下子全垮了。這個嚴重的打擊是在一八八八年四月間發生的，六個月之內，聖地牙哥市的居民便流失了一大半，只剩下一萬六千人。根據報紙上的記載，狄勒的那些投資，落入了一個「和千千萬萬人一樣」的悲慘下場。房地產價格一落千丈不說，狄勒的房租收入也告斷絕，接著是付不出貸款，以及接踵而至的其他問題。狄勒把她寡母僅有的五千元積蓄也賠掉了，《聯合報》指出，「這使他變得異常憂鬱，終於導致昨天的那場慘劇。」驗屍報告指出，一位醫生證實，狄勒在他那裡治療過「神經衰弱症和一般性的生活機能衰弱症」。這位醫生表示，狄勒對他的經濟狀況非常煩惱，他計劃先殺死自己的太太，然後自殺，因為「他實在不願意拋下他太太一個人，獨力對抗貧窮」。社論雖然譴責自殺行為，但是一般的新聞報導，多半對自殺者表示同情，一位記者指出，狄勒「唯一的錯誤是，在投資上判斷錯誤，在這件事情上，其實有許多人滿同情他的」。

狄勒去世九天前，六十六歲的退休鐵路工人及內戰退伍軍人喬治・葛登(George Golden)，朝自己頭上開了一槍。出生於愛爾蘭的葛登，五個月前才帶著他的終生積蓄一千四百元，遷居到聖地牙哥市。在「威爾斯－法爾哥」一位店員的介紹下，葛登將一千三百元存入了「第一國家銀行」。沒想到第二天這家銀行便宣佈停止營業，緊接著，這家銀行的老闆J. W.柯林斯(J. W. Collins)，也因盜用了二十多萬公款而被起訴。憤怒的葛登揚言要殺了「威爾斯－法爾哥」的那位店員，在其他人員一再保證，柯林斯很快就會把錢還給存款人之後，葛登才作罷。在找不到工作的情況下，葛登典當了他僅有的一些物品，一心等待柯林斯實踐他的諾言。可是一八九二年三月三日，葛登以及聖地牙哥市的其他居民，卻接獲J. W.柯林斯自殺身亡的消息。取回存款的希望，一下子成了泡影，六天後，喬治・葛登便自殺了。他的遺言是：「離聖地牙哥遠一點，這是一個騙子橫行的鬼地方。」

在馬克斯・懷特自殺的那個月份，原籍德國的四十四歲移民卡爾・庫魯森伯格(Carl Creutzenberg)，也自殺身亡，庫魯森伯格從聖柏那迪諾市搬到聖地牙哥市找工作，他是一名酒鬼，他的太太因他「行為放蕩」，訴請和他離婚，「在找不到工作的情況下，庫魯森伯格變得非常頹喪。」十二月十七日，在痛飲了幾天酒之後，庫魯森伯格服下了足以致命的番木鱉鹼(strychnine)，結束了自己的生命。

打從一八九〇年代開始，專家便一再警告社會大眾，社會必須為經濟危機付出的代價之一是，自殺率的增高，而懷特、狄勒、葛登，以及庫魯森伯格等人的自殺事件，似乎為這個觀點提供了確鑿的證據。然而，把自殺行為和經濟危機連在一起的說法，雖然有其說服力，但是卻不免流於膚淺。因為一八八八年的房地產大崩盤，和一八九三年的經濟大恐慌，雖然使得許多人損失慘重，但是因此而自殺的人，畢竟只有一小部份而已。是故，任何值得參考的自殺理論，都必須解釋，為什麼這些事件經常會導致自殺？以及，為什麼這些事件不會導致大部份的人自殺？

一八九七年的時候，艾密耳・德克漢提出了一個答案。德克漢的結論是，戰爭、貧窮、經濟大蕭條等因素本身，並不是造成自殺率上升的原因。導致自殺率上升的原因是，某些隸屬於特定社會族群或團體的人，在傳統的價值觀和社會制度裡，找不到足以化解他們心中痛苦的方法。特定危機本身，只不過使得原本就存在的問題，變得更嚴重罷了。經濟大蕭條等社會危機的重要性在於，它們迫使那些飽受社會亂象和精神壓力之苦的人，不得不把自身的失落感和解決方法，予以私人化。

然而，德克漢的社會學理論並沒有解釋，為什麼在特定的社會族群和團體裡，只有小部份人，而非整個族群和團體，品嚐社會亂象的苦果。德克漢的理論暗示，文化（或道德）亂象的程度，乃是取決於個人觀感，以及可以測量的具體狀況。換句話說，德克漢認為，道德危機是一種文化狀態，也是一種心理狀態❷。

打從一八九七年開始，社會學家便認為，只要把德克漢的方法論修改一下，他們就可以用這套方法去解釋（假如不能預測的話）不同社會族群的行為。在自殺行為的研究上，這是指，辨識和分析不同自殺族群的可變因素，比方說：性別、年齡、共同經驗、族裔、宗教信仰、居住區域等等。然而，這一系列的研究工作，雖然成功的用一套很複雜的方法分析出，不同社會族群的自殺身亡率彼此各不相同，但是它們無法解釋，不相同的原因是什麼。這乃是因為這些研究人員和德克漢一樣，也沒有仔細觀察各族群內的行為變數。社會學如果缺少心理學的輔佐，德克漢如果不參考佛洛伊德的理論，似乎無法為社會學上的問題，找到令人滿意的答案。

上一章所討論的梅利威勒・路易斯和阿布拉罕・林肯的個案，可以解釋一部份，為什麼具有類似幼年失親經驗的人，並不一定會遭到自殺身亡的下場。個人處理失親經驗的策略是否奏效，比失親經驗本身更重要。而這些策略的成敗關鍵，則取決於個人的心理因素，以及文化和歷史因素。

個案研究的缺點是，每一件個案都有其獨特性。群體研究的缺點則是，它們往往只能顯示各族群間的自殺率差異，不能顯示各族群內的差異性。而任何一套具有說服力的理論，都必須解釋群體間和個體間的差異性。雖然德克漢和佛洛伊德都未強調過這一點，但是他們二位均認為，自殺行為乃是由內在的心理困擾，以及外在的文化衝突所導致的。

如果我們要瞭解族群間，以及族群內的差異性，就必須借重心理文化研究法。接下來，我會用我在路易斯和林肯案例裡所建立的心理文化模式，去探討被社會科學家列為美國自殺率最高的社會族群：搬家族和移民族。

第一節　搬家族和移民族的自殺行為

十九世紀初期，當美國的統計學家首度開始系統化的收集自殺行為統計資料的時候，他們便發覺，美國搬家族(migrants)的自殺危機，高居各族群之冠。我們可以從移民最多的地方自殺率往往也最高的現象中，窺出一些端倪。以下三幅美國地圖，代表過去一百年來，這個現象的地理分佈狀況。圖中的自殺比例，真實的反映出美國人的遷移動態，或許，這些自殺比例可以代表《拓荒論》的另一面。打從一八五〇年代開始，舊金山市就一直是自殺率最高的都市。當然有人會說，這是因為舊金山享有特殊盛名，因此會吸引非常人士之故，但是這個解釋並不適用於聖地牙哥等其他西部都市。今天，阿拉斯加州、亞利桑那州，柯羅拉多州、內華達州，和紐約州的自殺率，均已超過以往一直保持領先的加州自殺率。邁阿密州、佛羅里達州的自殺率，也直追舊金山市的自殺率，而賭城拉斯維加斯的自殺率，則早已超過舊金山市。移民比率愈高的地區自殺率也愈高的現象，已經成為一種歷史規則。近年來，湧入大批陽光帶移民的美國南部地區，亦反映出這個現象；這個地區的自殺率，本來在美國各地區當中一直殿後，可是近年來，它已躍升為亞軍。

然而，除非我們能夠證明，自殺的人當中，有很多是移民，否則遷移會導致高自殺率的結論，只能視為生態學上的謬論。事實上，這類證據其實非常多，我們可以從美國各地的自殺報告裡，找到幾乎一成不變的這類證據。許多分析十九世紀自殺事件和自殺分佈狀況的學者專家，曾經討論過這兩者的關連性，尤其是外國移民和自殺行為的關連性。

紐約市從一八〇五年開始收集自殺統計資料，從一八四〇年代開始，《美國精神病學雜誌》每年都定期發表紐約市的自殺統計資料。一八五〇年代是紐約史上移民比率最高的時期，而紐約市的自殺率也在這段時間達到了高峰。一八六一年的時候，《紐約時報》曾經指出：「過去十年來，想自殺的瘋子急驟增加。……而增加的原因，多少和過去十年來，德國和愛爾蘭移民大增的事情有關。」該報並且指出，「紐奧良、舊金山等」移民比率更高的都市，其「自殺率也比紐約高」。在回顧了這些統計資料之後，《紐約時報》的結論是：

「在每一個自殺百分點中，四分之一是德國移民，四分之一是愛爾蘭移民，四分之一是美國人，剩下的四分之一是來自歐洲各國的移民。土生土長美國人的自殺人數，和外國移民

每十萬死亡人數中的自殺死亡人數：1880

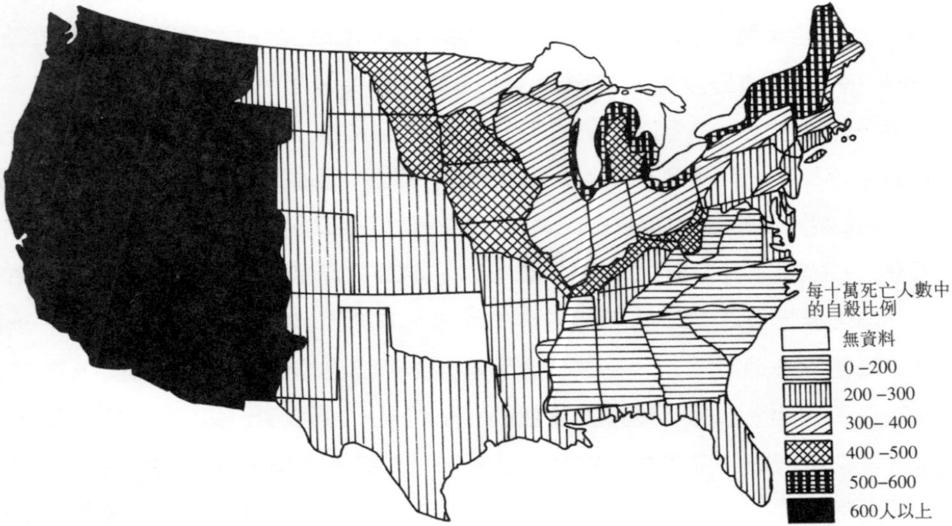

地圖6.1　美國各地區自殺比例圖，1880

每十萬居民中的自殺人數：1918~1922

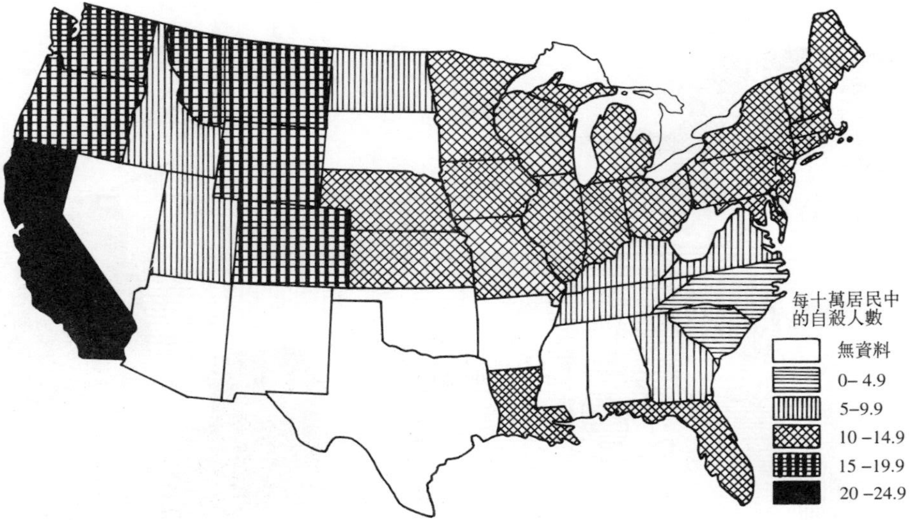

地圖6.2　美國各地區自殺比例圖，1918–1922

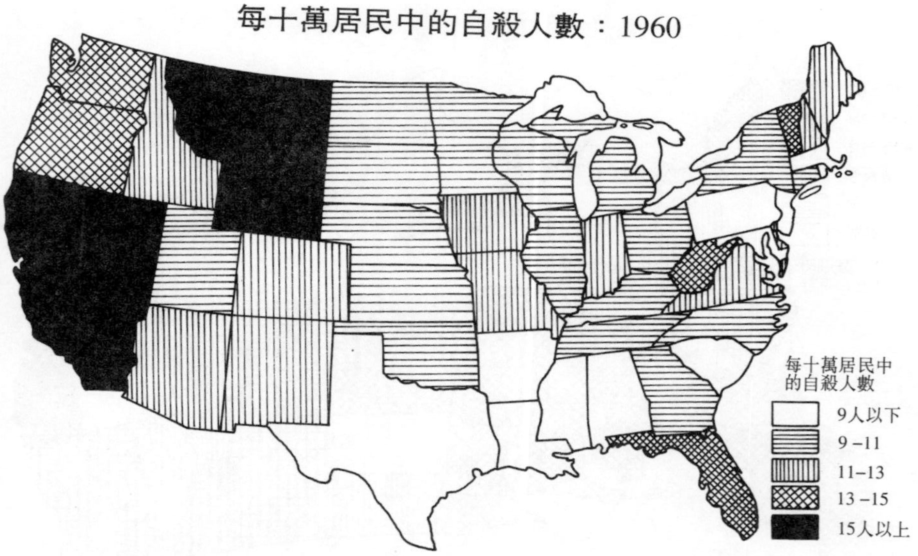

地圖6.3　美國各地區自殺比例圖，1960

的自殺人數，相差非常遠；來自各國的移民，約佔紐約總人口數的三分之一，但是外國移民和美國本地人的自殺比例，卻是三比一。」聯邦人口普查報告證實了上述的結論。一八九〇年的聯邦人口普查報告指出，在國外出生的美國人，其自殺率比在國內出生的美國人高三倍左右。而早年的人口普查報告，顯示過相同的統計數據。

羅傑・連(Roger Lane)曾經針對十九世紀費城的暴力事件作過研究調查，他在報告裡指出，「在國外出生的美國人，自殺率相當高。」例如，一八七〇年的時候，費城大約有十八萬四千位移民，這大約相當於費城總人口數的百分之二十七。連發現，「在一八六八年到一八七二年的五年間，費城移民的自殺比例是，每十萬人當中有七・四人自殺，這比土生土長美國人的自殺比例高出了五・五人。」到了一九〇〇年的時候，國外出生的美國人，約佔費城總人口數的百分之二十三，可是「在一八九九年到一九〇一年之間，費城移民的自殺比例卻躍升為十四・六人，而土生土長美國人的自殺比例則躍升為十一・八人」。

一九二七年的時候，退休後移居到聖地牙哥市的阿尼塔・繆耳(Anita Muhl)醫生，在研究了一九一一年之後的聖地牙哥市驗屍報告後指出，「聖地牙哥市的自殺率目前不但高居全美之冠，而且過去十五年來，該市一直保有這個頭銜。」繆耳將這個現象歸咎於「美國西南方角落所象徵的意義。……它象徵回歸，它吸引的是想回歸的人，這些人耽迷於用最原始的回歸方式——自殺，去表現這個具有破壞性的特質」。繆耳的研究報告，並沒有區分外國出生的美國人以及土生土長的美國人。但是如果把一八八〇年以後，聖地牙哥市的自殺率加以重組的話，我們可以發現，該市的自殺率，尤其是移民族的自殺率，果然如繆耳所說的，非常之高。一八八〇年到一九〇〇年之間，在聖地牙哥市的自殺族裡，有百分之八十八的人是在加州以外的地方出生的，有百分之五十二的人是在美國以外的地方出生的❸。然而事實上，一九九〇年的時候，外國移民的人數，只佔聖地牙哥市總人口數的百分之十一．八而已。

魯絲．卡文(Ruth Cavan)也曾經在十九世紀末二十世紀初發表的自殺行為研究報告裡指出，紐約市、芝加哥市、費城和波士頓市的移民自殺率，遠超過土生土長美國人的自殺率(見表6.2)。卡文並且發現，「每一個城市的移民自殺率，都是他們歐洲本國同胞自殺率的二至三倍。」奧柏瑞．溫德林(Aubrey Wendling)曾經針對舊金山市，一九三八年到一九五二年之間的自殺事件，作過研究調查，而這份研究調查的結果亦顯示，在外國出生的人，其自殺危機遠超過在美國出生的人（見表6.3）。近幾年的全美統計數據，仍然呈現出同樣的結果（見圖6.1）。

無論如何，分析高自殺率和移民族關係的研究工作指出，導致移民族自殺的原因，並不是「外國屬性」本身，在移民族中，某些特定族群的自殺率，向來就比別的族群高一些。美

表6.2 以出生國為標準的各城市自殺比例表
（每十萬人中的自殺人數）

出生地	紐約 1911–20	芝加哥 1919–21	費城 1919–24	波士頓 1911–15 1918–19
總比例	15.4	15.2	無資料	17.0
美國	8.1	9.4	9.3	12.7
所有外國人	無資料	28.8	20.1	21.3
加拿大	無資料	23.8	23.8	21.5
英國	30.6	17.7	23.5	31.5
愛爾蘭	15.3	8.1	10.3	15.3
法國	33.8	無資料	18.4	無資料
義大利	10.5	15.8	10.5	10.9
蘇俄	17.8	19.3	16.1	16.0
奧地利	無資料	56.9	無資料	無資料
匈牙利	無資料	47.3	無資料	無資料
德國	64.2	43.4	53.2	68.9
北歐	無資料	37.4	25.6	57.5
波蘭	無資料	11.3	11.2	無資料

資料來源：魯絲·卡文，《自殺》（芝加哥，一九二八年），p.3。

表6.3　以出生國為標準的舊金山市自殺比例表 1938–1942及1948–1952

出生地	1938–1942	1948–1952
美國出生	25.3	20.7
外國出生	48.5	44.0
德國	65.4	53.3
義大利	37.4	24.9
蘇俄	59.6	33.2
愛爾蘭	34.9	20.0
英國，威爾斯	36.4	39.3
中國	42.2	無資料
加拿大	32.5	38.2
丹麥	94.2	94.3
瑞典	49.3	45.3
挪威	81.3	91.6
奧地利	67.3	34.7
芬蘭	61.7	90.0
法國	20.5	67.4
波蘭	32.8	57.8

資料來源：奧柏瑞・溫德林，〈舊金山灣區的自殺事件，1938–1942，1948–1952〉博士論文，華盛頓大學，西雅圖，一九五四年，p.81。
注：國家係按照自殺人數排列；每十萬人中的自殺人數。

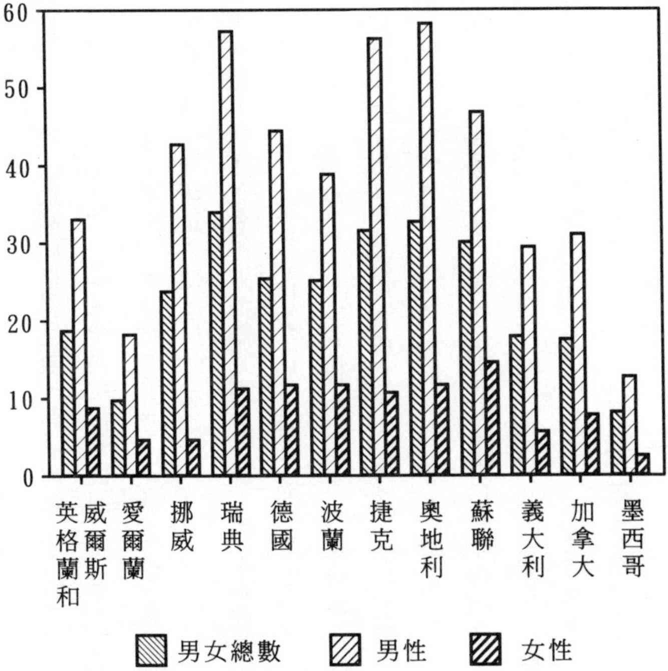

圖6.1　美國境內在外國出生者的自殺比例圖，1959
（每十萬人中的自殺人數）

資料來源：路易斯・達伯令(Louis Dublin)，《自殺：在社會學和統計學上的研究》(紐約：阮諾德出版社(The Rarold Press)，一九六三年)，p.31。

國移民族的自殺分佈狀況，可謂是移民母國自殺率的放大圖。打從十九世紀中葉開始，德國人和丹麥人的自殺率，便一直高居世界之冠，而愛爾蘭人、義大利人，以及挪威人的自殺率，則一直相當低（見表6.4和圖6.2）。美國境內歐洲移民的自殺率，又比這些移民母國的自殺率高。因此，德國人、丹麥人和奧地利人的自殺率，不論在新、舊世界都高居第一，而愛爾蘭人和義大利人的自殺率，則總是很低。

美國的大眾傳播媒體，也報導並討論過這個種族上的差異性。比方說，在一八五九年八月間，《紐約時報》曾經在一篇報導自殺率快速竄升的社論中指出，過去三個禮拜以來，該報一共披露了二十六樁自殺事件，其中六樁的當事人，是德裔移民。一八六一年的時候，《紐約時報》更進一步指出，「在歐洲各族裔裡，德國人的自殺率最高，義大利人的自殺率最低；以登記有案的自殺事件而言，那不勒斯市(Naples)和巴勒摩市(Palermo)每年的自殺比例是，每十七萬五千人當中有一人自殺，而柏林市的自殺比例則是，每一千人當中有一人自殺。」《紐約時報》並且指出，在紐約市，每四個自殺的人當中，就有一個是德國人。

十九世紀末期的時候，美國的自殺族裡面，有一大半是德裔和丹麥裔移民。一八七〇年代和一八八〇年代時，專門研究美國人自殺行為的學者專家，對這個統計數據極為震驚。一八七五年的時候，著名的神經學家艾倫・漢彌爾頓 (Allan M. Hamilton) 曾經在《通俗科學月刊》

表6.4　1880年以後的各國自殺率比較表（每十萬人中的自殺人數）

國名	1881–1885	1891–1895	1910–1914	1926–1930	1960	1978
愛爾蘭	2.2	2.9	3.2	3.3	3.0	5.7 [b]
義大利	4.9	5.7	8.5	9.6	3.0	5.8 [c]
挪威	6.7	6.5	8.5	9.6	6.3	11.4 [d]
美國	5.6	6.7	15.4	15.0	10.6	13.5 [d]
英國，威爾斯	7.5	8.9	9.9	12.3	11.2	8.0 [d]
澳大利亞	9.7	11.9	12.8	12.2	10.6	11.1 [d]
瑞典	9.7	14.4	17.6	14.5	17.4	19.0
日本	14.6	17.9	19.0	20.6	21.3	17.7
奧地利	16.2	15.9	25.7	35.3	23.0	24.8
法國	19.4	24.1	14.0	15.8	14.6	16.5 [d]
德國	21.1	21.1	21.9	25.9	18.8 [a]	22.2 [a]
瑞士	23.2	22.2	23.7	25.3	19.0	23.9
丹麥	24.8	25.0	18.6	16.8	20.3	23.2

資料來源：美國聯邦人口普查報告，第十次人口普查，一八八〇年，11: civ，表十；第十一次人口普查，一八九〇年，4: 1, 463；第十二次人口普查，一九〇〇年，3:1, cclv，魯絲・卡文，《自殺》(芝加哥，芝加哥大學出版社，一九二八年)，p.9；路易斯・達伯令，《自殺：在社會學和統計學上的研究》(紐約，一九六三年)，p.211；聯合國，《人口統計學年刊》(紐約，一九八〇年)，表21。

注：a表西德　　b表1976年　　c表1972年　　d表1977年

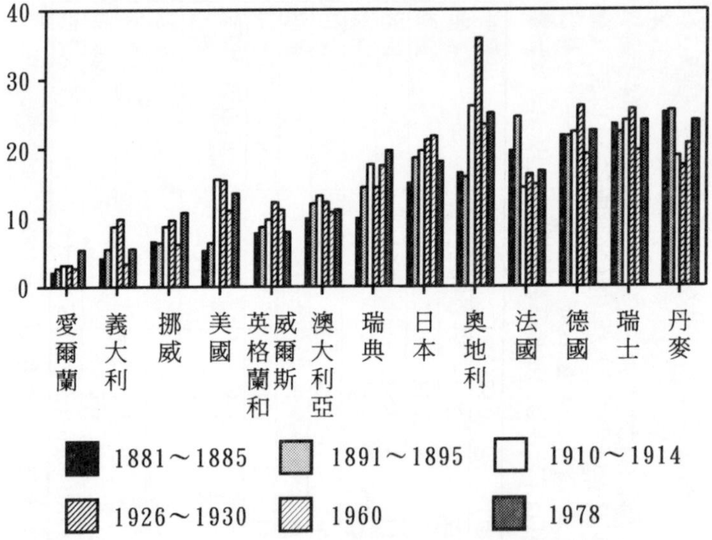

圖6.2　各國自殺比例圖, 1880–1978（每十萬人中的自殺人數）

資料來源：見表6.4。

裡指出，「移民的自殺傾向相當高，尤其是德裔移民。」一八七六年的時候，亞伯特．羅茲(Albert Rhodes)也在《銀河》裡指出，德裔和丹麥裔移民的自殺率「非常高」。他表示，「美國人可能會覺得下面的現象很有趣，除了愛爾蘭以外，美國是德國北部居民和丹麥人，最喜歡移民的國家。」一八八一年的時候，湯瑪斯．麥基里克(Thomas Masaryk)亦在論著中指出，「有趣的是，在美國的德國人，擁有全美最高的自殺率。」一八八三年時，《美國精神病學雜誌》也報導，紐約市的自殺族當中，有百分之四十三來自德國。

二十世紀的調查研究，證實了這些十九世紀的觀察。比方說，連發現，「出生在德國的人，其自殺率比出生在愛爾蘭的人高好幾倍。」然而，近年來的研究調查顯示，雖然德裔和丹麥裔移民的自殺率很高，但是並非只有德裔和丹麥裔移民，才具有這種特質。連發現，某些族裔的自殺率向來比較高，某些族裔的自殺率一向都很低。一八九〇年的統計資料顯示，愛爾蘭和義大利移民的自殺率，相對而言，比較低，但是波希米亞、匈牙利、奧地利和德國移民的自殺率，則非常高。

魯斯．卡文在研究了一八八〇年代到一九二〇年代之間，美國人的自殺行為後指出，「在美國，德裔移民的自殺率最高；北歐（挪威除外）、奧地利、英國移民次之；然後是愛爾蘭和蘇俄移民；義大利移民的自殺率和土生土長的美國人差不多。」最令人吃驚的地方是，現代的歐美移民自殺行為研究調查，居然呈現出和十九世紀中期完全一樣的模式❹。

第二節　歷史與哀慟情緒

為什麼某些族裔的自殺率，向來比其他族裔高？為什麼歐洲移民的自殺事件，遠超過土生土長的美國人[5]？赫伯特・韓汀(Herbert Hendin)在一九六四年出版的《自殺行為與北歐》一書裡指出，丹麥人、瑞典人和挪威人的自殺率之所以會不同，很可能是因為這些民族「對死亡的看法和心態不盡相同」的緣故。從歷史的角度去觀察各民族處理哀慟情緒的方式，可以協助我們進一步瞭解韓汀的觀點[6]。

一個民族處理死亡的方式，可以顯示這個民族如何應付失落感。每一種形式的失落，比方說：失業、失去尊嚴、失去肢體或生理功能、失去財物等等，都會勾起「哀慟感」。而死亡所勾起的「哀慟感」，則是每一個團體，時時刻刻都得應付的一種最極端的心路歷程。

菲利普・阿利鄂斯(Philippe Ariès)在他極為出色的論著《我們死亡的那一刻》裡，探討了過去一千年來，西方社會對死亡的五種態度：「溫馴的死亡、自身的死亡、遙遠以及迫在眉梢的死亡、他人的死亡，以及隱匿的死亡。」阿利鄂斯在每一種模式裡，都用非常深刻的筆觸，描述了各種不同的哀悼儀式。他發現，在中世紀初期的西方社會裡，「死亡並不是一件單純的私事，死亡和生命中所有重要的里程碑一樣，有一個莊嚴的慶祝儀式，這個儀式的目的是，表達死者是他家庭和社區的一部份。」這點以及阿利鄂斯筆下所描述的干擾階段，和現代社會忽略（或壓抑）死亡的態度，可謂截然不同。現代社區「不哀悼死者，可是對從前的社區而言，這是一種義務」。

阿利鄂斯對哀悼情緒所作的歷史回顧，可以幫助我們瞭解，早年的失親經驗之所以會導致後來的自殺行為，其關鍵在於質，而非在於量。比方說，假如失親經驗和自殺行為之間，只有因果關係的話，那麼美國社會以前的自殺率，應該遠比現在高才對，因為以前的死亡率比較高，因此失親的危機也比較大。查理斯・傑克森(Charles Jackson)便曾指出，「在殖民時代，鮮少有人一生當中沒有經歷過幾次親友死亡的痛苦。」然而，這些早年的失親經驗，並沒有導致高自殺率，這很可能是因為，「當時的人，大部份生活在小社區裡，因此人與人之間，有一種相依為命的依賴感。」這使得「整個社區都會感受到個體死亡的失落感。此外，社區也會盡可能的幫助遺族」。在這種情況下，遺族的哀慟情緒，可以得到較為充分的發洩。

十九世紀末期的時候，西方社會對死亡和哀慟情緒的態度，產生了巨大的轉變。部份原因是，來自鄉村和外國的移民，打亂了傳統的社交生活型態。這個現象並且使得宗教習俗為之衰退，而繼之而起的現象是，愈來愈多人因為懷疑死後生命，而對死亡產生了一種新的恐懼感。傑克森解釋：「由於人們愈來愈不能接受死亡，不論是自身的死亡或是親友的死亡，因此人們開始美化死亡，並且把死亡當成一種禮教。」阿利鄂斯表示：「使遺族感到悲痛的，不再是死亡本身，而是他們和死者在肉體上分別了。」無論如何，這種對死亡的「浪漫思想」，只局限於核心家庭，「而核心家庭不但取代了傳統社區，同時也取代了中世紀末期和現代化初期的個體」。遷徙和移民，使得許多遭受到這種打擊的人，變得更痛苦。是故，失親的恐懼感逐漸成為哀悼儀式的中心，而愈來愈私人化的哀悼儀式，則使得個體的失落感、憤怒情緒和罪惡感，變得更嚴重。阿利鄂斯認為，這些趨勢無一能完全取代早期的模式。此外，基於特定的歷史因素，某些個體和族裔，一直固守早期的哀悼模式。

證據顯示，不同的國家、民族和宗教團體，會發展出不同的哀悼儀式。韓汀在研究了北歐人的自殺行為之後指出，「各國對自殺、死亡和死後生命的看法，可以反映出各國在社會心理特質上的不同。」例如：丹麥人處理死亡的方式，和德國人及奧地利人很相似，他們都用小型儀式，去處理死亡。韓汀發現，「丹麥人不認為葬禮是發洩哀傷和悲痛的場合；他們認為這些儀式令人感到很痛苦，因此愈簡短愈好。他們覺得，在一個死人旁邊是一件令他們感到很不舒服的事情，因此他們縮短哀悼的時間，以便儘快把這件事情丟開。」可是挪威的情況完全不同，在北歐各國中，挪威的自殺率一向最低，挪威根本「沒有那種進行得很迅速，哀悼的時間很短，讓人覺得愈快結束愈好的葬禮，這種葬禮在丹麥很常見，這表示，丹麥人對死亡所造成的分離，有一種普遍性的焦躁感」。

和挪威人一樣，愛爾蘭人和義大利人不論在新、舊世界裡，都保持傳統的哀悼習俗，這種習俗允許兒童參加哀悼儀式。移民到大都市裡的義大利人和愛爾蘭人，會立刻成立葬儀社、社區支持組織，以及住宅維修組織，這些組織可以鼓勵義大利人和愛爾蘭人，在這個社區繼續延續下去。而自殺率本來就很高的德國人，移民到美國之後，自殺率卻變得更高。德國移民甚至比義大利移民更早「創立一系列的義務社團、德文報紙，以及德語學校。」然而，凱薩琳・奈耳絲・康珍(Kathleen Neils Conzen)卻指出，和十九世紀末期的愛爾蘭人和義大利人不一樣的地方是，德國人「同化的比較快」。因此，「德文消失的很快，社團成員也愈來愈少。」康珍指出，一九一〇年的時候，在德國人最集中的二十個城市裡，德裔移民因種族隔閡而自成一區的現象，遠比其他族裔淡。整體而言，自殺率最高的幾個族裔，在美國的整體生活狀況，均不如義大利以及愛爾蘭移民成功。而某些族裔不但哀悼習俗不如其他族裔有效力，而且他們移植地方自治支援系統的能力，也比其他族裔遜色。

問題的重點並不在於義大利或德國人種，而是在於德國人和丹麥人的哀悼儀式，一向比愛爾蘭人和義大利人缺乏效力。雖然如此，無法適當的處理嚴重失落感的義大利人，也具有自殺的危機。總而言之，美國境內的愛爾蘭和義大利移民，比德裔和丹麥裔移民，更有機會參與社區裡的哀悼儀式。

當然，以上所有的論點，一定和宗教信仰以及禁止自殺的宗教思想有關。比方說，德克漢便發覺，清教徒的自殺傾向，比天主教徒和猶太教徒高。雖然如此，愛爾蘭和義大利天主教徒的自殺率依然很低，而奧地利、德國南部和法國天主教徒的自殺率，在天主教團體裡，仍然最高。而自殺率和愛爾蘭人以及義大利人差不多低的挪威人，則幾乎全是清教徒。即使以十九世紀自殺率最低的歐洲宗教團體——猶太教言之，奧地利、德國和匈牙利猶太教徒的自殺率，亦遠比波蘭、蘇俄的猶太教徒高許多。因此對宗教團體而言，影響自殺率的原因是文化因素而非特定因素。

最後，天主教徒、清教徒和猶太教徒的自殺率之所以會不同，固然和它們在自殺方面的特定教義有關，但是主要還是由於個人或團體的宗教信念，強弱程度不同使然。許多研究顯示，宗教信念的強弱程度，和教義本身以及一些特異因素有關。此外，我曾經在前面的章節裡闡述過，雖然宗教信仰對自殺行為具有約束作用，但是許多自殺行為其實是由宗教信仰所導致的。

第三節　結論

遷居的人是拋棄別人的人，也是被別人拋棄的人。對有自殺傾向的人來說，遷居這件事情本身，便是他們所採取的一種孤注一擲的策略。遷居的人無可避免的會面臨一些嚴重的失落感。而造成這些失落感的原因，除了離鄉背景這個具體事實外，還有脫離有助於他們紓解失親痛苦的禮教結構這件事情，而這個結構是無法重建的。早期的失親痛苦如果發洩的愈不完全，日後碰到其他失落打擊時，會步上自我滅亡道路的機會也愈大。當失落打擊（例如：失業）再度發生的時候，早期發洩不完全的失落感，會重新湧上心頭，而舊日的記憶，會使得眼前的危機，變得更為惡化[7]。

遷居的人大多是一些有心求變的人。而現代社會的求變心態，可以幫助我們理解，為什麼死亡率普遍降低後，自殺事件並未跟著減少。在資產階級社會裡，測量個體價值的標準，除了個體的身份外，還包括個體所擁有的附屬品。這些附屬品可以帶給個體地位和尊嚴。在這種社會裡，人與人之間的關係變得很現實。夫妻、子女、父母，以及朋友，均被視為一種附屬品，它們象徵一個人在資本主義社會裡的自我價值。一個人所擁有的附屬品（以及這些附屬品的價值）——汽車、房子、衣服等等——代表這個人的價值；一個人的物質條件，象徵這個人的身份。在現代社會裡，失落感（任何一種形式的失落）對個體的意義，比以前任何時代都要大。對許多人而言，這些象徵身份、地位的東西，乃是衡量一個人是不是成功地達到了求變目標的標準。然而，現代人如果要達到這個目標，必須先否定從前（包括父母、傳統價值等等）。由於求變心態和否定從前的價值觀，兩者有密不可分的關係，因此一旦失敗的話，人們無法再回頭去依賴那些已經被個人和文化否定掉的傳統價值觀，以用它去減輕失敗的痛苦。因此對那些未達成求變目的的人而言（亦即，承受了真正的，或想像的物質損失的人），任何一種形式的失落，對他們的打擊都很大。

當一個人的求變過程受到限制，或者當他發覺根本不可能改變的時候，因否定過去的價值觀和禮教而產生的罪惡感，會隨著求變夢想的破碎而加重。另外，自我蛻變的夢想中，一定會參雜幾分自我否定，甚至討厭自己的心態。而移民和遷徙，會使得這些問題變得更嚴重。

移民到猶他州和愛達荷州的人，則是另當別論。這兩州都是摩門教徒聚集的地區，而摩門教徒非常重視社區組織和禮教，因此這兩個地區的移民雖然很多，但是該地的自殺率卻一直很低。摩門教不但鼓勵社區人士參加追悼儀式，它並且將死亡看成邁向死後生命的過程，該教相信人死之後會立刻重生。是故，遷移雖然會造成具體的失落感，但是如果遷移族能夠得到社會的支持，並且重新找到有意義的禮教的話，他們的自殺危機會遠比其他遷移族來的低。

心理文化研討方向，可以幫助我們瞭解，為什麼類似的經驗，不一定會導致自殺。自殺身亡畢竟只是個體處理失落感的策略裡，一個可能的結果罷了。雖然某些文化所提供的處理方式，比其他文化有效一點。但是任何一個族群的價值觀和禮教，對自殺行為的約束力都有限，個體對這些價值觀和禮教的認同感和接納程度，才是真正的關鍵。而同化、現代化和遷移，會使得這些束縛力變得比較鬆弛。一般而言，追悼過程愈短、愈私人化的文化和族群，其成員日後愈可能訴諸有致命危險的冒險性策略。

失業對馬克斯・懷特的意義，和別人不同。對懷特而言，找不到工作等於是失去了「自我」。懷特失去過自己的親人、自己的文化和自己的國家。身為一個陌生國度裡的移民，懷特早年生活裡的安全感，全部被切斷了，在這塊陌生的土地上，懷特找不到更有效的策略，去處理他所感受到的失落感。在極度絕望的情況下，他憶起了遠方的兒時家園。懷特非常憤怒，這個社會竟然無法為他提供任何，他認為匈牙利社會很可能可以保護他的策略（懷特必然知道，匈牙利社會也曾經背棄過他，因為在那裡，他的母親過世了，他的父親拋棄了他），懷特認為，死是唯一可以解決問題的方法。他並且幻想，他的死可以報復那些，他認為有意陷他於不幸的假想敵人。

文化環境不但造成了馬克斯・懷特的內心衝突，同時也使得他的處理策略大受限制。和馬克斯・懷特一樣，所有的自殺行為，都和早年失親經驗對個人及團體的心理文化意義有關。記憶，或者說的更確實一點，我們記憶事情的方式，是這個過程的關鍵。因此，自殺行為乃是記憶所導致的，而期望活在他人記憶中的心態，則會加強一個人的自殺意念。巧的是，佛洛伊德和德克漢這兩位，為現代自殺行為理論奠立基礎的大師均認為，記憶乃是深入瞭解人類心路歷程的關鍵。只不過佛洛伊德熱衷於分析，心理狀態以及記憶的威力和歪曲，而德克漢及其門人則熱衷於解釋，文化記憶的威力。但是，克雷波林的門人卻將記憶的結構，從心理、文化的層面延伸到生理層面。因為我們記憶事情的方式，必須仰賴一系列經由釋放和傳遞特定神經化學物質，去刺激神經單位之間連絡工作的複雜程序。因此，假如記憶和生物學有關的話，自殺行為也一定和生物學有關。

注釋：

❶《聯合報》在社論的次一版裡，報導了一位四十七歲的女性，伊莉莎白．喬治的自殺事件，她死在聖裘瑟夫醫院的病床上，「她割破了左耳到右耳間的喉嚨……因為她不喜歡她的睡衣。」她用一塊玻璃碎片，「割喉自盡，她的頸靜脈和氣管被嚴重割傷。」喬治是一位寡婦，她有三名子女，她從蘇格蘭移民到聖地牙哥。一八八六年的時候，她遇到並嫁給了現任丈夫，這位男士是一位嗜賭如命的人。他輸光了伊莉莎白．喬治的不動產和積蓄之後，便拋棄了她和三個孩子。喬治愈來愈情緒化，也愈來愈頹喪，她揚言要自殺，因此被送到醫院接受治療，二月二十二日，她在醫院割喉自盡。見《聖地牙哥聯合報》，二月二十八日，一八九三年；聖地牙哥郡驗屍室，驗屍報告，「伊莉莎白．喬治」，二月二十八日，一八九三年；《驗屍審訊檔案》，二月二十八日，一八九三年，「聖地牙哥歷史社」，手抄本珍藏。

❷我曾經在前面提過，德克漢研究自殺行為的原因是，他認為，自殺行為所涉及的範圍，可以為社會科學家提供一個測量文化（或德克漢所謂的道德）健康程度及病態程度的客觀尺度。他的目標是，為社會學建立科學形象，而他對自殺行為的研究工作，可以為這個目標，提供一個模式。

❸比方說，本章所列舉的五樁自殺案例——懷特、狄勒、葛登、庫魯森伯格，以及柯林斯——全部是遷移族，其中三位是外國移民。

❹二十世紀初期的醫生，對自殺行為是由心理異常現象所導致的說法，頗為信賴，因此他們認為，精神異常的比率，具有種族特異性。他們在探討各族裔在患病比率上的差異時，通常會把探討方向轉移到民族性和遺傳的問題上。查理斯·皮耳格林(Charles Pilgrim)博士曾經在「美國醫師—心理學協會」一九〇六年的年度會議上指出，「我們可以非常明顯的看出來，對生命不在乎的特質，不但個人有之，連民族都有。」他解釋，「德國人、北歐人、波希米亞人、蘇俄人和法國人的自殺率很高，愛爾蘭人、英國人、加拿大人、蘇格蘭人和義大利人的自殺率很低。」皮耳格林表示，這是因為某些族裔「具有一些與生俱來的性格和思想，以至於只要幾片烏雲掩蓋住生命的光輝時，他們便會生出自殺的念頭」。皮耳格林指出，「假如具有這種天性的人自殺的話，我們實在不應該責怪他們，這就好比我們不應該責備色盲分不清楚顏色一樣，因為色盲根本無法區分光譜的光線。」查理斯·皮耳格林，〈精神病與自殺行為〉，AJI63（一九〇七年一月份）：356–357。

❺這些發現的證據來源，和前面所討論的性別比率差不多，因此它的可靠度也和前者差不多。以女性為例，官方統計資料的先天缺陷是，被列入記錄的女性自殺事件，遠比實際數目少得多。而移民的自殺行為統計資料，則正好相反。例如，由於移民的社會和政治影響力，比大部份的美國公民小，因此他們比較不容易影響官方所作的自殺決定。雖然如此，統計數據和理論皆指出，搬家族和移民族的自殺率，比其他族群高。美國境內各移民族在自殺率上的差異，是歐洲各國自殺率的放大圖這個事實，可以說，是移民自殺資料中的有力證據。雖然我並不認為移民族和搬家族的自殺率一定非常準確，但是我認為，它們至

少反映出一個統計學上的事實，那就是，移民族和搬家族的自殺率，一直比土生土長的美國人高。

❻將近二十年後，研究美國人自殺行為的學者專家，大多不重視這種說法。韓汀最近指出，現階段最需要的是「一個真正的心理社會學研究方向，不是佛洛伊德和德克漢學說的混合物，而是一個包括調查不同社會族群自殺心態在內的研究方向。以便更深入的瞭解一個社會的自殺問題。」韓汀指出，「只有這樣，我們才有機會整合心理學、社會學，以及剛萌芽，還很片斷的自殺行為心理生物學知識。」赫伯特·韓汀，〈自殺：回顧嶄新的研究方向〉，《醫院和社區精神病學》37（一九八六年二月）：153。

❼我在本章開頭所討論的五個自殺案例裡，至少有四位當事人具有早年失親（包括拋棄在內）經驗。懷特的母親過世時，懷特年紀尚小，懷特十三歲時，又被父親從匈牙利送到位於聖地牙哥的舅舅家。《聖地牙哥聯合報》指出，在狄勒自殺的前一年，狄勒的小女兒去世了，這對他來說，是一個很沈重的打擊。庫魯森伯格的太太和三個孩子，離他而去，至於柯林斯，他的太太和兩個孩子，也在他自殺前兩年淹死了。

第七章　邁向心理文化生物學

馬克斯・懷特的個案顯示出，他和許許多多的人一樣，也具有再發性沮喪症和神經方面的機能異常現象❶。這些事實加強了愛密耳・克雷波林所提，導致沮喪症和自殺行為的主要原因是生物因素，而非文化或心理因素。克雷波林堅持，在類似的生活經驗下，有些人會產生自殺傾向，有些人不會的原因是，腦功能和生理機能的異常現象。雖然克雷波林並未找到導致沮喪症和自殺行為的特定病因，但是他堅信，神經生物學遲早會找到他一直在搜尋的證據。對克雷波林及其門人而言，德克漢派和佛洛伊德派的學說，並不比中世紀末期流行的說法——撒旦誘惑人自殺——更具有說服力或者更科學。

假如克雷波林還活著的話，他一定會認為，他對神經學的信心，終於得到印證了。的確，近年來，神經學界的新發現，顯然和自殺行為的心理文化研究方向，在二個重要領域上，出現互相衝突的現象。其一是，病理學上的研究顯示，人類的腦塑性在幼兒期的時候，仍然相當大。這方面的研究發現，神經單位之間的連結組織（樹狀突起、軸突和胞突接合），在人類剛出生的時候，並未發展完全，兩歲以前，神經單位的長度和神經鍵的複雜度，會迅速增加，兩歲以後，神經單位仍會以比較和緩的速度繼續成長，直到十二歲左右才停止。由於記憶的傳導和貯存，必須仰賴這些神經單位間的連結組織，因此某些神經生物學家指出，人類根本記不得幼兒期的事情。這是為什麼某些神經學家表示，早期的失落經驗，不會像心理分析理論假設的那樣，被壓抑在內心深處，因為這些經驗根本未被記錄在記憶庫裡。其二是，我曾經在第三章提過，生化學上的研究發現，自殺行為很可能和複合胺這個神經傳導化學物質的濃度過低有關。這方面的研究，使得許多醫生認為，經常會導致自殺的沮喪行為，是由化學因素而非心理或社會因素引起的。

我的看法是，這兩個神經生物學上的論點——人類的腦塑性在幼兒期的時候仍然相當大，以及複合胺濃度和自殺行為有關——和本書所提供的心理文化分析理論，彼此非但不衝突，而且可以互補。我們先討論腦塑性的問題。

第一節　腦塑性(Brain Plasticity)

從細胞的層次來看，記憶是經由神經單位之間的電化學作用完成的，這個作用可能涉及神經單位的物質變化。出生的時候，在系統發生學上較為原始的腦組織、腦軸、小腦，以及間腦的神經單位，已經發展到足以管理體溫、血壓、呼吸、睡眠、心律等生存必備的內部生理功能了。但是嬰兒大腦皮層上的神經單位，其樹狀突起和軸突的分枝與相互聯絡功能，卻不像成人那般廣闊複雜，而神經學家認為，大腦皮層是貯存長期記憶的地方。從出生到兩歲，是腦神經單位發展最迅速的階段，兩歲以後，腦神經單位會繼續成長，直到青春期才停止，因此出生到青春期，是人腦塑性最重要的發育階段（見圖7.1）。

理查・律斯塔克(Richard Restak)表示，「傳統上，學者專家把不記得幼兒期事情的原因，歸之於『壓抑』……人會壓抑困難、負面或傷痛的記憶，以免再度體驗過去的痛苦經歷。」律斯塔克指出，如果從嬰兒的腦塑性和發育不完全的角度來看的話，「在幼兒期的時候，我們的腦子根本還未發育到，足以記錄記憶的程度。」

然而，幼兒期的經驗雖然並未完全印入記憶庫，但是這些經驗對腦神經聯絡功能的發展，

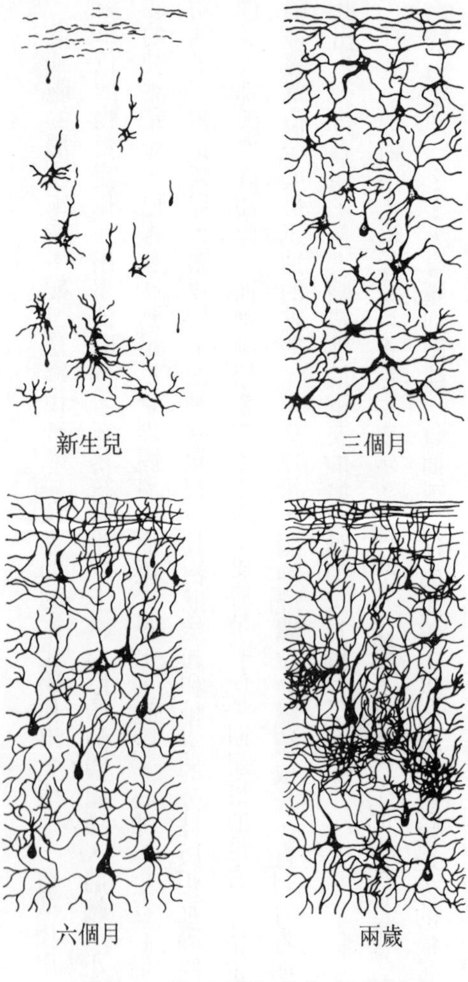

圖7.1　神經單位早期成長圖

卻是至為重要。律斯塔克解釋，「學習和記憶訓練，可以加強腦功能。」感知經驗可以使神經胞突接合(neural synapses)的增殖，變得更迅速。而神經胞突接合的巡迴系統如果強健的話，可以促進記憶的建立、貯存、和喚回。是故，早期的經驗雖然並未完全印入記憶庫，但是它們對腦神經聯絡功能的發展，卻是至為重要，而腦神經聯絡功能的發展，攸關未來經驗在記憶庫裡的長期貯存狀況。

雖然神經學家才開始研究構成記憶系統的龐大神經網路，但是一般咸認，某些特定的腦組織，對記憶系統非常重要，此外，瞭解感知訊息到達記憶庫的路徑，也非常重要。一般而言，當我們的日常經驗透過神經床在神經通路上傳遞的時候，特定的腦皮質新成區域，會在同一時間裡，分析這些經驗。分析好的資料會被收進腦海馬體中，如果未被棄置的話，它們會從腦海馬體中，轉移到腦皮質新成部的長期記憶庫裡。

此外，強有力的證據顯示，會勾起強烈情緒反應的事情，印入記憶庫的速度比較快，而且保持的比較久。當我們碰到會勾起情緒反應的事情時，我們的腦子會釋放一些和壓迫感有關的賀爾蒙到血管中去。在這種情況下，感知訊息會同時被傳送到腦海馬體和腦扁桃體中[2]，這使得記憶組織在頃刻間連接起來（見圖7.2）。因此，情緒化經驗的神經處理過程，似乎可以使記憶系統中的永久性胞突接合，成長得更迅速。另外，由於記憶的發生必須仰賴狀況，

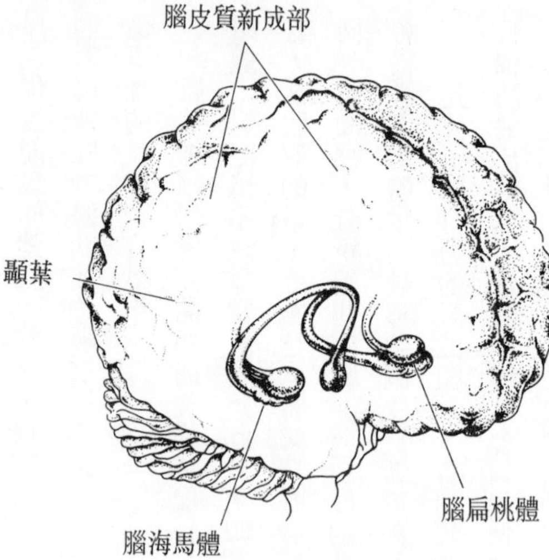

圖7.2 腦海馬體和腦扁桃體

因此如果我們碰到相同的狀況時，很可能會喚回以前的記憶。

另外還有一種說法，和聲稱幼兒期的失親記憶根本就不存在的說法，不太一樣，這個說法主張，幼兒期的失親經驗雖然並未完全印入記憶庫，但是這些不完全的記憶，其實被壓抑在記憶的深處。個體日後如果碰到類似的慘痛經驗的話，這些記憶，或者包含這些記憶在內的記憶組合，很可能會被重新喚出來。但是這些不完美的記憶受到壓抑的方式，和佛洛伊德所說的那種壓抑方式❸，並不相同。也就是說，個體日後如果感受到心理壓力或者情緒創痛的話，這些記憶會重新湧現。但是記憶中的事情永遠會被扭曲，被喚出來

美國人與自殺勘誤

P.155

表4.2　聖地牙哥郡不同自殺方式的男、女自殺率，1880–1972

	舉槍		服毒*		上吊		其他	
	男	女	男	女	男	女	男	女

P.229

表6.2　以出生國為標準的各城市自殺比例表
（每十萬人中的自殺人數）

出生地	紐約 1911–20	芝加哥 1919–21	費城 1919–24	波士頓 1911–15 1918–19
總比例	15.4	15.2	無資料	17.0
美國	8.1	9.4	9.3	12.7
所有外國人	無資料	28.8	20.1	21.3
加拿大	無資料	27.9	23.8	21.5

◎方框□表更正。

的記憶，也永遠會令個體感到困擾、有壓迫感，而且不完全。因此，早年的失親記憶，很可能會一直被「壓抑」在記憶深處，但是它們受壓抑的方式，並不是像佛洛伊德所說的那樣。無論如何，有關早年記憶形成方面的研究工作，更突顯了早年失親經驗和日後行為模式之間的關係。

第二節　複合胺和自殺行為

截至目前為止，神經學家尚無法解釋，複合胺和沮喪症之間的機能關係。他們只能根據抗沮喪劑會影響複合胺和副腎上腺素濃度的現象，去推斷沮喪症的肇因是生理，而非心理因素。臨床治療法之所以會依賴藥物干擾治療法，乃是因為專家發現，如果提高患者腦中這些神經傳導物質的濃度的話，可以控制住或者減輕患者的沮喪問題。然而，腦中的複合胺和副腎上腺素雖然都和沮喪症有關，但是專家指出，複合胺和自殺行為的關係尤其密切。

此外，雖然神經學家對複合胺的傳導方式，展開了一系列的研究，但是迄今為止，他們仍不瞭解複合胺的合成方式和生產方式。一旦我們明白複合胺在腦子裡是如何產生的時候，我們一定可以進一步瞭解，自殺行為的心理文化因素和生化因素之間，究竟有何種關係。

在化學上，許多神經傳導物質，和賀爾蒙類似到很難區分的地步。和賀爾蒙一樣，神經傳導物質也是由氨基酸組成的，它們可以調控細胞的活性。但是賀爾蒙是由血液循環系統釋放的，它們得運行數分鐘或數小時，才能到達目的地。神經傳導物質則只需要百萬分之一秒(microseconds)的時間，便可把訊息送給腦細胞。

外在環境對賀爾蒙運轉的影響，早已被專家研究得很清楚了。例如，社會學和醫學方面的史學家早就發現，少女的初潮年齡，和她的身高、體重有關。研究人員認為，中世紀末期到二十世紀初期時，少女初潮年齡之所以會大降，很可能和飲食有關，尤其和碳水化合物的攝取量大增的事情有關。雖然研究人員並不同意，初潮年齡降低會影響繁殖率，但是他們似乎都同意，初潮年齡和營養有關。

和賀爾蒙一樣，我們的飲食也會影響某些神經傳導物質的製造過程。最明顯的例子是，腦複合胺的含量，和複合胺的化學前質——胰化氨基酸(amino acid tryptophan)的攝取量，息息相關。胰化氨基酸是人體最重要的八種氨基酸之一，可是人體卻無法製造這種氨基酸，我們只能從飲食中攝取。胰化氨基酸也是菸鹼酸 (niacin) 的化學前質，菸鹼酸是一種輔酵素(coenzyme)，它對蛋白質、脂肪和碳水化合物的分析與利用，至為重要。瘦肉、魚、花生、家禽肉裡的胰化氨基酸含量，非常豐富。一百六十磅重的成年男子，每天大約需要攝取十八毫克的菸鹼酸，而一千零八十毫克的胰化氨基酸，大約可以合成十八毫克的菸鹼酸。至於究竟需不需要，以及需要多少胰化氨基酸才能合成複合胺，則目前尚不清楚。

我們所攝取的胰化氨基酸，不會自動轉變成一定量的腦複合胺。胰化氨基酸一旦進入血漿後，就必須和他種胺基酸競賽，它必須通過從血管到腦部之間的重重障礙，才會被腦部吸收。而血漿中與之競爭的他種氨基酸含量愈高，到達腦部的胰化氨基酸含量就愈低。

由於洋芋等碳水化合物食品，會促進胰島素的分泌，因此這些食品可以降低他種氨基酸在血液中的含量，進而增加腦部對胰化氨基酸的吸收量。因此，雖然攝取碳水化合物不能直接增加體內胰化氨基酸的含量，但是這會影響到最後有多少胰化氨基酸可以合成複合胺。

飲食習慣因性別、種族和階級而有所不同。資料顯示，女性、愛爾蘭人和義大利人的自殺成功率，一向比較低，而男性白人、丹麥人、奧地利人和德國人的自殺成功率，則一向都比較高。近年來，社會—歷史學方面的研究工作，為過去四百多年來的飲食習慣和營養攝取，提供了相當驚人的資料。不久的將來，生化學家和史學家很可能可以針對某些特定族群，去探討飲食變化和神經傳導物質活動間的關係。這方面的研究工作雖然很不容易進行，但是它的研究結果卻非常有價值。

用我們對複合胺合成的有限知識，去探討各族群的飲食習慣，是一件非常複雜的事情。

舉例來說，自殺率最高的幾個歐洲族群——德國人、奧地利人和丹麥人——其飲食中的胰化氨基酸含量，均比愛爾蘭人和義大利人高。此外，某些學者指出，即使在同一個屋簷下共同生活的男人和女人，飲食習慣都可能有相當大的出入。這方面的研究人員指出，女人飲食中所含的蛋白質量，比男人飲食中所含的蛋白質量低。無論如何，複合胺的合成量，和碳水化合物的消耗量息息相關，因為碳水化合物可以造成胰島素的分泌，胰島素可以降低血液中和胰化氨基酸爭著進入腦部的他種氨基酸的含量。是故，某些食物雖然含有大量的胰化氨基酸，但是由於它們含有更高量的他種競爭性氨基酸，因此這種食物反而會降低腦中的胰化氨基酸和複合胺含量，因為在這類食物所含有的蛋白質裡，競爭性氨基酸的含量，遠超過胰化氨基酸的含量。反之，蛋白質含量低，碳水化合物含量高的食品，則可以提高腦中的複合胺含量。由於德國人、奧地利人和丹麥人所攝取的蛋白質含量，比愛爾蘭人和義大利人高，因此他們的腦複合胺濃度，很可能因此降低了，以致他們比較容易產生沮喪情緒和自殺行為。

如果我們只根據這些觀察便妄下斷語的話，可謂是生態學上的謬論，因為特定族群的飲食習慣，並不代表個人的飲食習慣。無論如何，許多人承受了失親之痛的打擊後，會出現改變飲食習慣的現象，理論上，這會影響他們的腦複合胺產量。未來，這方面的研究應該像心理學那樣，仔細研究失落感對新陳代謝的影響。

第三節　因果關係

乍看之下，飲食習慣和複合胺的合成以及沮喪症有關的說法，似乎和前面所說的心理文化分析理論，互相衝突。但是如果我們對神經傳導物質的運作方式，有進一步的瞭解的話，我們會發現，這兩種解釋其實互補，而非互斥。

複合胺和沮喪症之間，存在著一種因果關係。也就是說，大部份的生化學家認為，沮喪症患者腦中的複合胺含量，比正常人低（從代謝物質5–HIAA的含量過低得到證明）。換句話說就是，腦複合胺含量過低，和自殺行為有非常密切的關係。許多心理藥理學界的醫生認為，導致複合胺濃度過低的原因是，生理或化學上的缺陷，而非心理衝突。精神病學家南茜・安卓里森(Nancy C. Andreasen)曾經在一九八五年出版的《破碎的腦子》一書裡預測，精神病學上的生物學革命，將會揭開沮喪症的化學肇因。安卓里森指出，「生活中的不幸事件雖然會引發精神病，但是根本的肇因乃是在於腦部的生物問題。」無論如何，從這本書的論點和近期發現來看，腦複合胺濃度過低和自殺行為間的關係，非常的複雜。

精神病學家摩頓・瑞瑟(Morton F. Reise)曾經針對這個問題，發表過以下的看法：「雖然臨床治療法深受藥物治療法的影響，但是這並不代表，精神病的主要或全部肇因，是『生理機能』或『生物化學』因素；很明顯，這個因素並不能解釋精神病學上，有關概念形成的不完備現象，亦即，無法用心智去操作概念的形成（在意義、主觀性的煩惱，以及相互抵觸的動機方面）。」連赫門・凡・普瑞格(Herman van Praag)這位最先把複合胺濃度和沮喪症連在一起的專家，在回答這兩者的因果關係時都坦承，「究竟5HT（複合胺）的異常現象，和情緒不穩以及其他個性上的特點之間，具有什麼樣的關連性，目前尚不清楚。」卡洛林斯卡學院複合胺研究工作的主要研究人員，瑪琍・艾斯伯格(Marie Åsberg)亦曾指出，「性格中的某些基本特質，和基因有關。個性很可能是複合胺影響的範圍之一。」但是艾斯伯格承認，「當一個人陷入他認為很絕望的情境，或者當他認為自己的未來毫無希望時，他可能會自殺。造成這種不幸狀況的，可能是生活上的逆境，但是沮喪症會加重個體對逆境的感受。而整個狀況是否會導致自殺，部份取決於個體所得到的社會支持如何……。以前所經歷的逆境，兒時的失親經驗，以及成年後接二連三的打擊，都會加重個體對當前逆境的惡感。」是故，特定的心理和社會狀況以及生物特性，都是自殺的肇因。

讓我們先討論一下，艾斯伯格所提，許多沮喪症患者是因為受到失親或失業等外在刺激才發病的說法，究竟可能不可能。我認為，這些悲劇很可能會刺激複合胺合成系統的功能，進而造成複合胺的供應量出現過度或異常消耗的現象。別忘了，神經傳導物質是信差，而非訊息，因此生化理論和心理文化分析理論，彼此其實相輔相成。

我曾經在前面討論過，哀慟情緒和沮喪症狀之間的關連性。康若德・樓倫茲（Konrad Lorenz）很早以前便發現，動物也具有類似的行為模式。當鵝或鴨子的伴侶死掉後，剩下的那一隻鵝或鴨子，會四處尋找死去的伴侶，這種情況會持續好幾天。這個尋尋覓覓的異常行為模式，其實和人類的沮喪症非常類似。伊斯瑞耳・羅森裴爾德(Israel Rosenfield)根據樓倫茲的研究指出，「某些沮喪症狀很可能源自腦中的搜索程序。電腦學家對這些程序應該非常清楚，人腦的運作方式其實和電腦很類似。」比方說，研究指出，某些人對拼圖遊戲中的難題，會表現出輕微的沮喪症狀。當研究人員告訴他們解答後，他們的沮喪症狀會馬上消失。羅森裴爾德指出，「我們之所以會對失落經驗（失業、失去朋友、地位等）產生沮喪感，很可能是因為我們的頭腦，正在為短期間內解決不了的問題，搜尋答案。」在某些情況下（例如：失去近親），個體必須藉著這個搜尋過程，去重新組合自己的思想模式。在這段搜尋期間，個體可能會經歷嘗試錯誤的過程，並且品嚐到「和沮喪情緒糾結在一起的絕望感」。

雖然我們並不清楚，複合胺在頭腦中的運作情形，但是羅森裴爾德所說的搜索程序，很可能和這個神經傳導物質有關。近期研究指出，複合胺和記憶的喚出有關，因為複合胺負責

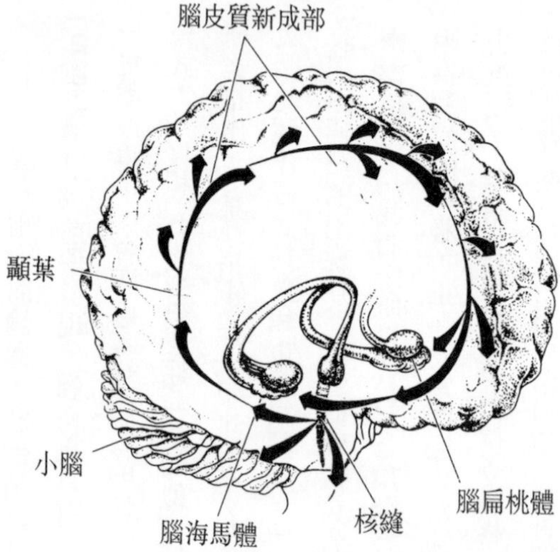

圖7.3　複合胺迂迴圖

把訊息傳給腦海馬體和腦扁桃體，而這兩者都和記憶的形成與喚出，具有十分密切的關係（見圖7.3）。腦海馬體是短期記憶庫，腦海馬體中的訊息，會轉移到腦中的長期記憶庫去。而腦扁桃體則會直接把情緒化的記憶，傳遞到腦皮質新成部去。

個體是否能夠很迅速的找出減輕失親痛苦的方法，和個體的記憶有很大的關係。某些人之所以解不開失親痛苦的謎團，乃是因為他們缺乏可以協助他們處理失親經驗的長期記憶，比方說，追悼儀式太簡短，或者社會文化不贊成公開發洩哀傷感。從邏輯的角度來看，那些找不到適當體系、文化和歷史答案，去處理失親經驗的人，其特定神經傳導物質的耗損度，應該比那些很快就可以找到解決辦法的人，大一些才對。非常慘痛的幼兒期失親經驗，尤其是發洩不完全失親經驗，會使情況變得更糟，因為個體日後將會更不容易從記憶庫裡，找出應付眼前失落打擊的辦法。此外，如果個體飲食中的，或者進入個體腦部的胰化氨基酸含量過低的話，其複合胺的搜尋功能，將會受到更大的阻礙。

這些推論可以解釋，為什麼各族裔的自殺率不盡相同。德國人和丹麥人不但追悼儀式很簡短，而且他們所偏愛的飲食種類，對腦複合胺的合成也非常不利。基於類似的心理文化和生理因素，我們可以推斷，遭到失親打擊的人，其腦複合胺的濃度很可能會因此變得比較低；也就是說，哀慟情緒會加重複合胺調控系統的負擔，飲食不正常也會擾亂複合胺的合成。

雖然證據不夠完整，但是從現有的資料來看，導致自殺行為的原因是，心理文化和生物化學因素的交互作用。至於這個交互作用的本質為何，則必須等我們對複合胺調控系統和神經傳導系統瞭解得更透徹之後，才能明瞭。無論如何，我們可以確定一件事情，那就是，我們對神經傳導系統的運作方式瞭解的愈清楚，我們愈瞭解心理文化因素和生物化學因素之間的關連性。

第四節　結論

自殺行為研究是一個非常龐雜的課題，和這個課題有關的任何一項研究工作，都不足以解釋自殺的肇因，或者傳達它的歷史。我提出自殺行為心理文化生物觀的目的，並非只是為了替自殺行為的肇因提供一套定論或者綜合解釋。我期望它能為自殺行為在社會學和醫學歷史等領域內的研究工作，提供一個跨領域的研究方向。需要做的工作還有許多；我希望本書的內容，能夠為許多人的理論和解釋，提供靈感。

假如你認為我對前述的某些論點過於堅持的話，這仍是因為我個人認為，唯有從社會學、心理學和生物學的綜合角度去探討自殺行為，才可能對自殺行為具有較為透徹的瞭解。從這個角度來說，我對那些提倡「精神治療法」，但卻缺乏專業訓練的十九世紀精神病院醫師的理論，其實頗有同感，或許用「調和治療法」去形容他們的理論，比用「精神治療法」更貼切些吧！雖然，也或許正是因為，他們缺乏十九世紀末期才發展成功的專業知識，他們才能從生理、社會和心理的綜合角度，去解釋自殺行為。我認為自殺肇因的心理文化和生理觀點，早晚會被證明。假如我們這些掌握了那麼多資訊的現代人，仍打著專業化的旗幟，去排斥其它的研究方式和觀點的話，就太不智了。

注釋：

❶懷特經常感到頭昏。聖地牙哥郡，「驗屍陪審團審判書」，「馬克斯・懷特」，一八九三年十一月十六日。見馬可士・席勒和I. C.烏利克的證詞。

❷和情緒一樣，嗅覺也是直接根源於腦扁桃體，這是為什麼嗅覺對記憶的刺激，具有強有力的影響。

❸從另一個角度來看，恰如伊斯瑞耳・羅森裴爾德(Israel Rosenfield)所說，「佛洛伊德認為，只有和情緒有關的神經系統表徵，才會成為記憶。佛洛伊德理論裡一個很重要的觀點是，形成記憶和印象的是情緒。」伊斯瑞耳・羅森裴爾德，《記憶的編造：腦部新觀》（基礎書：紐約，一九八八年），p.6。

第八章　結語

從傑姆斯城到瓊斯城：關於美國人自殺行為的一些推論

《美國人與自殺》一書的目標是，為自殺行為的跨領域研究方式，提供一套有力的論據。本書從頭到尾都是以歷史資料，或者更確切一點的說法是以歷史宏觀，作為探討工具。本書的範圍和野心，雖然不是為美國人的自殺行為，提供社會或文化史觀，但是我的確在書中作了一些這方面的推論。

接下來的內容，絕不是我對美國人自殺行為的社會及文化史所下的定論，它甚至不能算是一套非常完整明晰的概要。我只不過是把我在前面章節裡所闡述的心理文化生物觀，作一番整理罷了。雖然沒有這些推論，我的書也必須面對成敗的批評，但是我要強調的是，這些推論是以前的著作，從未提過的觀點。

近年來，「新社會學」可以說為有心研究社會現象的歷史學家，提供了一些研究模式。隨著定量分析和「心理」研究工作發展而成的方法，使得歷史學家也得以研究一些，以前只有社會科學家才會去研究的問題。繼家庭和流動性方面的研究工作之後，社會史又開拓了許多嶄新的研究方向。諸如養育子女、家庭結構、性、人口統計學、暴力模式等，以前只有社會學家和人類學家才會研究的問題，現在也是史學研究領域的一部份了。自殺行為研究所根據的史料，和許多其他「社會─歷史」研究工作所使用的史料非常類似，這些史料包括人口普查資料、病歷表、驗屍報告、死亡證明書、報紙裡的新聞、遺囑等等。某些人可能覺得很奇怪，為什麼從來沒有人發表過美國人自殺行為的社會史。

部份原因是，自殺行為的社會及心理分析理論，一直處於相互競爭的局面。此外，歷史學界本身也對研究方法抱持著不同的意見。社會史學家，包括那些偏好用計量法去解釋「內心世界」的社會史學家在內，並不信任心理學的研究方式，他們對心理分析研究模式尤其抗拒，他們認為那些研究方式不夠科學。心理史和社會史的分裂狀況，和精神病學及社會學的分裂狀況，非常類似。社會史學家指責心理史學家，只重內心衝突忽略了社會問題，心理史學家則認為社會史學家，忽略了心理層面的歷史探討。

史學家唐・費倫貝闕(Don E. Fehrenbacher)便曾用以下的語句，描述過心理史的缺點：

「心理史學家所根據的理論，大多是心理分析理論。問題是心理分析理論……大多是未經證實，而且爭議性頗高的理論。它的通則主要是一堆推測性的看法，而非科學知識。」費倫貝闞表示，「慣性的把一個人的生平改成精神病診斷書的作法，在效果上總是得打點折扣。」而它最大的困難是，「證明個體的私生活，和個體所涉及的公共事件之間，具有因果關係。」

像上述這種千篇一律的抨擊，實在令人感到非常驚訝，因為這些抨擊居然完全漠視捍衛心理史的人所提出的反駁之語。其實彼德・樓溫伯格(Peter Loewenberg)和騷爾・佛利蘭德(Saul Friedlander)早已回答了費倫貝闞的質疑。誠如桃樂斯・羅斯(Dorothy Ross)所言，「歷史學家經常忽略心理學理論，尤其是心理分析理論，因為他們認為這些理論不夠科學。其實社會科學上的理論，沒有一項達到自然科學上的實證標準。執此之故，許多社會學家和行為學家，以及大部份的心理分析家，已經不再將自己的研究工作稱之為科學研究了，因此，如果歷史學家仍一意擁護實證規範的話，實在值得商榷。」諷刺的是，以前是精神病學家批評社會學家不夠科學，現在是社會科學史學家指責心理分析史學家缺乏科學觀[1]。無論如何，史學家在研討像自殺這種和個人的精神力息息相關的課題時，絕不能忽略它的心理學層面。另外，史學家在解釋自殺行為的歷史觀時，也不能避而不談它的社會背景。

當然，除了這些爭議之外，還有更困擾人的問題，那就是，如何把自殺行為的生物學觀點，融入它的社會及文化歷史觀中。要克服這個障礙，不但需要收集許多一般史料庫不包括的資料，同時還得兼備一般史學家並不精通，或者並不擅長的學問。

我認為我所提供的心理文化及生物學模式，並沒有掉入使得許許多多抨擊心理史研究工作的人大為光火的還元主義（譯者注：主張簡化理論、觀念等）和病理學陷阱。這本書便是秉持這個研討方式撰寫的。

第一節　傑姆斯城的死亡事件

一九七八年的時候，九一二位美國人在蓋亞那的瓊斯城(Johnstown)自殺身亡，從此瓊斯城成了集體自殺的同義字。其實三百五十年前，在美國境內一個常設性的英國殖民地裡，曾經發生過比這更慘痛的事情。在一六〇七年到一六二五年之間，大約有六千位移民遷入維吉尼亞州的傑姆斯城(Jamestown)，而其中有四千八百位移民不幸死亡。研究這個事件的史學家認為，導致傑姆斯城高死亡率的原因是飢餓所導致的病症。然而近代及現代的研究人員均認為，其實移民只要稍微努力一點，就能生產足夠的食物，可是傑姆斯城的殖民卻拒絕工作；他們總是感覺睏倦疲憊以及無動於衷。他們尤其不喜歡耕種與貯備食物。從一些對殖民習性的描述來看，死掉的殖民大都患有今天所謂的沮喪症和自殺傾向。

和許許多多繼之而來的移民一樣，十七世紀初葉遷入傑姆斯城的移民們，對這個新地方也充滿了夢想。他們對這個新世界的印象，主要來自一篇從西班牙文翻譯成英文的文章，而原文的目標，乃是為了爭取到大西洋彼岸去探險的機會。史學家艾德蒙得・摩根(Edmund Morgan)指出，「這篇文章是這樣描述這塊土地的，一個伊甸園，蝟集了許多溫馴、慷慨的人，被西班牙征服之前，這些人不工作，或者只做少許工作，他們靠大自然界取之不盡的水果過活。」十六世紀末期時，英國探險家亞瑟・巴洛(Arthur Barlowe)等人，使得這個印象變得更強烈，巴洛指出，這塊土地將會成為北卡羅來納：「這塊土地上的物產非常豐富，猶如創造之初那樣，那裡的人不需要辛勞工作便可以過活。」巴洛描述當地土著，「極溫馴、有愛心、很耿直，一點也不狡猾、不背信，好像太古黃金時代的人一樣。」

然而傑姆斯城的第一批移民，卻發現了一個截然不同的世界。當地的印地安人並不友善，食物必須耕作才有，而不是長在伊甸園的樹上。一年不到，一〇八位移民當中，死了七十位移民。一六〇八年的時候，又有四六二位移民遷入該城，可是到了一六〇九年的冬天，四四〇位移民相繼去世。年復一年，這樣的故事不斷重覆。一六一九年到一六二二年之間，「維吉尼亞公司」又召募了三五七〇位移民，這使得該城的總人口數，幾達五千人。可是三年之內，又有三千人相繼死亡。到了一六二五年的時候，傑姆斯城的頭六千位移民當中，死了將近百分之八十。雖然這其中有數百人是在對抗印地安人的戰役中陣亡的，但是大部份的移民乃是死於飢餓和疾病。

摩根認為，這個事件和封建思想有關，某些人只願意從事某種工作。但是其他的研究人員則堅稱，這些移民的懶惰程度，在英國近代史上，找不出第二個例子。凱倫・苦伯門(Karen Kupperman)曾經質問：「為什麼這些人找不到激發他們繼續活下去的誘因?」十七世紀到過該城的人士描述，這些移民的懶散程度，不但十分嚴重，而且「令人費解」。他們指出，那些「精神紊亂而且非常絕望」的移民，死的簡直「可恥」，因為他們甚至拒絕吃垂手可得的食物。這種狀況只能用厭食症才能解釋。他們顯然不想活了，所以他們連最起碼的嘗試都不肯為之，他們似乎有意被餓死。

苦伯門發現，傑姆斯城早期的移民，幾乎全數依賴印地安玉米過活。由於玉米中缺乏菸鹼酸，因此如果只吃玉米的話，很容易罹患玉蜀黍疹。沮喪是玉蜀黍疹的症狀之一，因為玉蜀黍中的胰化氨基酸含量甚低，可是白氨酸(Leucine)的含量卻非常高，白氨酸是一種和胰化氨基酸有競爭性的氨基酸，因此會抑制複合胺的合成。這個飲食不平衡的現象，可能是移民普遍具有沮喪性行為的因素之一。這是生物因素使得自殺行為的心理文化因素，變得更為惡化的另一實例。

煙草公司引進黑奴耕種和收成之後，終於解救了這個維吉尼亞殖民地，並且確保了它的生存。諷刺的是，使得傑姆斯城成功的原因乃是，傳統社會階級制度的重建。傑姆斯城第一批移民的後裔，成了坐擁土地的英國紳士，他們可不是自我蛻變的「新人類」。

當然，歷史並不是這樣描述美國境內第一個常設性英國殖民地的。打從文法學校開始，傑姆斯城的移民便被描述成一群在逆境中不屈不撓的勇士，這些勇敢的男人和女人，用血汗和克己的功夫，把一個充滿危險與艱困的地方，逐漸轉變成一個花園。我們所學到的是，在這個過程中，那些抱持著傳統價值觀和習性的移民，也逐漸轉變成講求實際的現代化美國人。這是十八世紀迄今，美國課本對美國拓荒神話的描述。事實上，許多大學課程，描述過類似的景象。比方說，在一所著名大學的指定教材裡，我發現如下的內容：「一六〇六年十二月，倫敦的維吉尼亞公司，運來了第一批移民，其中包括一百位男士和四位小男孩，這些人是擠在三條小船上來的，這三條小船的名稱是，『堅固的蘇珊號』、『神速號』，以及『發現號』。一六〇七年五月，他們順著他們稱之為傑姆斯的河流而上，抵達了一座半島，他們稱這個半島為傑姆斯城。這個地方很潮濕，而且樹林叢生，雖然它很容易防禦，但它卻是蚊子和細菌的天堂。這些移民在這個新環境裡，犯過每一個可能發生的錯誤，但是他們不斷的修正錯誤；他們的眼光、勇氣，或者愚勇，使得他們克服了重重障礙。」

雖然傑姆斯城的移民和瓊斯城的移民，相隔三個半世紀之遙，但是他們之間的某些相似性，實在令人震驚。而所有的自殺行為，或多或少都和這些因素有關。這兩個群體都是前往一個充滿希望的新地方，去開拓新生活，這兩個移民團體的主要目的，都是為了逃避他們所置身的現代化社會。當他們意識到希望逐漸破滅的時候，他們變得非常沮喪和睏倦乏力。在無法重返他們所抗拒的舊社會的情況下，他們認為自殺是另一個可行之道。

第二節　拓荒神話

傑姆斯城的故事，被美化成拓荒神話，而瓊斯城的移民，則在重新體驗這個神話的時候，再次發現了拓荒生活中，生與死的真實面。雖然傑姆斯城的故事被埋藏在拓荒神話裡；但是那段混雜著自我蛻變和自我毀滅的歷史，卻未被完全埋沒。

由於移民這件事情本身，或多或少會破壞個人處理失落經驗的策略，因此它很可能會造成沮喪以及自我毀滅的行為。從美國歷史上移民所佔的比率來看，可能有人會懷疑，為什麼美國人的自殺率並不是特別高。移民和移民的後裔，在面對那些和自殺行為有關的自我蛻變因素時，一定會顯得比較脆弱，因此可能的原因，大概有下列幾項：第一，我曾經在前面提過，官方的自殺行為統計資料非但不可靠，而且還會誤導。大部份的專家同意，自殺事件的真正數量，大約是官方數據的三到四倍。第二，我在本書中一再強調，只重視成功的自殺行為，可能會使我們對自殺行為的本質和範圍，產生誤解，因為被官方列入記錄的自殺行為，只是所有自殺行為的一部份而已。

無論如何，如果就此推斷，具有自我蛻變思想或者努力追求自我變化的人，一定會走上自我滅亡道路的話，那也是毫無道理的事情。任何一種持續性的意識形態，都不能缺乏肯定生命的內涵。和其他的信念體系一樣，自我蛻變的信念體系，也是遵循辯證法的運作規律。雖然它會破壞傳統價值觀和傳統禮教，但是它也會提供另一套價值結構，而這套價值結構對移民與自我毀滅行為之間的關係，具有直接影響。我們可以從美國的拓荒神話，去瞭解這個取而代之的價值系統。

對孩童和移民而言，拓荒神話取代了那些已經被拋棄，或者應該被拋棄的傳統價值觀。在故事裡，具有舊社會傳統習性和價值觀的移民，在荒野生活的磨練下，蛻變成講究實際的個人主義者。而拓荒神話給人們的啟示是，任何一個肯努力、肯犧牲老觀念的人，都能把自己改造成任何他理想中的人物。我認為，重述這個神話，可能會具有某種治療效果，但是如果要演出這個神話的話，就像一九七八年蓋亞那的瓊斯城那樣，則很可能會導致自殺。

和傑姆斯城的故事一樣，美國歷史上的拓荒故事，都含有一些類似自殺行為的顯性和隱性成份。顯性層面的表現是，英雄人物在成功的完成使命後，每每會因不慎而死亡。隱性層面的表現則是，故事中最生動的情節，往往帶點自殺的色彩。重複這些神話並不等於自殺。這些神話甚至可能像儀式那樣，具有減弱自我滅亡意念的治療效果❷。

每當民間傳說和虛構故事被用來當成瞭解團體意識的媒介物時，我們都必須質問，第一，故事中的人物，對整體通俗文化，具有多少代表性?第二，在分析特定民族和文化的習性上，我們應該依賴這些故事到什麼程度?

如果一個故事的主要情節，在二百多年之間，被不同的作家和大眾傳播媒體一再的重覆和偽造後，社會大眾仍然不停地去看它的話，那麼這個故事裡面，一定有某種很重要的通俗價值觀。事實上，不斷製造這些故事的作家，其實只是在介紹這些通俗品味，而不是在領導大眾品味。

由於所有的神話故事，都是敘述心理上的事實而非真正的事實，因此其內容往往大同小異。此外，有些神話故事在強調某些文化的時候，會傷害到其他的文化。但是具有獨特民族風格的故事的確存在，忽略其中的特色，就好比否定神話故事的通俗性一樣，實乃為不智之舉。假如我們流覽一下美國的拓荒英雄和牛仔的話，我們會發覺，從亨利．那虛．史密斯(Henry Nash Smith)的《處女地》（一九五〇年），到理察．史樓特金(Richard Slotkin)的《致命的環境》（一九八五年），都強有力的表達出這些觀點。

這類的民族神話，不會一下子全部出籠。傑姆斯城創立一百七十五年之後，美國的拓荒英雄才在一七八四年，出現在強．斐耳森(John Filson)的《丹尼爾．布恩上校歷險記》中。每當這本經典之作的拓荒主角覺得，鄰居住得離他太近的時候，他就會產生一股控制不住的搬家衝動。漸漸的，美國的大眾傳播媒體，也開始描寫丹尼爾．布恩的事蹟。一八一六年的時候，《奈耳斯記錄》指出，「這個男人沒辦法在開拓後的肯塔基生活，……他喜歡叢林，在叢林裡的他，看起來像是一位最粗獷、最貧窮的獵人。」《紐約的美國人》則報導，「隨著文明的進步，布恩不斷的往後退。」一八三三年的時候，提馬席．佛林特(Timothy Flint)在三十六年內所發行的第十四版第一集《丹尼爾．布恩的生活和歷險記》裡寫到，「布恩發現，他走到那裡，美國企業就跟到那裡，它們破壞了他所有的叢林退休計劃。他發現……他被所謂的進步迅速包圍，……他簡直是防不勝防。」因此，當傑姆斯．斐尼莫耳．古柏(James Fenimore Cooper)在《皮襪的故事》裡，將布恩奉為「鷹眼」的時候，大部份的人對「在人群的驅趕下，他決定到廣闊、無人的西部大草原上，尋找最後一處避難所。」的故事內容，一點也不覺得震驚。

矛盾的是，把這位英雄推向西部的那股文明力量，其實是他自己創造的。比方說，斐耳森的《丹尼爾·布恩上校歷險記》，其實有點像房地產投資指南裡，向投資者保證到肯塔基買地很安全的那種附錄，這都歸功於丹尼爾·布恩成功的剷平了當地的印地安人。斐耳森藉著布恩的口說：「讀者可以從我的歷險故事裡知道，……我活得很平靜、很安全……在這塊我用許多鮮血和財富換來的宜人鄉間。它的前景令人欣慰，不久之後，它將會成為最富饒、最強盛的州之一。」這看起來可一點也不像封殺他人定居念頭的訊息。在一八一三年出版的一個故事裡，被印地安人捉起來的布恩，曾經向蒙吐耳酋長講述白種文化的優越性，布恩告訴蒙吐耳酋長，白人很快便會將他們的精緻文化和「社會愛」，輸送到這塊「蠻荒之地」來。提馬席·佛林特明白，迫使布恩不斷西遷的那股力量，其實是他自己創造的：布恩「預見……這個大山谷即將成為數百萬自由人的家之後，他的心充滿了歡樂和溫情」。古柏也略提了一下，這位英雄的兩難處境：「斧頭的砍伐聲，驅策他離開摯愛的森林，懷抱著一種絕望的認命心態，他決定到洛磯山腳下的大草原上，另覓一處避難所。他在這裡渡過了他生命中最後的幾年，而他死亡的方式一如他生活的方式。」是故，這位布恩，不論他是以戴威·克拉基特或是皮襪的身份出現，還是以美國民間故事中的斥候身份出現，總之，在他消失之前，他成功的打開了西進的道路。

這些故事所顯示的內容，並不代表真正的自殺行為。比較恰當的說法是，這位英雄的外在行為，和那群自殺機率相當高的美國人——移民族和搬家族——的生活歷史，其實非常相似。這意味著，隱含在自殺行為中的那股不自覺的動力，很可能和美國的拓荒故事有關。

虛構的拓荒人物，和具有發洩不完全哀慟情結的人一樣，也具有喜歡冒險，以及無法維繫穩定人際關係的問題。此外，和搬家族一樣，他們在傳染病學上，也隸屬於自殺傾向比較高的族群。在布恩和其他拓荒人物的故事裡，主人翁的人際關係問題，似乎總是和冒險犯難脫不了關係。比方說，古柏塑造的捕鹿人告訴茱蒂斯，他可以為她去死，但是他不能娶她。更奇怪的是，這位捕鹿人把他的決定，扯到他死去的父母身上：「我願意為我們的友情作任何事，茱蒂斯——包括照顧妳和為妳死。是的，我願意為妳冒那樣的險。」但是他不能娶她，因為「我不想這麼作……，這會讓我覺得自己有意拋下父母，雖然他們都過世了，但是如果他們還活著的話，我不會對任何女人有意思的，因為這會讓我覺得，自己故意拋下父母，去守著一個女人」。

這些英雄用冒險、遷移，以及早年的失親經驗去抗拒婚姻。這些英雄都不願意陷在持久性的人際關係裡，他們像候鳥那樣，一直往西搬，他們追求的是一些不明確，而且通常帶點神秘感的目標。拓荒的人當然都是獵人，但是他們到底想獵取什麼東西，則不論是他們自己，或是我們，似乎都不甚明瞭。史樓特金指出，「皮襪注定要繼續流浪，一直到他停止毫無結果的探索信仰和自我價值為止。」這個探索過程很可能會導致發洩不完全的哀慟情結，而那乃是美國文化裡的一項基本要素。

一八九三年，在佛瑞達律克・傑克森・騰訥(Frederick Jackson Turner)發表《拓荒論》之後，胡亂拿拓荒英雄的故事，去解釋美國社會現象的情況，可謂達到了極點。雖然拓荒英雄只是神話中的虛構人物，但是《拓荒論》的威力，不但在於它的新奇，同時也在於它利用一個傳統故事，去解釋一八九〇年代美國危機的肇因，這是為什麼《拓荒論》一出爐，立刻引起了大眾的共鳴。

經濟大蕭條和移民大量湧入這兩個全國性的危機，之所以會成為騰訥的解釋理由，進而激起大眾對自殺風潮的憂慮感，實非出於偶然。假如拓荒英雄象徵著美國人的個別自殺行為的話，那麼《拓荒論》可謂象徵著美國人的種族自殺行為。騰訥曾說，西部為具有不穩定感的東部都市族，提供了一個逃避的處所，而騰訥的論調之所以能夠引起大眾的共鳴，乃是因為它似乎證明了，這些一再被重述的故事，其實真實的反映出，不斷地在重覆的國民經驗。這個裝載了許多移民和候鳥的國家，為了逃避它自己的文明勢力，一直不停的向西部發展。

騰訥在文中寫到，「美國的社會發展，不斷重新回到起始點。這個持續不斷的重生過程，這種美國人生活中的流動性，以及這種不斷向西部擴張，不斷接觸單純舊社會的現象，乃是支配美國人性格最主要的一股力量。」然而，和拓荒者的處境一樣，這個不斷擴張的國家，也一直不停的在製造它極欲逃避的那股文明力量：「一個嶄新的社會……從後面的林子裡崛起。這個社會會逐漸失去原有的風貌，並且變得和東部那些老社會一樣。」

對騰訥以及大多數的美國人而言，東部象徵著父母親的權威。從表面上來看，荒野的吸引力似乎愈來愈強，一八四六年的時候，《北美評論》曾經指出，這是因為人們「喜歡大自然，喜歡完全的自由，喜歡樹林裡的探險生活。」然而，假如我們從心理學的角度去看騰訥的《拓荒論》的話，美國人抗拒東部的原因，並不是像艾倫・貝克曼所說的那樣，因為東部給人一種驕傲自大的感覺，而是因為它給人一種無力感[3]。在騰訥的筆下，東部地區由於「財富過份集中，以及既得利益者身居要津」，因此正義很難伸張。但是在西部，「拓荒者對束縛感到很不耐煩。即使沒有執法人員，他們也能維持一定的社會秩序。」西部為焦躁的孩子們，提供了一個粗獷，但是受到保護的環境；西部令人感覺，可以神話性的重新投入大自然的懷抱。騰訥指出，西部再度展現出法律的原始風貌。「犯罪行為指的是觸怒了受害人，而不僅是指觸犯了國家法律。人們用最直接的方法，也就是草莽英雄的那套方法，去維護正義。這些人沒有耐性去仔細琢磨，不同方法的差別在那裡，以及該顧忌那些事情。」在西部，荒野使得複雜的社會，化為以家庭為單位的一種原始組織。因此，《拓荒論》的吸引力其實在於，字裡行間所流露的稚子般的報復心、正義感和回歸自然的意識，而不是在於它的自由觀。

不論騰訥的《拓荒論》還具有那些價值，總之它使得拓荒者在文學上的神話形象，為之大降。然而布恩的繼承人——牛仔，卻保留了它前任祖先的象徵性權威和文化意義，牛仔是從歐文·威斯特(Owen Wister)一九〇二年出版的《維吉尼亞人》一書中崛起的。和斐耳森創造的布恩一樣，威斯特筆下的牛仔❹，也一直在進化，牛仔的現有形象，是晚近作家和社會大眾締造出來的。小說、電影、收音機、電視裡數不清的牛仔故事，在情節上總是大同小異。牛仔到了一個被惡魔糾纏的小鎮，然後奮力殲滅在美國花園裡橫行的蛟蛇，壞人死了以後，他的責任就了了。大衛·布萊恩·戴維斯(David Brian Davis)曾經指出，「最理想的牛仔形象是，為正義而戰的人，他冒著生命危險去挽救一個恐怖的小鎮，以使守法的好公民，得以安全的居住在其間，但是他所作的這些事情，又毀掉了那個，使他成為英雄的非常環境。」牛仔這位現代摩西，很可能永遠不會在他撫平的希望之地上定居下來，他也注定要在美國的沙漠裡不停的流浪，讓他繼續生存下去的因素是，不停的打擊魔鬼。

我們切莫認為，這些英雄只存在於比較原始的美國社會裡。在路易斯·拉莫耳(Louis L'

Amour)歷久不衰的小說裡，以及無數的電視影集和「星際大戰」、「法櫃奇兵」，以及「電動騎師」等現代電影裡，處處都有他們的影子。

和拓荒英雄一樣，牛仔也很少結婚，而且似乎只有在青春期的時候，才會對女人產生興趣。哈帕龍・卡西帝(Hopalong Cassidy)這位精力充沛，並且在小說、電影和電視上，擁有過一段長期事業的牛仔英雄，可以說是一九一〇年代到一九五〇年代的典型牛仔。哈帕龍的未婚理由，倒是很符合傳統美國英雄的雛型：

「藍妮不贊成的說：『可是你總不能一直不停的往前走啊！哈比！你總有一天得成家！難道你從不曾想過結婚的事嗎？』

『每當我想到這個問題的時候，我就給塔伯裝上馬鞍，然後騎馬出去溜達。我不是那種可以定下來的男人，藍妮。有時候我會想起一位樵夫寫的詩，一首描述女人沒什麼大不了的詩——』

『我的命運是一條開闊的道路！』她最後說。

『這就對了。妳能想像任何一位在印地安帳篷外長大的女人，和一位定不下來的男人，住在同一個屋簷下的情形嗎？』」

坎尼斯・木登(Kenneth Munden)表示，牛仔「保護女人，但是不娶她們。……在面臨抉擇的時候，牛仔英雄會選擇槍和馬，而不是女人」。理察・史樓特金則表示，美國的英雄們，「從來都得不到英雄的最後獎勵，那就是成為……一個擁有家庭和子女的人。」這些人都不會留下子孫，因此他們等於自絕後代。D. H.勞倫斯(D. H. Lawrence)曾經指出，美國的拓荒英雄寧願選擇暴力，也不願意選擇性：「他與死亡為伍，他捕殺地上和空中的野物。」

一九五三年發行的電影「仙恩」，係根據傑克・薛佛(Jack Shafer)的小說改編而成的，這部電影為牛仔提供了最原始的形象。仙恩在片頭的裝束，和皮襪非常類似，另外仙恩和皮襪一樣，也沒有自己的女人——而且也永遠不會擁有自己的女人。他冒著生命的危險，去拯救另一個男人的家庭。一個村落裡的自耕農，為了保護他們的核心家庭，不受到由單身牛郎所組成的來克匪黨的騷擾，因而陷入了一場生死搏鬥。仙恩是一位連一個可以存放馬匹的地方都沒有的人，他而且義無反顧的拋下了他以前的家人。雖然這位英雄永遠不會擁有妻子、孩子，以及自己的家，但是為了保護那些自耕農的家庭、財物和尊嚴，他挺身作戰。就像片中的年輕人所說的那樣：「他騎著馬，從燦爛的西部心臟地帶，來到我們的小村莊，當他的任務完成之後，他又騎著馬回到那個地方，那人便是仙恩。」

故事裡的英雄都沒有父母。大衛・那勃(David Noble)指出，「《維吉尼亞人》一書中的英雄，是個無名氏。這個小子來自東部，正值少壯之年的他，為了逃避東部的複雜、頹廢和唯物主義，因而遠赴西部去尋找自由。」這位牛仔是一位「自製的孤兒，……美國人的原始典型；……他代表那些離開歐洲親人和歷史的所有美國人」。

華倫・巴耳克(Warren Barker)在文中指出，「所有歷險故事裡的牛仔英雄，都不知道是從那裡蹦出來的，這象徵著我們孩提時代，對自己原始出處所具有的神秘感和迷惑感。」海瑞・西恩(Harry Schein)則指出，「牛仔通常都沒有家，他是一個沒有母親的特殊人種。」這些故事❺和奧圖・倫克(Otto Rank)所說的，「把自己的父母幻想成地位比較尊貴的人物」，這種很普遍的兒時幻想非常類似。倫克解釋孩子會在這些出身較高貴的新父母身上，注入他們對真實父母的記憶……。而孩子這樣作的原因……只是為了表示他們對逝去的快樂時光，非常憧憬，那時，他的父親是他心目中最偉大、最強壯的男人，他的母親是他心目中最親愛、最美麗的女人。」

就像布恩和維吉尼亞人那樣，這些英勇的孤兒，都是自力更生的男人，他們用故事的形式，去幫助人們實現成為自己父親的幻想。他們先行拋棄，以避免被拋棄——這是另一個具有自殺因子的兒時幻想。和所有的悲劇性人物一樣，他們也無法操縱自己的命運。當年輕的裘伊懇求仙恩留下來的時候，這位英雄回答：「一個男人必須作他自己想作的事，裘伊，你拗不過自己的性格的。」這些英雄離開了他們原有的父母，選擇了至尊、至上的父母——大自然。荒野的原則非常粗獷、霸道，但是如果你遵守大自然的法則的話，大自然一定會養育她的子女。因此，神話英雄的目標是回歸——回到一個沒有衝突的時間和地方去，它位於早期無法喚出的那個記憶庫的深處。

拓荒英雄和牛仔，都曾為導致他自己死亡的那個情境，加過一把力，這點並不令人感到意外；因為荒野永遠無法取代父母的地位。英雄的探索動力，來自他的過去。他用不斷遷移的方式去追尋團聚，至死方休。通常，在故事的結尾，英雄都會坦承：

「『你的死期到了！』」仙恩警告殘酷的牛業大王，『我的死期近了？』牛業大王反問，『你自己的死期呢，槍仔？』『我和你不同的地方是』，仙恩悲愴的說：『我知道我的死期。』」

和自殺行為一樣，幻想也並不代表死亡，誠如羅勃・傑・李福頓所言，幻想的目的也是為了搜索一種，麻煩比較少的生存方式，這是一個包括報復心、罪惡感和懷舊之情在內的搜索過程，而所有自殺的人都經歷過類似的過程。

美國拓荒神話的隱性層面，和自殺行為中的無意識動力，十分類似。自殺的人和英雄，都是透過一系列的策略，去試著和失去的摯愛對象重新團聚，而許多策略裡，都含有會一再出現的強制性因素。對真正想自殺的人而言，由於他們所欲尋找的對象，已經永遠消失了，加上可行的儀式又不夠恰當，因此很可能所有可行的策略，都無法滿足他們的需要。神話英雄想要和以前被排斥，現在仍然被排斥的父母重新團聚，而結果是，荒地並不能取代父母的地位。當然，英雄並沒有真正的殺死自己。英雄和自殺者類似的地方在於，他們的動機、目標和策略，而非他們死亡的方式。

第三節　瓊斯城，最後的拓荒區

一九七八年十一月，九一二位美國人，在蓋亞那的瓊斯城集體自殺，這個極端的例子說明了，親身演出拓荒神話，而非只是信仰這個理念，可能會導致自殺。那群追隨吉姆・瓊斯牧師移民到位於南美叢林邊上的瓊斯城的人，非常渴望能夠經歷騰訥在《拓荒論》裡所描述的那種自我蛻變過程。瓊斯將蓋亞那的瓊斯城描述成一塊「充滿希望的太平之地」。瓊斯在文中指出，沒有任何事情，「比這裡的田園生活更令人滿足。……我一有空便下田工作。……我覺得很悲哀，大部份的人，甘受組織的拑制以及高科技社會的強烈壓力。他們付出的代價是中風、高血壓、生理疾病以及精神壓力。」可是在瓊斯城，拓荒的人「藉著分享和實踐最崇高的理想，去超越人與人之間的界限，他們在這裡找到了一種可以孕育信賴感的生活方式——一種在憤世嫉俗以及異常冷漠的社會裡不存在的生活方式。」「這種合作的生活方式所提供的安全感是，它讓每一個人都能獲得所需之物。它使每一個人的創造力，都得到充分的發揮，它讓每一個人都有時間去追求自己的興趣。」

瓊斯向舊金山專欄作家赫伯・錫恩(Herb Caen)解釋，他的殖民地為不滿都市生活的人，提供了一個避難所。瓊斯指出，「許多來這裡的年輕人，對都市生活有一種憤怒感、距離感和挫敗感。他們對那些高喊『人權』的偽善者，感到很厭煩，因為他們覺得自己被活埋了。」瓊斯在文中表示，「我們在蓋亞那建立的社會，為那些被美國都市排斥的人，製造了新的驕傲感、自我價值和尊嚴。」

事實上，瓊斯城使用奴工的情形，比騰訥筆下的拓荒區，可謂有過之無不及。由瓊斯所領導的一小撮白人，組成了瓊斯城的管理中心，大部份的移民是黑人，他們從星期一到星期六，每天工作十一小時，星期天也要工作七小時[6]。此外，只要移民輕微的觸犯規則或者稍加抱怨，便會當眾受到嚴厲的肉體懲罰。由於瓊斯和少數幾位人士反對吃肉，因此下田工作的人，早上吃乾飯，中午吃稀飯，晚上吃乾飯和豆子。只有星期天的時候，他們才能多吃一個雞蛋和一片餅干。

傑姆斯・瓦倫・瓊斯(James Warren Johns)一九三一年生於印地安那州的林市(Lynn)，他是傑姆斯和里妮達・瓊斯的獨生子。傑姆斯在第一次世界大戰中受的傷，使他一直無法找到全職工作，他每月只能靠政府的傷殘救濟金養家，這使得一心想成為人類學家的里妮達，不得不放棄年輕時的夢想，而淪落為工廠臨時工。小時候，瓊斯經常被送到鄰居家接受看管。長大之後，瓊斯曾經堅稱，自己的母親是查拉幾族印地安人，這顯然是不實之言。和林市許多其他的居民一樣，瓊斯的爸爸傑姆斯・瓊斯也參加了三K黨，並且擁護該黨的種族歧視觀點。瓊斯小時候經常欺負其他小孩，他在「人民廟」裡，也經常使用體罰以及其他羞辱人的懲罰方式，這顯示，瓊斯小時候很可能受過體罰。

瓊斯十四歲的時候，他的父母分居了。正式離婚後，里妮達和瓊斯搬出了實施種族分離政策的林市，並且搬到一個黑人聚居的大城市去。瓊斯自此再也沒有見過他的父親。一九五一年的時候，被自己兒子瞧不起的老瓊斯，在貧窮中，孤單的離開了人世。直到瓊斯成為「人民廟」裡，手握懲罰和赦免大權的「父親」時，瓊斯對他父親的兩極感情，才真正顯露出來。青少年期的瓊斯，曾經運用過許多方式，去處理他早年的失落經驗。他照顧走失的動物，為死掉的寵物舉行葬禮。他組織孩子扮演宗教儀式，並且很認真的用獨裁方式，去領導那些小孩。他母親常常說，她生了一位「救世主」，她的兒子「將會糾正許多人世間的錯誤」，這更加強了瓊斯的英雄幻想。

瓊斯曾經在印地安那大學讀過一年書，一九四九年的時候，他退學並且娶了一位比他年長四歲的護士，在人們的印象中，瓊斯是一位資質平庸的平凡學生。往後十年，瓊斯這位未被正式授予神職的牧師，不斷地從一個教派，跳到另一個教派。一九五六年的時候，他在印地阿那不勒斯創立了「人民廟」，他的信徒主要來自一個很窮困的黑人社區。瓊斯和他的父親完全相反，他是反對種族歧視的知名人物。糾纏他父親一生的疾病，可能激發瓊斯生出一種保護弱者的心態。對瓊斯的信徒而言，瓊斯是「父親」，瓊斯扮演的是他自己不曾有過的守護之父的角色。由於對自己的幻想非常投入，瓊斯開始自稱為印地安人，他要為印地安人幾世紀以來的不平等待遇復仇。有一段時期，瓊斯似乎很成功。他不但吸引了許多窮人和理想主義者，他並且是印地阿那不勒斯地區的民權代言人。可是突然之間，非常令人費解的，他決定搬到一個新開拓的地方去。

一九六六年的時候，瓊斯告訴他的信徒，他在《鄉紳》雜誌上看到一篇文章，這篇文章使他相信，印地安那州將會被核子彈摧毀。世界上只有二個安全的天堂，一個是巴西叢林，另一個是位於北加州猶奇阿市附近的紅木森林。那一年，瓊斯率領了一百位信徒，前往他稱之為「希望之地」的加州猶奇阿市。這一次，他又把自己塑造成受壓迫人民的代言人，一九七一年的時候，核子威脅顯然已經不再是瓊斯所關切的問題了，於是瓊斯把「人民廟」搬到了舊金山。由於瓊斯支持各項擁護黑人和窮人的社會運動，因此他可以左右選民。到了一九七〇年代中期時，瓊斯已經成為灣區一位政治上頗具影響力的人物了。

瓊斯把自己看成一位不受當代人肯定的受難者。他曾經宣稱自己是基督的化身，他可以使病人痊癒，也可以使死人復活。他也曾經宣稱自己是列寧再世，他發表過一些以含糊的社會主義為基礎的社會平等理論。他並且大言不慚的將自己比作馬丁・路德・金恩 (Martin Luther King)、麥耳康・X(Malcom X)，以及尤金・戴伯士(Eugene Debs)等人。瓊斯在文中指出，沒有人比他「更無懼，更有原則」。

瓊斯雖然公開擁護受壓迫的人，但是私底下他卻用高壓手段對待「人民廟」那些原本就十分脆弱的信徒。瓊斯用有人蓄意破壞教會作理由，嚴格要求他的信徒對他效忠、讚頌、捐款、告白，以及服從。然而，瓊斯希望教徒全心全意奉獻的心意，雖然一步一步的在實現，但是瓊斯卻變得愈來愈不滿意。早年失落經驗帶給他的憤怒感，變得更為突兀。瓊斯父母的婚姻失敗了，瓊斯自己的婚姻，也因半公開式的婚外情而蒙羞，他並且破壞了許多信徒的婚姻：「瓊斯任命了一個婚姻委員會，負責管理信徒的求偶、婚姻和性行為。他告訴夫妻們互相交換配偶。他鼓勵婚外情。他主張家中不要有太多的隱私。他鼓勵家庭成員彼此互相監視。在他長達六個小時的訓誡裡，他曾多次大談性事。他強迫信徒接受異性戀至上的觀念，他堅持所有的同性戀者都必須懺悔。當該團體的影響力愈來愈大之後，教友間原本圓熟的人際關係也隨之消失了，取而代之的是一種很原始、半嫌惡、沒有什麼差異性、與個人無關痛癢的那種人際關係。」

精神病學家胡鉤・奇(Hugo Zee)指出，瓊斯的表現，很符合「偏執狂」的主要特徵，尤其是他那種，「一再背叛生命中重要附屬品——人、理念、理由等的個性」。瓊斯表現出，「他無法建立長久性的人際關係。具有偏執狂的人，會對一個人、一個理由、一個團體，表現得很投入，可是一段時間後，他又會產生一種難以抗拒的背叛心理，然後轉而擁護另一個目標。」這種人通常「會用挑撥離間的方法，去背叛盟友」。奇指出，「瓊斯非常符合這些特徵，他背叛了他的父親、他的家鄉、他的衛理公會，後來他又背叛了他的太太、他的宗教、他的政府、他的國家，甚至他的教友。」有偏執狂的人通常也具有自戀狂。瓊斯不斷「推翻他以前熱烈追求的理想目標，藉以維持他的誇張妄想，並且逃避因這種需要而引起的自鄙感或羞恥心」。再者，「瓊斯曾經數度將《聖經》丟在地上，以及在《聖經》上吐口水，他告訴信徒，他們太重視《聖經》，太不重視他了。他這種妄自尊大的心態，顯示出他具有一種邪惡、貪婪、殘暴和唯利是圖的分裂性格。」

就算拋開奇的分析不談，我們亦不難看出，瓊斯顯然在搜尋對策，解決他心中異常嚴重的矛盾感，尤其是他對父母的矛盾心態。每當他的對策失敗的時候，他便會把他的心思，轉移到下一個目標去。他稱猶奇阿市為希望之地，可是他後來卻放棄了猶奇阿市，搬到了舊金山。搬到舊金山不到兩年，他又計劃到南美的蓋亞那去，建立一個烏托邦式的墾殖區。瓊斯深信，有一股想要毀掉他的邪惡勢力，縱火燒掉了舊金山的教堂，因此一九七三年的時候，他派遣了一個由二十位教友組成的小組，到蓋亞那去洽談租用開圖馬港近郊林區裡，二萬七千英畝土地的事宜。瓊斯宣稱，這個墾殖區的目標是，「用農耕去傳教，以使居住在其間的青少年和其他人士，可以從田園生活中，提升自己的靈性。」

一九七三年，當瓊斯開始策劃蓋亞那之行的時候，他曾經告訴他的信徒，他們可能會為這個目標而死。往後五年，有關集體自殺的傳言愈來愈多。一九七七年陣亡將士紀念日那天，瓊斯應邀到金門大橋的反自殺大會上致辭，打從一九三〇年代金門大橋啟用以來，它一直是自殺的標誌和工具，利用金門大橋自殺的人，早已數以百計了。那天，瓊斯的演講內容非常奇怪，他一方面譴責自殺行為，另一方面又指出，自殺行為是對冷漠世界的合理反應。瓊斯解釋，「自殺的人其實是社會的死難者。因為分析到最後，我們都得為那些，無處可宣洩心頭負擔，完全無助，意氣極為消沉的人，負擔一些集體責任。」瓊斯堅持，自殺的人「都是難以忍受現狀的受害者，我想這話有點佛洛伊德的味道，但是我想說的是，對這些人而言，最不能忍受的事情是，那種無處可依賴的感覺。」然後瓊斯開始漫天扯談。他指出，近來他的信徒中，「有幾千人」感到很沮喪，因為「某些社會因素」，尤其是「有一份雜誌」，企圖使「人民廟」蒙羞，為此，他們很想自殺。瓊斯表示，他的兒子也曾經告訴過他，他很「想自殺」，因為他的兒子認為，「假如他在我演講的時候，突然跳下金門大橋自殺的話，或許會因此引起人們的關切。」瓊斯接著指出，他其實也想過自殺的事：「昨天我感到很絕望。假如不是因為有一位得過獎的演員，加入我的教會的話……，我想今天我會首度體驗那種想自殺的情緒。」瓊斯並且表露出一種青春期的人所具有的報復幻想：假如人們不停止批評「人民廟」和吉姆・瓊斯的話，瓊斯和他的信徒會集體自殺，然後每一個人都會為此感到抱歉。

一九七七年七月，《新西方》雜誌發表了一篇文章，該文詳細描述了瓊斯和「人民廟」教徒的性事、暴力事件，以及詐欺事件。事發之後，瓊斯立即逃到蓋亞那去，數月之內，大約有一千位信徒相繼追隨瓊斯到蓋亞那。一九七八年六月，瓊斯城的叛徒戴伯拉・雷頓・布萊基，在供書中指稱，瓊斯計劃率領信徒集體自殺。布萊基在文中指出，「死亡的傳言始終沒有斷過。在『人民廟』早期的時代，我偶爾會聽到為原則而死的壯語，但是瓊斯城卻流傳著社會主義集體自殺的觀念。……每星期，瓊斯牧師至少會宣佈一次『白夜』或『緊急狀態』。然後所有瓊斯城的居民都會被刺耳的警報聲吵醒。大約五十位被指派的教徒，手裡拿著來福槍，一棟木屋一棟木屋的檢查，是否每一位教友都起來了。繼而是大型集會。每當這種事情發生的時候，他們總是告訴我們，森林裡到處都是外籍傭兵，我們隨時會死。」

布萊基在供書中指出，在某一次的「白夜」狀況中，所有的人，包括小孩在內，受指示排成一隊。隊中每一個人，都收到一小杯紅色的液體，每一個人都得喝掉。他們告訴我們，杯裡是毒藥，四十五分鐘之內，我們都會死掉。當死亡的時間到了之後，瓊斯牧師才解釋，那杯不是真正的毒藥，我們剛通過了他的忠貞測驗。但是他警告我們，我們死於自己之手的時間不遠了。五個月之後，也就是一九七八年十一月十七日，大約是瓊斯母親里妮達死後一年左右，這個日子終於來臨了。瓊斯下達「白夜」命令之後，用一把左輪槍結束了自己的生命。錄音機裡他最後的遺言是，「母親，母親，我們將會在另一個地方見面。」

問題是，為什麼有將近一千人追隨瓊斯，在他們所謂的希望之地集體自殺呢？當然，這裡面有許多是兒童，他們別無選擇，也不知道自己的行為會造成什麼樣的後果。另外還有一些人是被強迫的。但是還有許多人是自願聽從瓊斯命令的。我們可能永遠無法解釋他們的動機，但是我們可以從中得到一些假設性的結論。誠如奇所說，「許多人顯然還未脫離和家人分開的離愁，另外有相當多的人，對自己和社會，具有一種幻滅感。」除此之外，還有一個事實，那就是，「追隨瓊斯的人，有一半以上正值生命中的過渡期，而處於過渡期的人，都會對自己的歸屬感和身份，產生懷疑：在死亡的信徒當中，超過百分之二十五的人，是六十歲以上的老年人，另外還有百分之二十五的人，是介於十七歲到二十五歲之間的年輕人。」

和傑姆斯城一樣，瓊斯城殖民所吃的食物，也很可能加重了他們的沮喪問題。瓊斯城的殖民大多以米食為生，每星期只補充一個蛋、一片餅干，和一些蔬菜。這種長期性的營養失調現象，會導致各種和維他命不足有關的病症，比方說：腳氣病和壞血病，這些病症的徵狀之一是情緒沮喪。此外，這種飲食也會造成食慾減退的現象，這當然會使得維他命不足和情緒沮喪的問題，變得更嚴重。而營養失調和瓊斯城的叢林氣候，很可能會使得瓊斯城的居民，染上其他疾病，比方說，那個地區的移民經常患腸胃病。

另外還有一個十分重要的因素是，瓊斯非常成功的把許多導致他自己自殺的因素，轉嫁到信徒身上。當他們準備吞下氰化物的時候，瓊斯再一次用拓荒，去比喻當時的處境。他把他的信徒者，描述成被圍堵的查拉幾族人，他們被殘酷的推向人生的終點：「他們掠奪了我們的土地，他們捕捉我們，驅趕我們，我們想尋回自己，我們想重新開始，可是一切都太遲了。」藉著玩弄自我蛻變和拓荒神話中的矛盾因子，瓊斯使得那些帶著失落感加入「人民廟」的難民們，變得更為痛苦。他故意拆散夫妻、父母和子女，以及信徒。他要求絕對的忠貞，可是他卻不時取消他對忠貞之士的支持。在身心俱疲以及飢餓的煎熬下，這些殖民唯一認識的對象，又只賸下這位暴君。最後，瓊斯城終於從一個奴隸殖民區，轉變成死亡營。

瓊斯城當然不能代表美國移民的具體經驗，它只是一個極端的例子。但是這個故事對那些有心將神話變成事實的人，卻具有警惕作用。

第四節　結論

在移民族和搬家族努力融入現代工業社會的時候，取代他們原有文化和價值觀的，乃是拓荒神話。而拓荒神話之所以會不斷出現在美國文化中，部份原因是，它深深的觸動了那些候鳥的心弦。當一個社會的追悼儀式和社區變弱的時候，拓荒神話會膨脹成理所當然的國家信條。而拓荒神話之所以能夠延續下去，乃是因為美國的移民族和搬家族，比任何西方國家都要多，因此同化新人一直是美國日常生活的重心。是故，從斐耳森筆下的丹尼爾・布恩到「星際大戰」中的路克・史凱渥克，這些虛構的拓荒英雄，幾乎沒有什麼大變化。而這些在通俗文學和大眾娛樂裡一再重覆的故事，可以說象徵性的重演了遷移族真實及想像中的失落經驗。

這些一再重覆的道德劇最大的觀眾群，乃是青少年。而這些故事之所以能夠吸引青少年，很可能是由於，就像許多評論家所說的那樣，美國青少年有很嚴重的情緒脫節現象。然而，價值觀和神話最活躍的時刻，往往是當新的事實開始促使人們懷疑這些價值觀和神話的時候。通俗娛樂一再重覆這些故事，很可能象徵著，人們急欲抓住那個已經逝去的世界。美國年輕人的自殺事件愈來愈多的趨勢顯示出，拓荒神話對越戰之後成長的那一代美國人而言，已經不再是具有治療效果的幻想了，這些人對美國神話的效力，非常懷疑。

和所有的幻想一樣，拓荒神話也是一個虛幻的象徵。那些企圖使幻想成真的人，往往和傑姆斯城以及瓊斯城的殖民一樣，經常感到置身在希望之地的自己，其實非常的孤單和害怕。至於那些排斥幻想的人，則必須建立另一套神話，去幫助他們處理那些，跟隨現代資產階級文化一起來的失落感。否則的話，他們也很可能會像他們所渴望的摯愛對象那樣，消失在人間。

注釋：

❶非常巧的是，心理歷史學的擁護者和反對者所爭執的兩個論點，正是社會學家、心理分析家，以及神經精神病學家，對自殺肇因所具有的分歧見解。第一，誠如羅斯所說，「大部份的心理歷史文獻，都將重點放在個性的病態面。」第二，誠如費倫貝關所說，這些研究都高估了用個人病態行為，去解釋廣泛歷史事件的效力。

❷在這裡以及以下的章節裡，我採用羅蘭・巴捨斯(Roland Barthes)所提，「現代神話的功能，猶如另一個用來容納文化張力的意識形態系統」的概念。

❸貝克曼辯稱，拓荒者想要「統治、破壞、主導，以及用破壞的方式去利用西部和西部的資源」。在他眼中，英雄「堂而皇之的反叛權威」。然而，貝克曼雖然道出了神話故事的顯性特質，但是他忽略了神話故事中戀母情節的隱性特質。因此，他把拓荒者對西部所具有統治慾，與拓荒者希望和大自然溶為一體的懷舊情結，混為一談。除此之外，貝克曼其實以頗富想像力的筆觸，捕捉住一個連佛洛伊德都排斥的戀父母情結的正確景象。艾倫・貝克曼(Alan Beckman)，〈拓荒論中隱藏的論題：將心理分析理論應用到歷史的編纂上〉，《社會和歷史的比較研究》8（一九六六年）:368–370。至於佛洛伊德的父母情結觀，請參閱西格曼德・佛洛伊德，《介紹心理分析理論的新講義》（一九三三年）（紐約：W. W.紐頓，一九六四

年），pp.63–65。

❹這裡指的是通俗的誇張造型，而非真實的牛仔。

❺有二點值得強調一下。第一，大部份的故事，是說給青少年聽的，或者是由青少年敘述的。第二，這些故事的關鍵往往集中在，青少年父母、異性之間的衝突，以及自我定位的問題上。

❻集體自殺事件發生之後，治安人員在瓊斯的木屋裡，搜出了近五十萬美元尚未兌現的社會福利金支票。另外，他存在世界各銀行的數百萬美元，迄今尚未被找出來。

生死學叢書書目

揮別癌症的夢魘

羽生富士夫／著
何月華／譯

癌症是現代人健康的頭號殺手，您對癌症認識多少？癌症等於絕症嗎？不幸罹患癌症的話，要如何面對死神的挑戰？具有「上帝之手」美譽的日本名醫，以他個人的切身經驗，懇切地告訴大家，以知識對抗癌症的重要，以及許多與癌症有關的預防、醫療等方面正確的觀念，是重視保健與生命品質的現代人必看的著作。

無生死之道

盛永宗興／著
郭敏俊／譯

面對人生的生老病死，您作何感想？對於世間一切的生生死死、死死生生，感到迷惑不解嗎？請聽日本著名禪師盛永宗興娓娓道來，以生活化、深入淺出的例子，帶領我們參透生與死的迷霧，體會「一期一會」、「遊戲三昧」的生命哲學，活在每一刻當下，生死將不再是人生痛苦的代名詞。

凝視死亡之心

岸本英夫／著
闞正宗／譯

本書是日本已故宗教學者岸本英夫與癌症搏鬥十年的心路歷程。當獲知罹癌，並被宣判只剩半年壽命後，他除了接受必要的手術治療外，也開始思索生命的本質，並陸續寫下手術前後，他在死亡威脅下的心理調適和哲理思考，他也因此將肉體生命從半年延長為十年。這其中艱苦的奮鬥歷程，句句珠璣，斑斑血淚，值得品味。

美國人與自殺

赫華德・庫盧諾／著
孟汶靜／譯

本書從心理、文化的角度探討美國人的自殺行為，並以十分具有啟發性的方式，陳述出過去三百年來西方社會對自殺行為的探索過程。作者成功地綜合了西方各學派分歧的自殺行為理論，而發展出一套嶄新且具有說服力的論點，在心理與歷史學界贏得極高的評價，對研究早期華人移民的自殺行為亦有助益。

宗教的死亡藝術

肯內斯・克拉瑪／著
方蕙玲／譯

本書以比較性、宗教性的方法，探討世界主要民族與宗教關於死亡、死亡的過程以及來生等等課題所採取的態度與做法。讀者將可發現，書中所列舉的每一項宗教傳統，都在指導它的實行者，不僅在死亡前，同時就在死亡的片刻裡，就能技巧地掌握死亡。死亡可說是一門牽涉到肉體死亡與再生經驗的宗教性藝術。

禪僧與癌共生

鈴木出版編輯部／編
徐明達
陳佳彌／譯

一位因罹患癌症而被宣告只剩三年生命的禪僧，如何活在癌症的病魔下，如何掌握人世間的生死，將餘生投注在什麼地方？本書即是與已故荒金天倫老和尚（日本臨濟宗方廣寺第九代管長）交往過的人，藉他們的證言撰集而成的報導文學，將老和尚以三年餘生充實為精神上三十年的生命風采，再度活現於紙上。

死亡的科學

品川嘉也／著
松田裕之
長安靜美／譯

人為何一定得經歷死亡？老年是否真的是人生的累贅？「腦死」就意味著「死亡」嗎？……這些疑問，在本書中都有詳盡的討論與解答。作者從生物學的角度出發，探討與生物壽命有關的種種議題，進而提出人類面對生死問題時應有的認識與態度，是一本將死亡學提昇到科學研究的難得之作。

死亡的真諦

小松正衛／著
王麗香／譯

當被問到：「如果人生可以重來一次，你希望擁有怎樣的人生？」多數的回答可能是出身好家庭，擁有高學歷，事業穩固，平安幸福過一生。但本書作者卻說：「世間非常艱苦，人生難行，但一路行來的人生，我還想再走一次。」是什麼樣的經歷與啟示，讓他如此達觀？請隨著作者一路前行，游入古聖先知的智慧大海……。

輪迴與轉生

石上玄一郎／著
吳村山／譯

「生死事大」，為了探究它，各種哲學與宗教已提出了許多答案，「輪迴轉生」便是其中之一。這種思想出人意料地貫通東西方，幾乎發生於同一時代。它的起源如何？呈現出那些面貌？果真能解決「生死」問題嗎？這些在本書中都有廣泛而深入的探討。

朽與不朽之間

齊格蒙·包曼／著
陳正國／譯

對必朽（死亡）的認知與對不朽的追求，深深影響著人類的生命策略。人類社會建制與文化面向的形塑過程中，更存在著「解構」必朽與不朽的辯證和互動關係。而在「現代」和「後現代」社會，這種「解構」又出現了有別於「前現代」的許多變奏。且看包曼教授如何透過集體潛意識的心理分析，從不同角度詮釋「死亡社會學」。在朽與不朽之間，您將重新認識現代人的社會與文化。

透視死亡

大衛·韓汀／著
孟汶靜／譯

本書所探討的論點，主要有下列幾點：一、在什麼樣的情況下，個體才算死亡？二、末期病人有沒有權利決定自己的生與死？三、器官捐贈能不能得到社會大眾的認同，進而成為一件普遍的事？作者以平鋪直敘的方法，為每一個論點作了總整理，提供讀者許多寶貴的資料與觀念，在臨終與死亡尊嚴等議題的探討上，能有進一步的認識。

看待死亡的心與佛教

田代俊孝／編
郭敏俊／譯

本書由八篇演講記錄構成，內容包括親人死亡的感受、個人的瀕死體驗、對死亡的心理準備、佛教的生死觀等，發表者有僧侶、主婦、文學家、醫師、佛教學者等不同人士，從各個角度探討死亡問題。正如主辦演講的日本「置死探生研討會」宗旨所示，如何在老、病、死的人生當中，正視死亡的事實，學習超越死亡的智慧，讓人生更加充實，是現代人的切身課題，值得大家一同來探討。